高等学校土木工程专业系列教材——桥梁工程

钢桥构造与设计

苏彦江　主编
杨子江　主审

西南交通大学出版社
·成　都·

内 容 提 要

本书内容主要包括各类钢桥的构造特点、组成部分与功能以及设计计算方法，我国钢桥技术的发展现状，包括新钢材的采用及新的疲劳计算方法等；具体介绍了铁路钢板梁桥、结合梁桥、钢箱梁桥、大跨度及下承式连续钢桁梁桥的构造特点及设计计算方法，同时对钢斜拉桥和悬索桥的构造特点及计算方法也进行了介绍。

本书可作为本科大土木专业桥梁工程及铁道工程方向的教材。

图书在版编目（CIP）数据

钢桥构造与设计/苏彦江主编. —成都：西南交通大学出版社，2006.12（2019.1 重印）
（高等学校土木工程专业系列教材. 桥梁工程）
ISBN 978-7-81104-358-7

Ⅰ. 钢… Ⅱ. 苏… Ⅲ. ①钢桥－桥梁结构－高等学校－教材②钢桥－桥梁工程－设计－高等学校－教材
Ⅳ. U448.36

中国版本图书馆 CIP 数据核字（2006）第 084623 号

高等学校土木工程专业系列教材——桥梁工程

钢 桥 构 造 与 设 计

苏彦江　主编

*

责任编辑　刘娉婷
特邀编辑　肖　荣
封面设计　本格设计

西南交通大学出版社出版发行
四川省成都市二环路北一段 111 号西南交通大学创新大厦 21 楼
邮政编码：610031　发行部电话：028-87600564
http://www.xnjdcbs.com
四川森林印务有限责任公司印刷

*

成品尺寸：185 mm×260 mm　印张：13.25
字数：327 千字
2006 年 12 月第 1 版　2019 年 1 月第 7 次印刷
ISBN 978-7-81104-358-7
定价：26.00 元

图书如有印装问题　本社负责退换
版权所有　盗版必究　举报电话：028-87600562

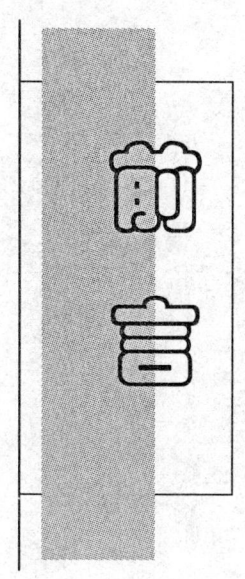

前言

本书是根据现有铁路桥梁钢结构设计规范（TB10002.2—2005）和公路桥涵钢结构设计规范（JTJ025—86）编写而成的。主要介绍了我国现阶段钢桥所用钢材、构造形式及设计计算方法等发展的新成果，内容以铁路钢桥为主，同时也兼顾公路钢桥。本书可作为大土木专业桥梁工程及铁道工程方向的本科教材之用。

本书第 1 章介绍了我国钢桥的发展历史及现状、钢材性能及钢桥的疲劳等问题；第 2 章至第 4 章分别简要介绍了钢板梁桥、结合梁桥及钢箱梁桥的构造特点及设计计算方法；第 5 章较详细地介绍了下承式简支栓焊钢桁架桥的构造及设计计算方法；第 6 章简要介绍了连续钢桁架桥的构造特点及设计计算要点；第 7 章着重对钢斜拉桥的主梁、斜拉索和主塔的锚固构造特点进行介绍；第 8 章介绍了悬索桥的构造特点及计算方法；第 9 章简要介绍了钢梁的制造与架设方法。为便于掌握重点，除第 9 章外，各章都有本章小节和思考题。同时，本教材配有相应的多媒体课件。

本书第 1、5 章由苏彦江编写，第 2、3、4、6 章由刘苗编写，第 7、8、9 章及附录由丁南宏编写，苏彦江担任全书主编。全书由杨子江教授主审，他为本书提出了许多宝贵的修改意见，在此表示衷心的感谢！

由于作者水平有限，书中错误在所难免，恳请读者提出宝贵意见。

编 者
2006 年 11 月

目 录

第1章 钢桥概述 ... 1
1.1 我国钢桥的发展概况 ... 1
1.2 钢桥的主要特点及发展展望 ... 2
1.3 钢桥的主要类型 ... 3
1.4 钢桥所用的材料 ... 4
1.5 大跨度钢桥连接的若干问题 ... 7
1.6 大跨度钢桥的疲劳问题 ... 8
思考题 ... 11

第2章 钢板梁桥 ... 12
2.1 钢板梁桥的类型及构造特点 ... 12
2.2 上承式焊接板梁桥的设计 ... 14
思考题 ... 28

第3章 结合梁桥 ... 29
3.1 结合梁桥的构造特点 ... 29
3.2 结合梁桥的计算特点 ... 30
思考题 ... 37

第4章 钢箱梁桥 ... 38
4.1 概 述 ... 38
4.2 钢箱梁的构造特点 ... 40
4.3 钢箱梁结构分析方法概述 ... 43
思考题 ... 46

第5章 下承式简支栓焊钢桁架桥 ... 47
5.1 下承式简支栓焊钢桁架桥的组成及作用 ... 47
5.2 主桁的几何图式及基本尺寸 ... 49
5.3 主桁杆件内力计算 ... 52
5.4 主桁杆件的截面设计及验算 ... 71
5.5 主桁节点的设计 ... 85
5.6 桥面系 ... 91
5.7 联结系 ... 106
5.8 钢桁架桥的挠度、上拱度及横向刚度 ... 112
思考题 ... 116

第6章 连续钢桁架桥 ... 117
6.1 概述 ... 117
6.2 连续桁架桥的构造特点 ... 120
6.3 连续桁架桥杆件截面尺寸的拟定 ... 124
6.4 连续桁架桥上拱度的设置 ... 141
思考题 ... 144

第7章 钢斜拉桥 ... 145
7.1 概述 ... 145
7.2 斜拉桥的组成形式及总体布置 ... 145
7.3 钢斜拉桥的构造特点 ... 150
7.4 斜拉桥的设计构思与计算要求简介 ... 159
7.5 斜拉桥钢主梁悬臂拼装法施工简介 ... 160
思考题 ... 164

第8章 大跨度悬索桥 ... 165
8.1 概述 ... 165
8.2 悬索桥的构造特点 ... 167
8.3 悬索桥的设计计算要点 ... 172
思考题 ... 182

第9章 钢桥的制造与架设 ... 183
9.1 栓焊钢梁的制造 ... 183
9.2 钢梁架设 ... 187

附录 ... 196
附表1 铁路桥梁用钢主要技术条件 ... 196
附表2 钢桥构件或连接疲劳容许应力幅类别 ... 198
附表3 铁路标准活载（中-活载）的换算均布活载（kN/m，每线） ... 203
附表4 中心受压杆件轴向容许应力折减系数 φ_1 ... 204
附表5 铁路桥梁钢结构杆件容许长细比 ... 204
附表6 杆件的计算长度 ... 205

参考文献 ... 206

第1章 钢桥概述

1.1 我国钢桥的发展概况

我国使用金属材料建桥具有悠久的历史，最早的金属桥是用铁制成。如在秦末（公元前206年左右）时期，陕西褒城马道驿寒溪上修建的铁链桥；东汉（公元60年左右）时期在云南景东地区澜沧江上的锻铁悬索桥；公元1676年修建的四川泸定大渡河上的铁索桥等。但真正采用钢材修建桥梁是在1888年，到现在已经有100多年的历史了。

解放前我国钢桥建设的发展极为缓慢，所建的钢桥，跨度都很小，建桥的钢材是进口的，结构是铆接的，采用工艺很简陋。跨度稍大一点的桥梁大都是由外国商人设计和监造的。如1896年建成的哈尔滨松花江桥，钢梁为俄国和比利时制造；1905年修建的京汉线上郑州黄河桥（老桥）为比利时公司承建；1911年修建的陇海线黑石关伊洛河桥（老桥）为法国公司设计和承建。我国技术人员自行建造的具有代表性的钢桥是1937年建成的浙赣铁路钱塘江大桥，为我国著名桥梁专家茅以升负责设计和监督施工，该桥全长1 072 m，为公、铁两用桥，正桥为16孔65.86 m简支铆接钢桁梁，为我国历史上由自己工程师设计和监造的第一座双层公、铁两用大桥。

解放初期，我国的钢桥技术得到了发展，主跨大于100 m的铁路钢桥就有十余座。如1956年我国借用苏联的钢材和技术，建成武汉长江大桥，全长1 670.4 m，正桥由三联3×128 m连续铆接钢桁梁组成，材料A3钢，公、铁两用；1968年我国用国产16Mnq钢完全依靠自己的力量建成南京长江大桥，包括引桥在内铁路桥梁全长6 772 m，公路桥梁全长4 589 m，主桥由一孔128 m的简支钢桁梁和三联3×160 m的连续铆接钢桁梁组成。1969年修建的成昆线三堆子金沙江桥（主跨192 m）、大渡河桥（主跨144 m）及渡口支线雅砻江大桥（主跨176 m）均为下承式简支铆接钢桁梁。1966年我国铁路钢桥开始部分采用栓焊新技术，广西柳州的浪江桥是我国用16Mnq钢制造的第一孔铁路栓焊钢桁梁桥，跨度为61.44 m。在成昆铁路桥梁修建中，进一步研究并发展了栓焊钢桥新技术，普遍采用国产16Mnq钢，建成了各种不同结构形式的栓焊钢桥44座，这在我国钢桥发展史上是一个很大的进步，为我国钢桥技术发展开创了新纪元。具有代表性的桥有沪沽安宁河大桥、桐模甸2号大桥、拉旧大桥和迎水河大桥等，其主桥均为112 m系杆拱栓焊钢桥。

在成昆铁路修建成功的基础上，1977年用国产高强度新型钢材15MnVN建成密云水库白河桥，为3×128 m连续栓焊钢桁梁；1982年建的安康汉江桥为176 m斜腿刚构箱形梁桥；1993年用国产高强度新钢材15MnVN厚板建成九江长江公、铁路大桥；2000年又以14MnNbq钢建成芜湖长江公路、铁路钢斜拉桥，主梁为钢桁梁，主跨312 m。

公路钢桥在解放后也获得了较大的发展。如1955年建成的武汉汉水桥，为55 m＋88 m＋54 m刚性梁柔性拱组合体系；1966年修建的广西东兰红水河桥，为上承式钢桁梁与钢筋混凝土板相结合的结合梁桥，跨度66 m；1966年修建的四川渡口二号桥，为跨度180 m的公路钢拱桥；1969 年修建的四川渡口三号桥为跨度 181 m 的公路钢拱桥；1972 年修建的山东北镇黄河桥，主跨 112.7 m 的连续钢桁梁桥；1984 年修建的拉萨河达孜悬索桥，主索跨度 500 m。

改革开放后，公路钢桥的发展更快，桥梁结构形式愈来愈多样化，设计方法更加先进合理，钢材采用高强度钢，如 1987 年建成东营黄河公路钢斜拉桥，主跨 288 m；1991 年建成南浦公路斜拉桥，主梁采用工字钢组合梁，主跨 423 m；1993 年建成杨浦公路斜拉桥，主梁采用钢－混凝土结合梁，主跨 602 m；1996 年建成长江西陵峡公路悬索桥，主梁为全焊钢箱梁，主跨 900 m；1997 年建成香港青马公路悬索桥，主跨 1 377 m；1999 年建成江阴长江公路悬索桥，主跨 1 385 m；2000 年建成南京长江公路斜拉桥，主梁为全焊钢箱梁，主跨 628 m；2002 建成的上海卢浦大桥是跨度为 550 m 的中承式钢箱拱桥。

我国现代钢桥技术和国外相比，起步虽然晚了 150 多年，但建国后吸收、总结了许多建桥经验，发展进步很快。当前，钢桥的设计理论、国产钢材的采用、制造及安装工艺、科研手段已基本达到了国际先进水平。在钢桥的结构形式方面，更多地采用了大跨度悬索桥、斜拉桥及梁－拱组合等结构。具有整体性好、抗扭刚度大的箱形梁结构形式得到了进一步的发展。连接方面逐渐由栓焊向全焊过渡，全焊钢桥的特点是节约钢材、提高疲劳强度、加快工程进度、改善劳动条件。部分钢桥采用正交异性钢桥面板以充分发挥薄板良好的力学性能。计算理论方面逐步由空间计算代替平面计算，特别是由于联合结构的采用，各部件相互约束程度增大，平面计算方法已不再适用。大跨度钢桥使用的设计理论，有容许应力理论和极限强度理论。目前，铁路大跨度钢桥的设计主要采用容许应力理论，而公路大跨度钢桥的设计已经采用极限强度理论。自 20 世纪 80 年代开始研究用可靠度理论，预计近年内各设计规范将以可靠度理论为基础。在使用的初期将会采用基于可靠度理论的多系数极限状态设计表达式，分别对承载能力极限状态和正常使用极限状态进行设计。在疲劳可靠度理论设计方面，铁路部门根据我国的实际情况，制定了铁路疲劳荷载谱和疲劳抗力方程，但设计方法目前仍采用容许应力法。

我国公路、铁路要跨越的大江、大河、深谷很多，要建的桥当然也很多，现在的进步只是一个开始。根据客观需要和已具备的人力、物力，今后我国钢桥在设计、建设水平将会有更大幅度提高。

1.2　钢桥的主要特点及发展展望

1.2.1　钢桥的主要特点

由于钢材具有强度高、材质均匀、塑性及韧性良好和可焊性好等诸多优点，因此，用钢材建造的桥梁——钢桥具有如下特点：

（1）跨越能力大。由于钢材的强度高，在相同的承载能力条件下，与钢筋混凝土桥梁相比，钢桥构件的截面较小，所以钢桥的自重较轻，最适合于建造大跨度的桥梁。

（2）最适合于工业化制造。钢桥构件一般都是在专业化的工厂由专用设备加工制作，不受季节的限制，加工制造速度快、精度高，质量容易得到控制，因而工业化制造程度高。

（3）便于运输。由于钢桥构件的自重较轻，特别是在交通不便的山区便于汽车运输。

（4）安装速度快。钢桥构件便于用悬臂施工法拼装，有成套的设备可用，拼装工艺成熟，安装速度快，工期短。

(5) 钢桥构件易于修复和更换。

(6) 钢材易锈蚀，故钢桥的养护费用高。

另外，钢桥须防火，在列车通过时噪音大，故不宜在闹市区建造铁路钢桥。

1.2.2 钢桥的发展展望

我国地域辽阔，所建铁路、公路需要跨越大江大河、高山峡谷等不同地域和高原、严寒等不同环境条件。随着我国经济的飞速发展和钢产量的进一步提高，可以预计本世纪我国钢桥在如下几个方面将会有一个更加瞩目的发展：① 桥梁跨度将进一步加大，铁路钢桥的跨度将达 500 m 左右，公路钢桥跨度将达 1 800 m 左右；② 对钢桥的使用功能要求将更加明显，如高速铁路对大跨度钢桥刚度的要求要保证舒适性、桥梁形式与周围景观的协调性、特殊环境（如青藏铁路）对钢材及结构的特殊要求等；③ 桥梁建造费用和寿命周期内维护费用的通盘考虑将会使桥梁设计更加合理；④ 焊接在钢桥制造和施工中所占比例将进一步加大，将由栓焊向全焊过渡；⑤ 新的结构和构造形式将使桥梁结构形式更丰富；⑥ 桥梁设计手段、制造技术、施工管理水平等的更新和提高将会更加保证桥梁的总体质量和使用要求；⑦ 设计理论的更新与科研成果的应用将带动钢桥技术的整体发展。

1.3 钢桥的主要类型

钢桥可以根据不同的条件要求建成多种形式，其种类比其他材料制造的桥梁更多，主要可分为梁式体系、拱式体系及组合体系。

1. 梁式体系

按力学图式分梁式体系又可分为简支梁、连续梁、悬臂梁（见图 1.1）；按主梁的构造形式分有板梁桥、桁梁桥、箱梁桥、结合梁桥。

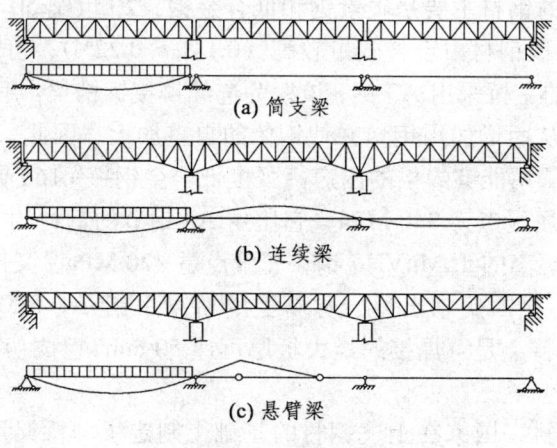

图 1.1 梁式体系

2. 拱式体系

按力学图式分拱式体系可分为有推力拱和无推力拱（见图1.2）；按拱肋的构造形式分有板式、桁式、箱式。

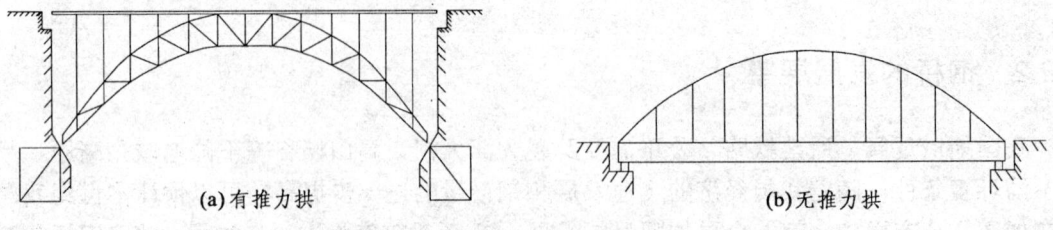

图 1.2　拱式体系

3. 组合体系

这类桥型包括吊桥和斜拉桥（见图1.3），都是利用高强钢索来承重，吊桥（又称悬索桥）的承重构件是高强度钢索，恒载轻，跨越能力大。斜拉桥的承重构件是斜拉索和梁，其钢梁可以是板式、桁式或箱式，恒载较轻，风动力性能较吊桥好，故发展很快。

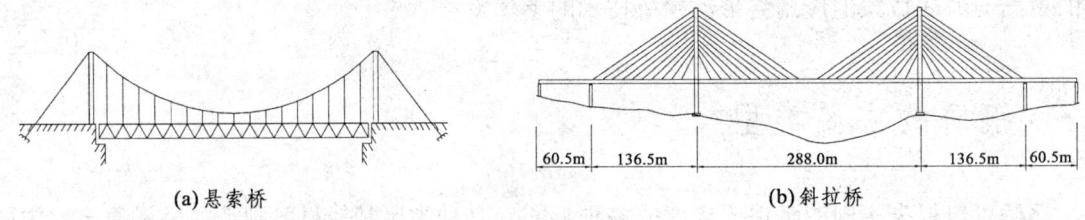

图 1.3　组合体系

1.4　钢桥所用的材料

钢桥主体结构所用的钢材主要是碳素钢和低合金钢。20世纪50年代我国钢桥主要采用普通碳素钢——A3钢，该钢材由于含碳量较高（0.14%～0.22%），可焊性差，只能进行铆接连接，如武汉长江大桥的主桥采用A3钢，该桥为连续铆接钢桁梁。用A3钢建造大跨度桥梁时，构件截面尺寸大，从而增加用钢量并使钢桥的自重加大，因此，20世纪50年代后期，我国开始研究在钢桥上采用能够焊接的国产高强度低合金钢——16q钢和16Mnq钢，如南京长江大桥采用16Mnq，屈服点为340 MPa，它比用A3钢节约钢材约15%。20世纪70年代，我国又成功研制出强度更高的15MnVNq钢，屈服点是420 MPa，又比用16Mnq钢节约钢材10%以上。21世纪初，我国研制出另一种新型的桥梁用钢——14MnNbq钢，屈服强度为340 MPa，该钢材的主要特点是可焊接的最大板厚可达50 mm，已成功用于芜湖长江大桥（公、铁两用钢斜拉桥）上。

为了和国际标准接轨，国家在上述钢材的基础上制定了《桥梁用结构钢》（GB/T714—2000）。新的《桥梁钢结构设计规范》（TB1002.2—2005）（以后简称《桥规》）采用该国标表示钢号。国标的钢号是以屈服点命名的，如 Q235qD，钢号的第一个字母 Q 为汉语拼音屈服点的首写字母，第二个数字为板厚 16 mm 时的屈服点大小（以 MPa 或 N/mm^2 为单位），第三个字 q 为汉语拼音桥梁用钢首写字母，最后一个字母是钢材的等级。国标桥梁结构钢共有四个钢号，它们分别是 Q235q、Q345q、Q370q 和 Q420q。每一个钢号有 A、B、C、D、E 五个等级。新钢号与原钢号对化学成分、冲击韧性的规定均不相同，尤其是冲击韧性。国标规定采用 V 形缺口冲击试验，试件是纵向取样；原《桥规》规定除 14MnNbq 外，其余钢号均采用 U 形缺口冲击试验，试件是横向取样。这两种标准如何对应，需要积累大量的数据。目前根据现有的试验数据和国内外资料，暂时认为 Q235q 相当于过去的 A3 钢和 16q 钢，Q345q 相当于过去的 16Mnq 钢，Q370q 相当于 14MnNbq 钢，Q420q 相当于 15MnVNq 钢。今后还需进一步试验验证。铁路钢桥所用的基本材料详见表 1.1[2] 所列。书后附录 1 中的附表 1.1 和附表 1.2 分别给出了桥梁用钢的力学性能和化学成分。表 1.2 给出了桥梁用钢设计时所采用的基本容许应力。

表 1.1 铁路钢桥所用的基本材料

名　称	钢材牌号	质量等级	应符合的标准
钢梁主体结构	Q235q	D 级	《桥梁用结构钢》（GB714—2000）；实物交货技术条件见附录 1；Q420qD 仅用于受压非断裂控制部件
	Q345q	D、E 级	
	Q370q	D、E 级	
	Q420q	D、E 级	
钢梁辅助结构	Q235-B·Z		《碳素结构钢》（GB700）
连接型钢	Q345c		现行《低合金结构钢》（GB1591）
铆钉	BL2（铆螺 2）BL3（铆螺 3）		现行《标准件用碳素热轧圆钢》（GB715）
精制螺栓	BL2（铆螺 2）BL3（铆螺 3）		现行《标准件用碳素热轧圆钢》（GB715）
粗制螺栓	BL2（铆螺 2）BL3（铆螺 3）		现行《标准件用碳素热轧圆钢》（GB715）
高强度螺栓 螺栓	20MnTiB（20 锰钛硼）		现行《合金结构钢技术条件》（GB3077）
高强度螺栓 螺栓	35VB（35 钒硼）		现行 GB/T1231 中附录 A
高强度螺栓 螺母及垫圈	35、45 15MnVB（15 锰钒硼）		现行《优质碳素结构钢钢号和一般技术条件》（GB699）
铸件（支座的上、下摆，摇轴，座板等）	ZG230-450Ⅱ ZG270-500Ⅱ		现行《碳素钢铸件分类及技术条件》（GB5676）
销、铰、辊轴	35 号锻钢		现行《优质碳素结构钢钢号和一般技术条件》（GB699）

注：经过试验取得充分依据也可采用符合桥跨结构要求的其他钢材。

表1.2 钢材基本容许应力　　　　　　　　　　　　　　　　单位：MPa

序号	应力种类	单位	钢材牌号						
			Q235D	Q345qD Q345qE	Q370qD Q370qE	Q420qD Q420qE	ZG230-450Ⅱ	ZG270-500Ⅱ	35号锻钢
1	轴向应力$[\sigma]$	MPa	135	200	210	230	—	—	—
2	弯曲应力$[\sigma_w]$	MPa	140	210	220	240	125	150	220
3	剪应力$[\tau]$	MPa	80	120	125	140	75	90	110
4	端部承压(磨光顶紧)应力$[\sigma_c]$	MPa	200	300	315	345	—	—	—
5	销孔承压应力	MPa	—	—	—	—	—	—	180
6	辊轴(摇轴)与平板自由接触的径向受压	kN/cm	—	—	—	—	0.55d	0.61d	0.60d
7	铰轴放置在铸钢铰轴颈上时的径向受压	kN/cm	—	—	—	—	—	—	8.4d

注：表中符号d为辊轴、摇轴或铰轴的直径，以厘米计。

现代钢桥用材最多的是钢板。用钢材制造成钢桥，要经过许多机械加工工艺和焊接工艺。制成的钢桥要承受很大的静、动力荷载与冲击荷载，因此被选作造桥的钢材，既要能适应制造工艺要求，又要满足使用要求。为了满足这些要求，对钢的化学成分、力学性能（包括强度、塑性、韧性及疲劳性能等）和工艺性能（包括冷弯性能和可焊性）都有严格的规定。

钢桥在使用时，不仅要求钢材具有较高的强度，而且还要求具有良好的塑性；对低温下工作的钢桥，要求钢材具有良好的低温冲击韧性；对于焊接钢桥，要求钢材具有可焊性。塑性是钢结构的安全性指标，因为在桥梁结构的局部应力集中处或存在焊接残余应力的地方，应力值可能超过屈服点，塑性好的钢材可以通过塑性变形使应力重新分布，避免结构的局部破坏而导致整个结构的失效。韧性不好的钢材，在低温或快速加载等不利的条件下，容易使钢材发生脆性断裂。因此，常用低温冲击韧性来判断钢材的脆性断裂倾向。钢材随着使用年限的延长，会发生老化、韧性下降，为此，还要有时效冲击韧性要求。现代钢桥所用的钢材，还必须具有良好的可焊性，通过一定的焊接工艺能形成优质的焊接接头。

钢桥是主要承受动荷载的结构，钢材的抗疲劳性能对于桥梁十分重要。钢桥承受的动荷载大小虽低于结构的名义承载能力，但由于结构中有微小的缺陷或应力集中，易产生塑性变形，从而萌生裂纹，随着外力循环次数的增加，微小的裂纹会逐渐扩展，最后导致钢桥的疲劳断裂。在结构上出现可以看得见的裂纹时的荷载循环次数称为结构的疲劳寿命。影响结构疲劳寿命的因素除材料的韧性外，还与材料的化学成分、强度、结构的构造细节、荷载类型、板厚及工作环境等有关。

冷弯性能是钢材承受弯曲变形的能力，并能显示钢板中是否有缺陷、有无夹渣或分层。它既是一项工艺指标，也是一项质量指标，冷弯性能好的材料有利于制造。

1.5 大跨度钢桥连接的若干问题

大跨度钢桥根据运输条件和工地起重能力分为若干组装单元，工厂制造的焊接单元运送到工地后用高强度螺栓组装成整体。随着焊接技术的发展，钢桥焊接的部分会越来越多。特别是近10年来，钢桥整体节点的出现使得焊接不但用于构件组成，而且用于构件的连接，从而节省了钢材用量、缩短了工期，并使结构整体质量更加易于保障。例如，京九铁路的孙口黄河大桥，正桥4×108 m无竖杆三角形双线钢桁梁首次采用了整体节点及节点外拼接新技术，杆件为箱形截面，在工厂焊接制造成节段，采用整体节点使高强度螺栓节省30%，钢材节省4%。芜湖长江大桥主桥也普遍采用了整体节点。同时，在秦沈客运专线上实现了钢桥现场的全断面焊接，为铁路钢桥的现场断面焊接打下了良好的基础。

钢桥的焊接方法有埋弧自动焊、半自动焊和手工焊。每一种焊接方法根据所用材料、焊缝形式的不同而采用不同的焊条型号或焊丝，具体见表1.3所列，其焊接性能应与基材相匹配。选用的焊接材料、焊接工艺，均应根据设计要求通过焊接工艺评定。为提高焊缝的韧性，焊丝的碳（C）、硫（S）、磷（P）含量均取下限。由于大跨度钢桥部件一般都很大，焊后不再进行热处理来消除焊接应力。

表1.3 钢桥钢材焊接所用的焊条及焊剂

钢号	埋弧自动焊或半自动焊		手工焊	线能量 (kJ/cm)
	焊丝	焊剂		
Q345q (热轧钢)	H08MnA、H08A(坡口对接或箱形角接) H08A(不开坡口对接或角接)	HJ431	T-50-2 焊条	40 000
Q370q (正火钢)	H08Mn2E 焊丝或 H08MnE 焊丝 （对接、角接、棱角焊）	SJ01Q	SHJ507Ni 焊条	32 000~ 36 000
Q420q (正火钢)	H08MnMoA 焊丝	HJ350	T-557MoV 焊条	

焊接接头的质量是保证大型钢桥安全的基础。钢桥的焊缝往往存在初始缺陷并处于应力集中的位置，因而是结构的薄弱环节。近年来，我国钢桥的防断裂设计采用V形缺口冲击值来确定韧性指标，同时将焊缝的韧性值与基材的韧性值匹配考虑，从而使桥梁结构的整体力学性能达到最优。现行《桥规》所要求的 Q345q、Q370q、Q420q 钢焊接接头冲击韧性质量标准见表1.4所列。

表1.4 焊接接头冲击韧性

钢材牌号		Q345q		Q370q		Q420q	
质量等级		D	E	D	E	D	E
试验温度（°C）		-20	-40	-20	-40	-20	-40
冲击韧性 (J)	整体节点的焊接接头	34		41		47	
	散装节点垂直于应力方向的熔透对接焊、T形角焊、棱角焊焊接接头	34		41		47	
	散装节点顺应力方向未熔透的T形角焊、棱角焊焊接接头	29		35		40	

对焊缝的强度要求是：对接焊缝的屈服强度、极限强度均不低于基材标准，并不超过基材标准 100 MPa；角接焊缝屈服强度、极限强度不低于基材标准，并不超过基材标准 120 MPa。对焊缝的伸长率要求是：板厚为 6~16 mm 时，$\delta_5 \geq 20\%$；板厚为 17~50 mm 时，$\delta_5 \geq 19\%$。对焊缝的冷弯性能要求是：对接焊冷弯 180° 不开裂，角接焊按国标 0 级要求；对接接头的时效拉伸（10%）冲击功不低于基材标准。

工厂制造好的钢桥构件或组装单元运送到工地后，通常用抗滑型高强度螺栓连接。高强度大六角头螺栓、大六角螺母、垫圈应符合现行国家标准 GB/T1228—1231 的规定。高强度螺栓的安装常用扭矩法拧紧工艺，连接部位的钢板表面要喷涂抗滑材料，抗滑移系数根据表面处理方法通过试验确定。如当板面除锈后采用热喷铝涂层时，抗滑移系数可取 0.45。高强度螺栓常采用 10.9 级，常用型号为 M22、M24、M27 和 M30 四种，它们的预拉力设计值分别为 200 kN、240 kN、290 kN 和 360 kN。在抗滑型高强度螺栓连接中，每个高强度螺栓的容许抗滑承载力应按下式计算：

$$N_v^b = m\mu_0 P/K \tag{1.1}$$

式中　m——高强度螺栓连接处的抗滑面数；

　　　μ_0——高强度螺栓连接的钢材表面抗滑移系数；

　　　P——高强度螺栓的设计预拉力；

　　　K——安全系数，取 1.7。

大跨度钢桥由于荷载大，连接螺栓数多，因而栓接接头的排数很多，多排螺栓顺受力方向力的分布不均匀，两端大，中间较小，成马鞍形。经试验研究表明，当螺栓排数超过 6 排时，即使排数再增加，第 1 排螺栓承受的力总要占到外力的 30% 左右。当该值大于第 1 排螺栓的抗滑移极限时，即由螺栓群的端（末）排向中间各排螺栓进行力的重分布，即出现所谓"解扣滑移"现象，引起构件板层间接触面的磨损，直接影响抗滑移系数，同时预紧力也受到一定的损失。为安全，该排螺栓不宜计入有效数量中，而应另行增补。因此对长大螺栓节点设计有以下要求：顺轴力方向的双抗滑面连接的螺栓排数超过 6 排或单抗滑面连接的螺栓排数超过 4 排时，第 1 排螺栓的抗滑极限强度不得小于活载作用力的 30%，即：

$$0.3S_L < nm\mu_0 P \tag{1.2}$$

式中　S_L——螺栓接头在活载（包括冲击）作用下的轴向力；

　　　n——第 1 排螺栓总数。

否则应采用调整措施，以免板层发生滑移而导致疲劳破坏。

1.6　大跨度钢桥的疲劳问题

作用在大跨度钢桥上的动荷载使钢桥结构中的应力反复变化，这种反复变化的应力（通常称为疲劳应力）会使钢桥结构在应力集中处或存在缺陷处的局部产生微小裂纹并使裂纹发生扩展，最终导致疲劳破坏。钢桥中易发生疲劳裂纹的部位包括钢桁梁主桁杆件栓接接头处、桥面系纵梁竖向加劲肋角焊缝下端焊趾处、钢板梁主梁变截面盖板端部焊缝处、主梁变截面附近竖向加劲肋角焊缝下端焊趾处以及平纵联节点板与竖向加劲肋或腹板连接焊缝处等。铁路桥梁由于活载所占比例较大，疲劳问题更为突出。

研究钢桥的疲劳问题，离不开疲劳试验，通过疲劳试验可以获得钢材或构件在给定应力水平下发生疲劳破坏时的应力循环次数（通常称为疲劳寿命），也可以得到钢材或构件在给定应力循环次数下的疲劳极限。疲劳极限与疲劳寿命之间的关系曲线称为疲劳 $S-N$ 曲线，如图 1.4 所示。

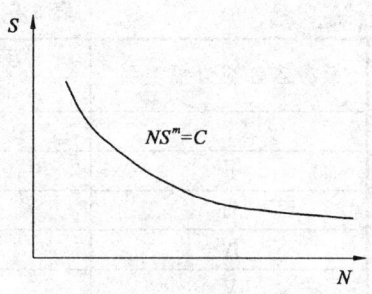

图 1.4 疲劳 $S-N$ 曲线

疲劳 $S-N$ 曲线通常用幂函数方程

$$NS^m = C \tag{1.3}$$

的形式来表达。式中 m、C 为方程参数，可由疲劳试验点 (S_i, N_i) $(i=1, 2, \cdots, n)$ 进行拟合得到。

上述 $S-N$ 曲线方程是在等幅应力下得到的，而实际作用在钢桥上的应力并不是等幅应力，而是变幅应力，这时可将变幅应力化为等效的等幅应力，然后利用上述 $S-N$ 曲线方程进行疲劳分析。

另外，应该注意到，由于材料疲劳性能的分散性，相同的一批试件即使在同一应力水平下其疲劳寿命也是不同的，说明疲劳寿命实际上是一个随机变量。因此，为了反映 $S-N$ 曲线的概率机制，必须在不同的应力水平下分别采用一组试件测定相应的疲劳寿命，得出疲劳寿命的概率统计分布规律，求得指定概率 p 下的疲劳寿命 N_p，这样就得到概率疲劳 $S-N$ 曲线，通常称为 $p-S-N$ 曲线（见图 1.5）。$p-S-N$ 曲线的方程为：

$$NS^{m_p} = C_p \tag{1.4}$$

式中，m_p、C_p 为给定可靠度 p 时的方程参数，有了材料或构件的 $p-S-N$ 曲线，就可以进行钢桥的疲劳可靠性分析，预测钢桥的概率疲劳寿命。

研究结果表明，影响焊接钢桥疲劳强度的外因是疲劳应力幅，因此，钢桥的疲劳验算原则是对焊接结构受拉或以拉为主的构件及构造细节，疲劳按应力幅控制设计；以压为主的构件及构造细节，疲劳按最大应力控制

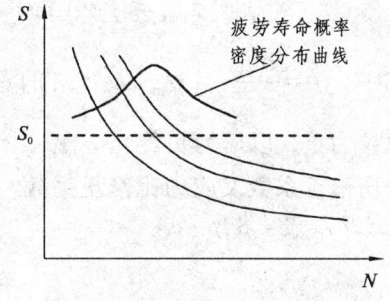

图 1.5 $p-S-N$ 曲线

设计；对非焊接结构受拉构件也按应力幅作疲劳验算；拉压构件按最大应力作疲劳验算。我国在解放后历次的建桥过程中，做了近 40 多组的各种类型的疲劳试验，对这些数据经过分析，整理出了我国自己的疲劳抗力方程 12 个，分别对应于 12 个疲劳容许应力幅类别，见表 1.5，相应的构件及连接形式类别见附录中附表 2 所示。

《桥规》中的疲劳检算公式如下：

（1）焊接及连接的疲劳检算公式：

拉－拉循环（$\rho>0$）和拉－压循环以拉为主（$-1<\rho<0$）：

$$\gamma_d \gamma_n (\sigma_{\max} - \sigma_{\min}) \leqslant \gamma_t [\Delta\sigma] \tag{1.5}$$

拉－压循环以压为主（$\rho<-1$）：

$$\gamma_d \gamma_n' \sigma_{\max} \leqslant \gamma_t \gamma_\rho [\Delta\sigma] \tag{1.6}$$

表1.5　各种构件及连接的疲劳容许应力幅

疲劳容许应力幅类别	疲劳容许应力幅$[\Delta\sigma]$（MPa）	构件及连接形式（参见附表2）
Ⅰ	149.5	1
Ⅱ	121.7	5.1　5.2　5.3
Ⅲ	130.7	4.2
Ⅳ	110.3	6.1　6.2　6.3　7.1　7.2
Ⅴ	109.6	4.1
Ⅵ	114.0	2
Ⅶ	99.9	8　9
Ⅷ	91.1	3
Ⅸ	71.9	10　12
Ⅹ	72.9	11.1
Ⅺ	60.2	11.2
Ⅻ	80.6	13

(2) 非焊接及连接的疲劳检算公式：

拉-拉循环（$\rho>0$）：

$$\gamma_d \gamma_n (\sigma_{max} - \sigma_{min}) \leq \gamma_t [\Delta\sigma] \quad (1.7)$$

拉-压循环（$\rho<0$）（包括以拉为主、以压为主）：

$$\gamma_d \gamma_n' \sigma_{max} \leq \gamma_t \gamma_\rho [\Delta\sigma] \quad (1.8)$$

式中，$\rho = \dfrac{\sigma_{min}}{\sigma_{max}}$，$\sigma_{max}$及$\sigma_{min}$的意义如图1.6所示，以拉为正，以压为负。$\gamma_d$、$\gamma_n$、$\gamma_\rho$为双线修正系数、损伤修正系数及应力比修正系数，取值分别见表1.6、表1.7及表1.8所示。

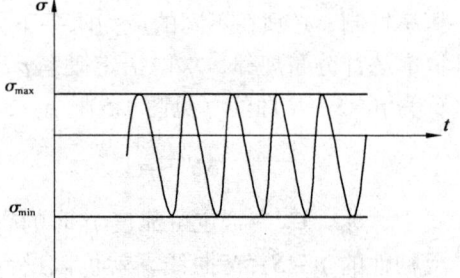

图1.6　疲劳应力循环

表1.6　钢梁双线修正系数γ_d

δ_1/δ_2	3/7	4/8	5/9
γ_d	1.13	1.16	1.19

注：δ_1/δ_2为一线作用下，按杠杆原理计算两片主桁或主梁各自承受的荷载比。

表1.7　损伤修正系数γ_n、γ_n'

跨度	γ_n	γ_n'		
		恒:活（2:8）	恒:活（3:7）	恒:活（4:6）
>20	1.00	1.00	1.00	1.00
16	1.10	1.08	1.07	1.06
12	1.15	1.12	1.11	1.09
8	1.30	1.24	1.21	1.18
5	1.45	1.36	1.32	1.27
4	1.50	1.40	1.35	1.30

表 1.8 应力比修正系数 γ_ρ

ρ	-1.8	-1.6	-1.4	-1.2	-1.0	-0.8	-0.6	-0.4	-0.2
焊接构件 γ_ρ	0.38	0.41	0.43	0.46	—	—	—	—	—
非焊接构件 γ_ρ	0.45	0.48	0.52	0.56	0.60	0.65	0.71	0.79	0.88

γ_t 为板厚修正系数，当板厚 $t \leqslant 25$ mm 时，$\gamma_t = 1$；当板厚 $t > 25$ mm 时，$\gamma_t = \sqrt[4]{\dfrac{25}{t}}$；$[\Delta\sigma]$ 为常幅疲劳容许应力幅，参见表 1.5。

关于公路钢桥中疲劳检算方法参看相关规范[3]。

本 章 小 结

（1）我国钢桥的建设已有 100 多年的历史。目前，我国的钢桥技术在钢桥材料的开发利用、设计理论、设计手段和施工、制造水平等方面有了很大的提高，结构形式多样化、桥梁规模大型化、部分钢桥连接全焊化，无论是跨度还是设计、制造技术都正在迅速向世界水平接近。

（2）钢桥的主要特点是跨越能力大，自重轻，最适合于工业化制造，安装速度快，工期短且易于修复，但钢桥的养护费用高。

（3）目前，我国的桥梁用钢系列按屈服强度已形成四级，分别是 Q235q 钢、Q345q 钢、Q370q 钢、Q420q 钢。

（4）对桥梁用钢，既要满足制造工艺要求，又要满足使用要求。因此，对钢的化学成分、力学性能（包括强度、塑性、冲击韧性及疲劳性能等）和工艺性能（包括冷弯性能和可焊性）都有严格的规定。

（5）大跨度钢桥的连接方法有焊接和高强度螺栓连接。焊接时根据所用材料、焊缝形式的不同应采用不同的焊条型号或焊丝，严格执行焊接接头质量标准，确保焊缝的韧性。高强度螺栓连接采用 10.9 级的抗滑型高强度螺栓，连接部位的钢板表面要进行特殊处理以保证抗滑性。当螺栓排数超过 6 排（双抗滑面连接）或 4 排（单抗滑面连接）时，要验算第 1 排螺栓的抗滑极限强度。

（6）随着铁路、公路运输向高速、重载方向的发展，大跨度钢桥的疲劳问题愈来愈突出，疲劳破坏常发生在钢桥结构的应力集中处或存在缺陷处，产生微小裂纹并在反复荷载的作用下发生扩展，最终导致疲劳破坏。因此，应对钢桥进行抗疲劳设计，并积极探索提高构造细节疲劳强度的措施。

思 考 题

1. 简述钢桥的主要特点。
2. 钢桥的主要类型有哪些？
3. 钢桥所用的钢材主要有哪些？对其工作性能有何要求？
4. 通过网络查找有关我国钢桥发展现状的文献，了解我国钢桥技术在哪些方面取得了进展？

第2章 钢板梁桥

2.1 钢板梁桥的类型及构造特点

主梁用钢板梁做成的钢梁桥，称为钢板梁桥。按桥面位置的不同，钢板梁桥可分为上承式钢板梁桥和下承式钢板梁桥。桥面位于主梁上翼缘就是上承式钢板梁桥，桥面位于主梁下翼缘则为下承式钢板梁桥。钢板梁桥的优点是构造简单、制作容易，可整孔运输，安装、维修和养护方便。当跨度小于40 m时，钢板梁桥比钢桁梁桥经济，但是与钢筋混凝土梁或预应力钢筋混凝土梁相比，钢板梁造价高。因此，只有在工期要求紧，场地受到限制的情况下才可考虑采用钢板梁桥。

2.1.1 上承式钢板梁桥的基本构造及功能

上承式钢板梁桥的上部结构主要有主梁、联结系（包括上平纵联、下平纵联、中间横联、端横联等）、桥面和支座，如图2.1所示（桥面与支座略）。

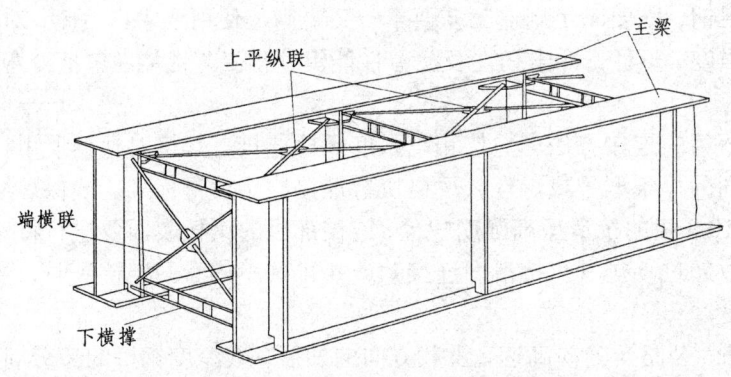

图2.1 上承式钢板梁桥的构造图

主梁是上承式钢板梁桥的主要承重结构，由两片钢板梁组成，主要承受竖向荷载。每片钢板梁由上、下翼缘板和腹板通过焊接或铆接组成。跨度较小时，主梁用等截面梁；跨度较大时，可采用变截面梁，使主梁截面承受弯矩的能力大致符合弯矩图，以节约钢材。为了保证主梁腹板的局部稳定性，在腹板两侧每隔一定距离焊上一对板条或型钢，这种板条或型钢称为腹板的加劲肋。加劲肋可分为竖向加劲肋和水平加劲肋，考虑到联结系的布置及腹板稳定的需要，竖向加劲肋通常按等距离布置，间距为2 m。加劲肋的上端常与上翼缘顶紧，以支承翼缘板。横联处的竖向加劲肋，其上端不仅与上翼缘顶紧，而且与上翼缘焊连。水平加劲肋布置在距受压翼缘1/4腹板高度处。位于梁端的竖向加劲肋称为端加劲肋，它传递梁端反力，端加劲肋的上、下端都与翼缘板顶紧焊牢，如图2.2所示。

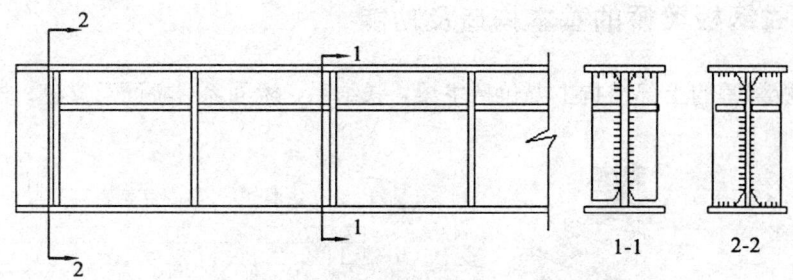

图 2.2 主梁腹板加劲肋的构造

联结系是主梁之间带撑杆的交叉体系结构,联结系分为上平纵联、下平纵联、中间横联、端横联。靠近主梁上翼缘的水平纵向联结系称为上平纵联,如图 2.3(a)所示;靠近主梁下翼缘的水平纵向联结系称为下平纵联,如图 2.3(c)所示;在两个主梁横向平面内的联结系称为中间横联,如图 2.3(d)所示;位于梁端的横联称为端横联。上、下平纵联的横撑分别焊连于内侧竖向加劲肋上,交叉斜杆焊连于平纵联的节点板上(见图 2.4)。上平纵联节点板用手工焊焊在距上翼缘 250 mm 处,以避免桥枕下挠压在上平纵联上。下平纵联节点板也焊在腹板上,也可用螺栓连接在下翼缘上。中间横联的横撑通常采用双角钢,交叉杆件则采用单角钢,中间横联一般每隔 4 m 设置一个。端横联的下横撑通常起顶梁的作用,因此采用工字型钢梁。联结系将两片主梁在水平纵向和横向分别联成一体形成一个稳定的空间结构,平纵联还能传递桥跨结构的横向荷载。

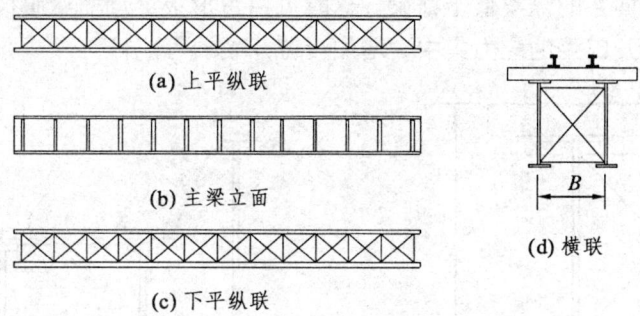

图 2.3 联结系

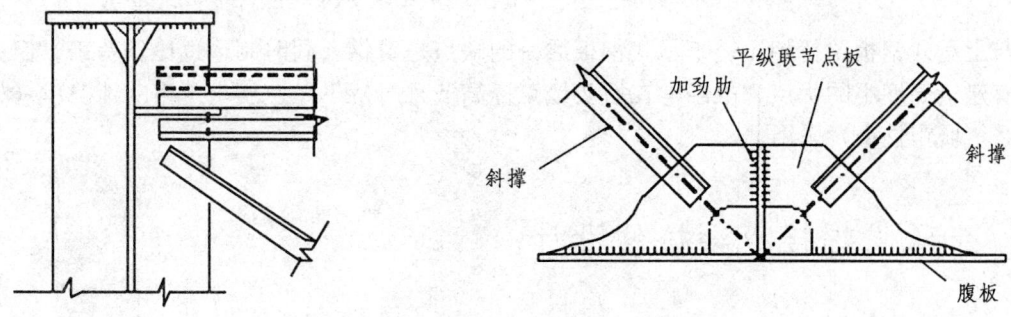

图 2.4 平纵联与主梁的连接构造

上承式钢板梁桥的桥面一般采用明桥面,由桥枕、护木、正轨、护轨等组成。

2.1.2 下承式钢板梁桥的基本构造及功能

下承式钢板梁桥的上部结构主要包括主梁、联结系、桥面系、桥面及支座,如图 2.5 所示。

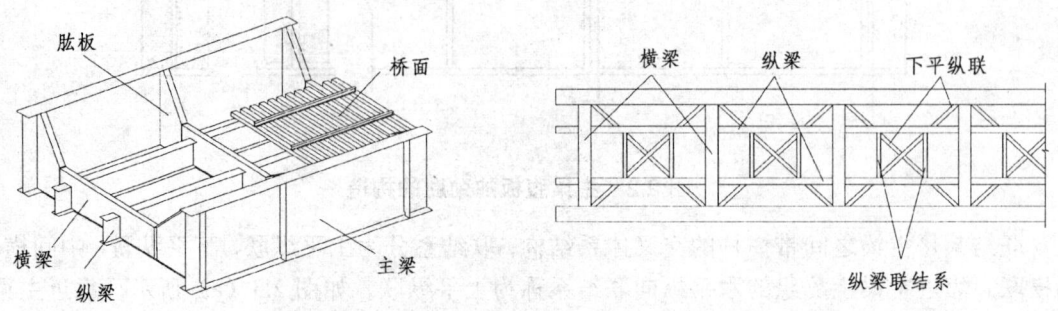

图 2.5 下承式钢板梁桥的基本构造图(支座未示)

主梁同样是下承式钢板梁桥的主要承重结构,其组成与上承式钢板梁桥的主梁相同。在靠近主梁下翼缘设下平纵联,由于列车穿过两片主梁,故无法设置上平纵联。桥面系是由纵梁和横梁组成的水平梁格结构,主要传递桥面上的竖向荷载。下承式钢板梁桥的主梁与桥面系形成一个敞口框架,在主梁与横梁之间加设肱板,其作用是:① 对主梁上翼缘起支撑作用,保证上翼缘的稳定;② 可起横联的作用;③ 减小或防止主梁偏斜。桥面系的纵梁高度较主梁小得多,大大缩小了建筑高度(轨底至主梁底的距离,见图 2.6 所示);有时为了进一步减小建筑高度,可使桥面系的纵梁低于横梁,这时可用鱼形板穿过横梁腹板连接纵梁梁端,但这样会造成横梁腹板开口处的应力集中,增加疲劳开裂的可能性。

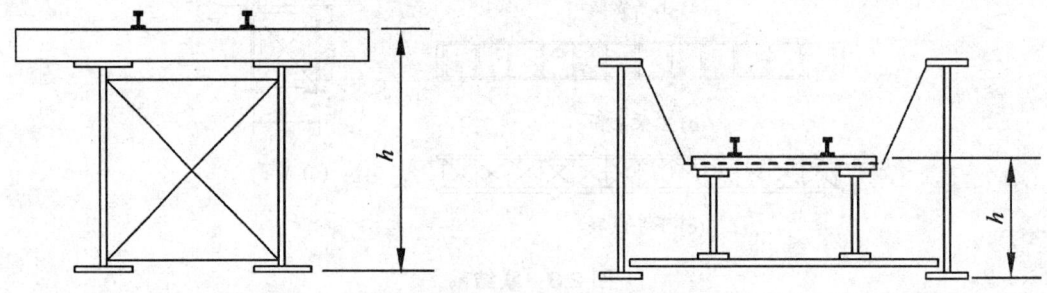

图 2.6 上承式钢板梁桥与下承式钢板梁桥的建筑高度

与上承式钢板梁桥相比,下承式钢板梁桥的缺点是费钢,同时制造也比较费工。但由于它具有建筑高度小的优点,故经常在桥头线路标高低且对桥下净空要求严格的情况下(如平原水系、城市立交)采用。

2.2 上承式焊接板梁桥的设计

板梁桥的设计内容主要包括桥梁基本尺寸的拟定、恒载假定、主梁内力计算、主梁截面尺寸拟定、主梁变截面位置的确定、腹板加劲肋布置及各项检算等。板梁桥的材质可选用桥规推荐的 Q235qD。

2.2.1 板梁桥的基本尺寸拟定

板梁桥主要尺寸是指计算跨度、主梁高度和主梁中心距。

1. 计算跨度

板梁桥的计算跨度取决于桥位处的地质、地理、水文等条件，在实际选取时宜尽量采用《桥规》中规定的标准跨度。常用的标准跨度有 20 m、24 m、32 m、40 m 等几种。

2. 主梁高度

主梁高度主要根据最大梁高、最小梁高、经济梁高确定。

最大梁高取决于桥梁的容许建筑高度，由桥头线路标高和桥上、桥下净空要求而定。

最小梁高取决于梁的刚度条件，《桥规》规定，简支钢板梁桥在静活载作用下跨中的最大挠度不得超过计算跨度的 1/900。根据这个条件可求得主梁所需的最小高度为：

$$h_{\min} = \frac{5}{24} \cdot \frac{[\sigma_w]}{E} \cdot \frac{l}{\left[\frac{f}{l}\right]} \cdot \frac{1}{1+\mu+\frac{p}{k}} \tag{2.1}$$

式中 $[\sigma_w]$——弯曲容许应力；

E——钢材弹性模量；

l——板梁桥计算跨度；

$\left[\frac{f}{l}\right]$——板梁容许挠度与跨度之比；

$1+\mu$——活载冲击系数；

p、k——梁上均布恒载和活载。

经济梁高考虑用钢量最省，研究表明，梁高过大或过小都会使用钢量增加，因此，存在着某一梁高使用钢量最小，这就是所谓的经济梁高。经济梁高 h_s 可按下式进行估算：

$$h_s = 2\left(\frac{M}{\alpha[\sigma_w]}\right)^{0.4} \tag{2.2}$$

式中 α——计算系数，当最大弯矩处无孔眼时，$\alpha=1.05$；有孔眼时，$\alpha=0.85\sim0.9$。

M——计算弯矩；

$[\sigma_w]$——弯曲容许应力。

主梁高度的选择要小于最大梁高，大于最小梁高，还要接近经济梁高，在实际选择时还要考虑钢厂的供货规格，以避免不必要的拼接或裁切。跨度相近的板梁可采用相同的腹板高度，便于制造。另外，应使全梁的总尺寸在运输限界之内。

3. 主梁中心距

主梁中心距是指两片钢板梁腹板中线之间的距离，主梁中心距的选取要考虑以下几个方面的问题：

（1）桥枕的合理跨度。对于明桥面，桥枕直接放在主梁上，主梁中心距就是桥枕跨度，这个跨度过小,钢轨几乎位于主梁上方,难以利用桥枕受载时发生的弹性变形来减轻列车的冲击作用;若桥枕跨度过大,则将使所需的桥枕截面过大,也不合适。

(2) 桥跨结构在水平力作用下的横向倾覆稳定性要求主梁中心距不能过小。

(3) 桥跨结构的横向刚度。为了保证桥跨结构的横向刚度,《桥规》要求主梁中心距不得小于计算跨度的 1/15,且不小于 2.2 m。

(4) 用架桥机整孔架设的可能性。

2.2.2 主梁的设计计算

1. 主梁的内力计算

板梁桥实际上是一个空间结构,主要承受竖向荷载(恒载和活载)和横向荷载(包括横向风力、列车摇摆力、在弯道桥上还有离心力),若直接对其按空间结构进行内力分析是比较复杂的,在设计实践中通常采用简化的计算方法,即将桥跨结构划分为若干个平面结构,如主梁平面、平纵联、横联等,认为竖向荷载只由主梁承受,横向荷载由平纵联承受。这里只讨论主梁的内力计算方法,关于联结系的计算在第 5 章中讨论。

作用在主梁上的荷载主要是恒载和活载,恒载的分布集度可参照现有的设计资料事先假定,设桥跨结构沿跨度每米的重量为 p_1 kN/m,桥面重为 p_2 kN/m,则每片主梁所受的恒载为:

$$p = \frac{1}{2}(p_1 + p_2) \quad (\text{kN/m}) \tag{2.3}$$

静活载 k 取铁路中活载的换算均布活载值,按影响线顶点位置及加载长度查表求得。冲击系数按下式求得:

$$1 + \mu = 1 + \frac{28}{40 + L} \tag{2.4}$$

式中 L——主梁的计算跨度;

活载强度为 $k(1+\mu)$ (kN/m)。

主梁内力的计算公式如下:

弯矩: $M = M_p + M_k$ (2.5)

剪力: $Q = Q_p + Q_k$ (2.6)

式中 $M_p = p\Omega_M$——恒载弯矩;

$M_k = k(1+\mu)\Omega_M$——活载弯矩;

$Q_p = p\Omega_Q$——恒载剪力;

$Q_k = k(1+\mu)\Omega_Q$——活载剪力;

Ω_M——所求截面上弯矩影响线的面积;

Ω_Q——所求截面上剪力影响线的面积。

2. 主梁截面的选择

主梁截面的选择是先确定腹板和翼缘板的尺寸,然后进行截面的强度检算。主要步骤如下:

（1）在选定梁高 h 后，腹板高度 h_f 大约比梁高小 8～12 cm，腹板厚度一般可选用 10 mm 或 12 mm。《桥规》规定：主要构件所用钢板不宜小于 10 mm 以免锈蚀后对截面削弱过大；对跨度等于或大于 16 m 的焊接板梁，腹板厚度不宜小于 12 mm，以减小焊接所引起的变形。

（2）估算所需翼缘截面面积。根据梁截面的抗弯强度条件，可得梁所需翼缘的截面面积为：

$$A_{yi} = \frac{M}{[\sigma_w]h} - \frac{1}{6}\delta_f h \tag{2.7}$$

式中　h——梁高。

其余符号意义同前。

求出所需翼缘面积后，即可确定翼缘板的尺寸。一般可采用一块厚钢板，但厚度不宜太大（最好不超过 32 mm）。太厚的钢板，因轧制困难，其力学性能较差。当根据计算需要很厚的翼缘板时，可考虑用两块钢板。翼缘板伸出肢的宽度和厚度之比，应不大于 10，以保证受压翼缘板的局部稳定并减小焊接变形。若桥枕直接铺放在翼缘板上，则根据桥枕承压强度的要求，翼缘板宽度应不小于 240 mm。

（3）截面应力验算。按上述步骤所选定的主梁截面尺寸只是初步的，尚需进行应力验算。

① 弯曲应力验算。主梁截面上最大弯曲应力应不大于容许弯曲应力：

$$\sigma_{\max} = \frac{M}{W_j} \leqslant [\sigma_w] \tag{2.8}$$

式中　M——跨中最大弯矩；

W_j——跨中截面的净截面抵抗矩。

$[\sigma_w]$——钢材的容许弯曲应力。

② 剪应力验算。主梁截面上的最大剪应力应不大于容许剪应力：

$$\tau = \frac{QS}{I\delta_f} \leqslant C_\tau [\tau] \tag{2.9}$$

式中　Q——梁端最大剪力；

S——梁端截面中性轴以上的截面面积对中性轴的面积矩；

I——梁端截面的毛截面惯性矩；

δ_f——梁端处腹板厚度；

$[\tau]$——容许剪应力；

C_τ——考虑截面上剪应力分布不均匀而引入的系数，取值如下：当 $\frac{\tau_{\max}}{\tau_0} \leqslant 1.25$ 时，$C_\tau = 1.0$；当 $\frac{\tau_{\max}}{\tau_0} \geqslant 1.50$ 时，$C_\tau = 1.25$；当 $1.25 < \frac{\tau_{\max}}{\tau_0} < 1.50$ 时，C_τ 按线性内插计算，其中 $\tau_0 = \frac{Q}{h\delta_f}$（$h$ 为腹板高度）。

3. 主梁变截面

当简支板梁桥的跨度较大时，将主梁截面的大小沿跨度随弯矩的变化而加以变更则可达到节约钢材的目的。主梁变截面的方法通常有两种途径：一是对只有一块盖板的焊接梁，可以在离支座约 1/6 跨度处改变盖板的宽度或厚度，这样可节省钢料约 10%～12%；二是对双层盖板的焊接梁，可将外层盖板在理论切断点处切断（见图 2.7），如有必要，可同时在离支座约 1/6 跨度处改变内层盖板的宽度或厚度。为减小应力集中，切断后的盖板板端沿宽度方向加工成不陡于 1∶4 的斜边，厚度方向加工成不陡于 1∶8 的斜坡，末端宽度不宜小于 20 mm，厚度为焊脚高度加 2 mm。主梁变截面后要检算变截面处的疲劳强度，如对接焊缝的疲劳强度、外层盖板切断处焊缝端部的疲劳强度及外层盖板切断处主梁横截面上盖板与腹板交接处的疲劳强度等。

计算表明，采用最大抵抗弯矩确定的理论切断点将外层盖板切断，切断处焊缝端部的疲劳强度往往不能满足现有规范对疲劳强度的要求，为此，可按最大抵抗弯矩幅来确定理论切断点，详见后面的示例。

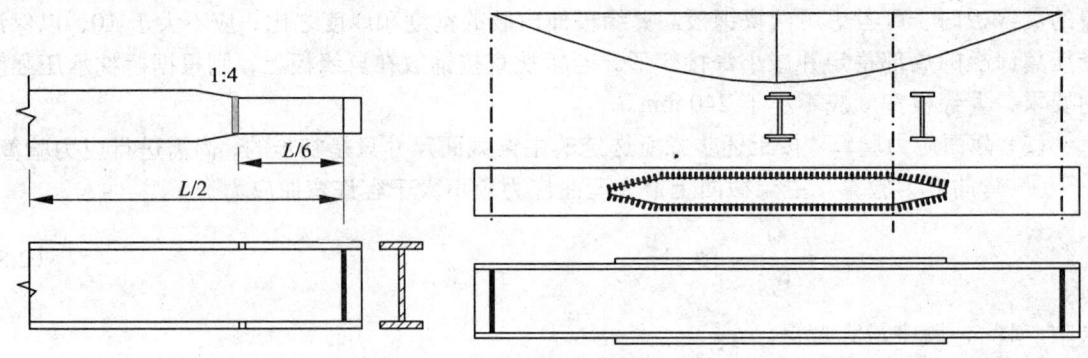

图 2.7　主梁变截面

4. 翼缘与腹板连接焊缝的计算

焊接板梁连接翼缘与腹板的焊缝计算通常先按《桥规》确定角焊缝的焊脚尺寸，然后进行焊缝强度的验算。

（1）单位长度焊缝需传递的水平剪力 T_1。焊缝所受的剪应力为：

$$\tau = \frac{QS_{yi}}{I_m \delta_f} \tag{2.10}$$

式中　Q——梁所受的最大剪力（简支梁的 Q 就是梁端剪力）；
　　　S_{yi}——一个翼缘截面对中性轴的面积矩；
　　　I_m——主梁毛截面惯性矩；
　　　δ_f——腹板厚度。

则沿梁跨度单位长度（1 cm）内翼缘焊缝需传递的水平剪力为：

$$T_1 = \tau \cdot \delta_f \cdot 1 = \frac{QS_{yi}}{I_m} \tag{2.11}$$

（2）最大轮压 P 产生的竖向剪力 V_1。由桥枕传下的最大轮压 P（包括冲击力）按平均分布在 100 cm 范围内计算，即沿跨长 1 cm 内的竖向剪力为：

$$V_1 = \frac{P}{100} \tag{2.12}$$

按铁路标准活载,每片主梁所受的最大静轮压为 220/2 = 110 (kN),则 $P = 110(1+\mu)$ (kN)。

(3) 单位长度(1 cm)内翼缘焊缝承受的总剪力 Q_1 是水平剪力 T_1 与竖向剪力 V_1 的合力(按向量相加):

$$Q_1 = \sqrt{T_1^2 + V_1^2} \tag{2.13}$$

(4) 1 cm 长的焊缝(包括左右两侧焊缝)截面所能承受的剪力:

$$N_1 = 2h_f[\tau]$$

式中 h_f——角焊缝的焊脚尺寸;

$[\tau]$——焊缝容许剪应力(与基本钢材的容许剪应力相同)。

(5) 翼缘焊缝的验算公式。1cm 长度内的总剪力 Q_1 应不大于相应的焊缝承载能力,即 $Q_1 \leq N_1$,因而有:

$$\frac{1}{2h_f}\sqrt{\left(\frac{QS_{yi}}{I_m}\right)^2 + \left(\frac{P}{100}\right)^2} \leq [\tau] \tag{2.14}$$

5. 梁的总体稳定问题

梁的总体稳定性一般采用近似的计算方法。验算公式如下:

$$\sigma = \frac{M}{W_m} \leq \varphi_2[\sigma] \tag{2.15}$$

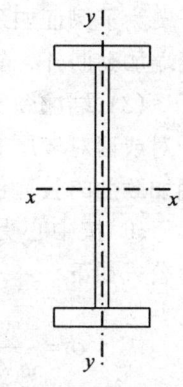

图 2.8 主梁截面

式中 M——计算弯矩(构件中部三分之一长度范围内的最大弯矩);

W_m——毛截面抵抗矩;

φ_2——检算梁的总体稳定时采用的容许应力折减系数,其值可按换算长细比 $\lambda_e = \alpha \dfrac{L r_x}{h r_y}$ 查表求得,其中:α 为系数,焊接板梁用 1.8,铆接板梁用 2.0;L 为上平纵联两相邻节点的间距;r_x、r_y 为主梁截面对 x、y 轴的回转半径,如图 2.8 所示。h 为主梁高度。

若换算长细比 $\lambda_e < 40$,这时梁丧失总体稳定时的临界应力接近或超过钢材的屈服强度,可不再进行总体稳定性的检算。

6. 主梁的局部稳定和腹板加劲肋的布置

(1) 主梁的局部稳定。主梁的翼缘和腹板都是薄板,如果设计不当,在外力作用下当梁中最大应力还未达到屈服强度,全梁尚未丧失总体稳定之前,其翼缘或腹板可能出现局部翘曲而丧失局部稳定。对于受压翼缘板,其局部稳定性取决于翼缘伸出肢的宽厚比,对焊接板梁,《桥规》规定该比值不得大于 10。

(2) 腹板加劲肋的布置。对于腹板,为防止其在外力作用下丧失局部稳定,通常是用加劲肋来增强它的刚度。为免去对腹板局部稳定性的繁琐计算,对简支板梁腹板的中间竖向加劲肋和水平加劲肋，可按下列办法设置：

① 当腹板高厚比 $h/\delta \leqslant 50$ 时，主梁高度较小，腹板本身的刚度已可保证其局部稳定，可不设中间加劲肋。

② 当腹板高厚比 $50 < h/\delta \leqslant 140$ 时，此时腹板的刚度较弱，应设置中间竖向加劲肋，其间距为 $a \leqslant \dfrac{950\delta}{\sqrt{\tau}}$，且不得大于 2 m。考虑到构造上的需要及制造上的方便，竖向加劲肋常按等距离布置。

③ 当腹板高厚比 $140 < h/\delta \leqslant 250$ 时，腹板高度较大而厚度相对较小，除按上述 ② 中规定设置竖向加劲肋外，还应在距受压翼缘 (1/4～1/5) h 处加设水平加劲肋。

上述符号中，h 为腹板全高 (cm)；δ 为腹板厚 (cm)；τ 为检算板段处的腹板平均剪应力 (MPa)，$\tau = Q/h\delta$，Q 为板段中间截面处的剪力 (MN)。

加劲肋宜具有足够的刚度来支承腹板，使其在加劲肋外不发生翘曲。为此，《桥规》对加劲肋作如下规定：

当仅用竖向加劲肋时，若竖向加劲肋是成对且对称地设置在腹板的两侧，则腹板每侧加劲肋的宽度不得小于 $\left(\dfrac{h}{30} + 0.04\right)$ (m)，其 h 为腹板的高度 (m)。

如同时设有竖向加劲肋及水平加劲肋，则对于竖向加劲肋，每对加劲肋绕腹板水平截面中线的惯性矩不得小于 $3h\delta^3$；对于水平加劲肋，每对加劲肋绕腹板竖直截面中线的惯性矩不得小于 $h\delta^3\left[2.4\left(\dfrac{a}{h}\right)^2 - 0.13\right]$，但不得小于 $1.5h\delta^3$（其中 a 为竖向加劲肋间距，其余符号意义同前）。

加劲肋最好两侧成对地设置，如必须采用单侧加劲肋，则其绕腹板边线的截面惯性矩应不小于上述各值。

为了保证加劲肋不丧失局部稳定，如同受压翼缘一样，对其伸出肢的宽厚比应加以限制，除端加劲肋外，其伸出肢的宽厚比应不大于 15。

（3）端加劲肋的计算。板梁端部的竖向加劲肋的主要作用是承受并传递支座反力，可用一对或两对较厚的板条作成，并与支承翼缘磨光顶紧。端加劲肋伸出肢的宽厚比不应大于 12。端加劲肋的验算包括下述三项内容：

① 按中心受压杆件验算端加劲肋在垂直于腹板平面的稳定性。这种验算是近似的，验算公式如下：

$$\sigma = \dfrac{N}{\varphi_1 A_m} \leqslant [\sigma] \qquad (2.16)$$

式中　N——支座反力；

　　　A_m——加劲肋的全部截面面积加每侧不大于 15 倍板厚的腹板截面面积（见图 2.9 阴影线部分）；

　　　φ_1——压杆容许应力折减系数，按长细比 $\lambda_x = l_x / r_x$ 查表求得，其中 l_x 为自由长度，其值可取横向联结系上下两节点间距的 0.7 倍；r_x 为计算截面 A_m 绕 $x-x$ 轴的回转半径。

② 验算加劲肋端部面积的承压强度：

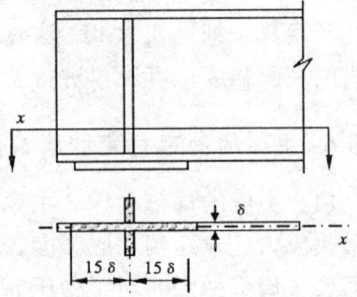

图 2.9　端加劲肋稳定计算截面

$$\sigma = \frac{N}{A} \leq [\sigma_c] \tag{2.17}$$

式中 N——支座反力；

A——端加劲肋与下翼缘磨光顶紧的面积（见图2.10）；

$[\sigma_c]$——端部承压（磨光顶紧）容许应力。

③ 端加劲肋与腹板连接焊缝的计算，近似地按承受全部支座反力 N 计算所需焊缝面积或检算焊缝强度：

$$\frac{N}{4h_e l_w} \leq [\tau] \tag{2.18}$$

式中 h_e——焊缝高度（亦称焊缝的计算厚度），$h_e = 0.7 h_f$；

l_w——焊缝长度；

$[\tau]$——焊缝容许剪应力。

(4) 腹板疲劳强度的验算。在腹板竖向加劲肋角焊缝的下端（如图2.11所示中 a 点），主梁腹板兼受法向拉应力和剪应力。在反复荷载作用下，由于该处具有较高的应力集中，故应验算该处腹板的疲劳强度。验算采用疲劳容许应力幅法，疲劳验算公式为：

$$\Delta \sigma = \sigma_{max} - \sigma_{min} \leq [\Delta \sigma] \tag{2.19}$$

这里，疲劳应力幅 $\Delta \sigma$ 取该处腹板的主拉应力幅或纵向拉应力幅。疲劳容许应力幅 $[\Delta \sigma]$ 根据构造类别按《桥规》规定取 99.9 MPa。

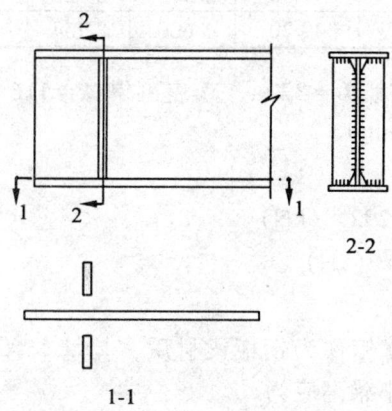

图 2.10 端加劲肋端部承压截面

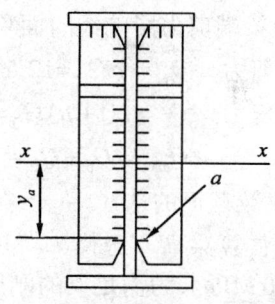

图 2.11 腹板疲劳强度的验算部位

例 2.1 32 m 铁路全焊上承式板梁桥的设计计算示例。

1) 主梁的内力计算

(1) 恒载估算。参照现有的设计资料，设桥跨结构沿跨度每米的重量为 $p_1 = 17$ kN/m，桥面重为 $p_2 = 8$ kN/m，则每片主梁所受的恒载为：

$$p = \frac{1}{2}(p_1 + p_2) = \frac{1}{2}(17 + 8) = 12.5 \quad (\text{kN/m})$$

(2) 活载估算。静活载 k 取铁路中-活载的换算均布活载值，按影响线顶点位置 α 及加载长度 $L = 32$ 查表求得。冲击系数按下式求得：

$$1+\mu = 1+\frac{28}{40+L} = 1+\frac{28}{40+32} = 1.39$$

则活载强度为 $k(1+\mu)$ （kN/m）。

(3) 主梁内力的计算。选取计算截面,将主梁分成8等分,作出每个截面上的弯矩影响线,则指定截面上的弯矩值为 $M = M_p + M_k$,其中 $M_p = p\Omega_M$ 为恒载弯矩,$M_k = k(1+\mu)\Omega_M$ 为活载弯矩,Ω_M 为所求截面上弯矩影响线的面积。计算结果见表2.1所示。

表2.1 主梁内力计算结果

距支点距离 (m)	弯矩影响线 顶点位置 α	加载长度 L (m)	影响线面积 Ω_M (m²)	恒载 p (kN/m)	活载 k (kN/m)	弯矩 (kN·m) M_p	弯矩 (kN·m) M_k	最大弯矩 M_{max} (kN·m)
0	0.000	32	0	12.5	58.10	0	0	0
2	0.063	32	30	12.5	56.28	375	2 347	2 722
4	0.125	32	56	12.5	54.45	700	4 238	4 938
5	0.156	32	68	12.5	54.00	844	5 067	5 910
6	0.188	32	78	12.5	53.55	975	5 806	6 781
8	0.250	32	96	12.5	52.65	1 200	7 026	8 226
10	0.313	32	110	12.5	51.53	1 375	7 878	9 253
12	0.375	32	120	12.5	50.40	1 500	8 407	9 907
13	0.406	32	124	12.5	50.10	1 544	8 600	10 144
14	0.438	32	126	12.5	49.80	1 575	8 722	10 297
16	0.500	32	128	12.5	49.20	1 600	8 754	10 354

在梁端剪力影响线的顶点处,$\alpha = 0$,加载长度 $L = 32$ m,查表可得 $k = 116.2/2 = 58.1$ (kN/m),梁端剪力影响线的面积 $\Omega_Q = 32/2 = 16$ (m²)。

恒载剪力：$Q_p = p\Omega_Q = 12.5 \times 16 = 200$ （kN）

活载剪力：$Q_k = k(1+\mu)\Omega_Q = 58.1 \times 1.39 \times 16 = 1\,292$ （kN）

$$Q_{max} = Q_p + Q_k = 200 + 1\,292 = 1\,492 \quad (kN)$$

2) 主梁截面的选择

(1) 估算梁高。选择《桥规》推荐的Q235qD钢作为钢板梁材质,其基本弯曲应力为 $[\sigma_w] = 140$ MPa。为满足梁的刚度条件,所需的最小梁高应为:

$$h_{min} = \frac{5}{24} \cdot \frac{[\sigma_w]}{E} \cdot \frac{l}{\left[\dfrac{f}{l}\right]} \cdot \frac{1}{1+\mu+\dfrac{p}{k}}$$

$$= \frac{5}{24} \cdot \frac{140}{2.1 \times 10^5} \cdot \frac{32\,000}{\dfrac{1}{800}} \cdot \frac{1}{1.39 + \dfrac{12.5}{49.2}} = 2\,163 \quad (mm)$$

由式（2.2）可知经济梁高为:

$$h_s = 2\left(\frac{M}{\alpha[\sigma_w]}\right)^{0.4} = 2 \times \left(\frac{10\,350 \times 10^6}{1.05 \times 140}\right)^{0.4} = 2\,755 \quad (mm)$$

选择腹板宽度为 2 500 mm，则主梁高度约为 2 500+100=2 600 mm，大于最小梁高，但小于经济梁高；腹板宽度满足最常轧制的钢板宽度，也接近经济梁高；腹板厚度采用 12 mm。

（2）拟定截面尺寸。根据梁截面的抗弯强度条件，可得梁翼缘（上翼缘或下翼缘）所需的截面面积为：

$$A_{yi} = \frac{M}{[\sigma_w]h} - \frac{1}{6}\delta_f h = \frac{10\,350\times10^6}{140\times2\,600} - \frac{1}{6}\times12\times2\,600 = 23\,234 \quad (\text{mm}^2)$$

取翼缘板宽度为 480 mm，若采用单层翼缘板，则所需翼缘板的最小厚度为 48 mm。太厚的钢板，其力学性能较差，为此，决定采用 1—□480 mm×30 mm 及 1—□440 mm×26 mm 组成的双层翼缘板，共提供截面面积=480×30+440×26=25 840 mm²，且翼缘板伸出肢的宽厚比不大于 10，主梁的实际高度为 2 612 mm。

主梁截面对 x 轴的惯性矩：

$$I_x = \frac{1}{12}\times12\times2\,500^3 + 2\times480\times30\times(1\,250+15)^2 + 2\times440\times26\times(1\,250+43)^2$$
$$= 9.996\,3\times10^{10} \quad (\text{mm}^4)$$

静活载所产生的挠度：

$$f_k = \frac{5}{384}\cdot\frac{kl^4}{EI} = \frac{5}{384}\times\frac{49.2\times32\,000^4}{2.1\times10^5\times99\,963\times10^{10}}$$
$$= 32.0 \quad (\text{mm}) < \frac{1}{900}\times32\,000 = 35.6 \quad (\text{mm})$$

梁的刚度满足要求。

（3）截面应力验算。

跨中弯曲应力验算：

$$\sigma_{max} = \frac{M}{I_x}\cdot\frac{h}{2} = \frac{10\,350\times10^6}{9.996\,3\times10^{10}}\times\frac{2\,612}{2}$$
$$= 135.2 \quad (\text{MPa}) \leqslant [\sigma_w] = 140 \quad (\text{MPa}) \quad (\text{可})$$

梁端剪应力验算：

梁截面中性轴以外的截面对中性轴的面积矩为：

$$S = 1\,250\times12\times1\,250/2 + 480\times30\times(1\,250+15) + 440\times26\times(1250+43)$$
$$= 4.238\,3\times10^7 \quad (\text{mm}^3)$$

梁端的最大剪应力：

$$\tau_{max} = \frac{QS}{I\delta_f} = \frac{1\,492\,000\times4.238\,3\times10^7}{9.996\,3\times10^{10}\times12}$$
$$= 52.72 \quad (\text{MPa}) \leqslant C_\tau[\tau] = 80 \quad (\text{MPa}) \quad (\text{可})$$

式中，$C_\tau = 1.0$，因为 $\tau_0 = \frac{Q}{h_f\delta_f} = \frac{1\,492\,000}{2\,500\times12} = 49.7$ （MPa），$\frac{\tau_{max}}{\tau_0} = \frac{52.72}{49.70} = 1.06 < 1.25$。

（4）跨中截面疲劳强度验算。跨中截面最大弯矩值为 10 350 kN·m，最小弯矩值为

1 600 kN·m，则疲劳应力幅为：

$$\Delta\sigma = \sigma_{max} - \sigma_{min} = \frac{(10\,350 - 1\,600) \times 1\,000\,000}{9.996\,3 \times 10^{10}} \times \frac{2\,612}{2} = 114 \quad (\text{MPa})$$

而疲劳容许应力幅为 149.5 MPa，故疲劳强度满足。

3）主梁变截面

当外层盖板切断后，主梁截面惯性矩为：

$$\begin{aligned}I_{2x} &= \frac{1}{12} \times 12 \times 2\,500^3 + 2 \times 480 \times 30 \times (1\,250 + 15)^2 \\ &= 6.171\,1 \times 10^{10} \quad (\text{mm}^4)\end{aligned}$$

变截面后的主梁截面所能承受的最大抵抗弯矩为：

$$\begin{aligned}M_2 &= 2 \times I_{2x}[\sigma_w]/h = 2 \times 6.171\,1 \times 10^{10} \times 140 \div (2\,500 + 2 \times 30) \\ &= 6\,749.5 \quad (\text{kN} \cdot \text{m})\end{aligned}$$

在主梁的弯矩图上，找出与 M_2 大致相近的位置为离支点约 6.0 m 处，该点即为外层盖板的理论切断点，实际制造时，从该点向支点方向以 1∶8 的斜坡过渡，如图 2.12 所示。

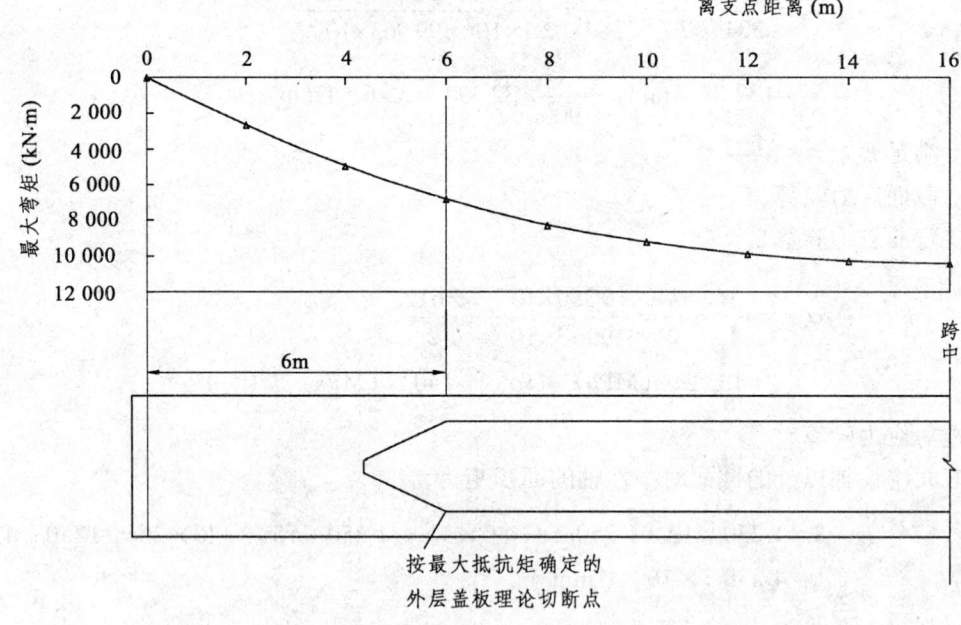

图 2.12 主梁变截面示意图 1

变截面后要进行疲劳检算，在外层盖板切断处，最大弯矩值为 6 781 kN·m，最小弯矩值为 975 kN·m，则疲劳应力幅为：

$$\Delta\sigma = \sigma_{max} - \sigma_{min} = \frac{(6\,781 - 975) \times 1\,000\,000}{6.171\,1 \times 10^{10}} \times \frac{2\,560}{2} = 120 \quad (\text{MPa})$$

而疲劳容许应力幅只有 71.9 MPa，故疲劳强度不满足。这时按抵抗弯矩幅来确定理论切断点，方法如下：

计算外层盖板切断后，主梁截面所能承受的抵抗弯矩幅为：

$$\Delta M_2 = 2 \times I_{2x}[\Delta\sigma]/h = 2 \times 61\ 711\ 480\ 000 \times 71.9/(2\ 500 + 2 \times 30)$$
$$= 3\ 466.5\ (\text{kN} \cdot \text{m})$$

作出主梁的疲劳弯矩幅图（考虑动力运营系数 1.25）如图 2.13 所示，找出与 ΔM_2 大致相近的位置为离支点 3.5 m 处，现计算该点处的弯矩幅。

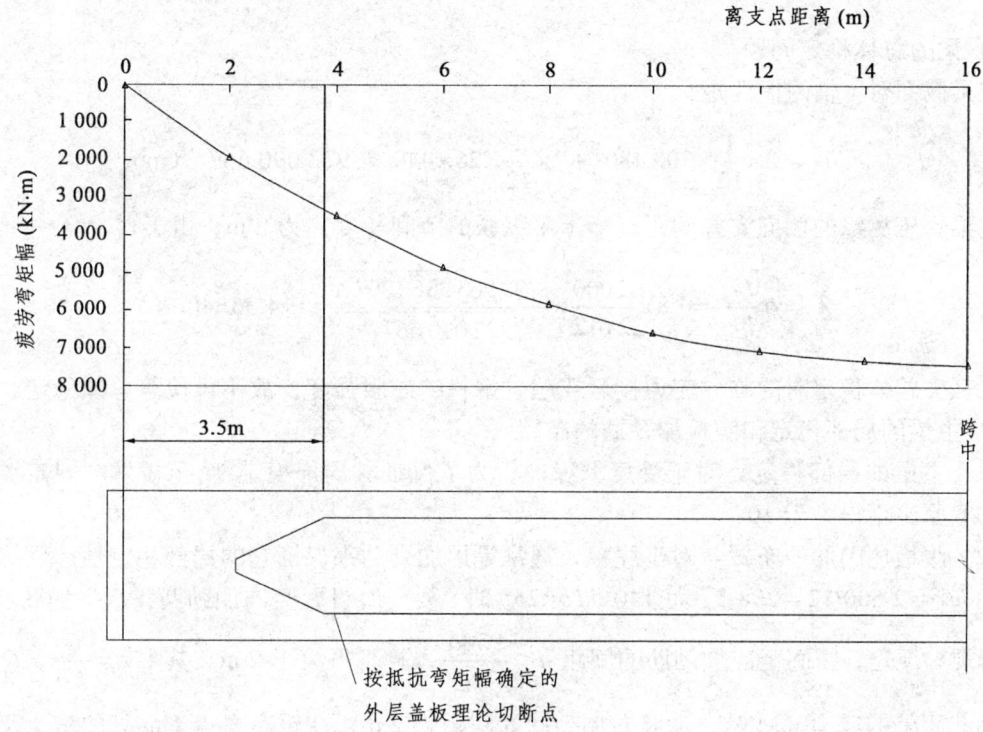

图 2.13 主梁变截面示意图 2

弯矩影响线顶点位置 $\alpha = 3.5/32 = 0.109$，加载长度 $L = 32$ m，查附表 3 可得换算均布活载 $k = 109.8/2 = 54.9$（kN/m），弯矩影响线的面积 $\Omega_M = 3.5 \times 28.5/2 = 50$（m²）

恒载弯矩 $M_p = p\Omega_M = 12.5 \times 50 = 625.0$（kN）

静活载弯矩 $M_k = k\Omega_M = 54.9 \times 50 = 2\ 745.0$（kN·m）

动力运营系数 $1 + \mu_f = 1 + \dfrac{18}{40 + 32} = 1.25$

弯矩幅 $\Delta M = (1 + \mu_f)M_k = 1.25 \times 2\ 745.0 = 3\ 431.25$（kN·m）

弯矩幅与抵抗弯矩幅 3 466.5 kN·m 接近，因此，离支点 3.5 m 处即为按抵抗弯矩幅确定的外层盖板的理论切断点，实际制造时，从该点向支点方向以 1∶8 的斜坡过渡。由于外层盖板的切断点已接近梁端，内层盖板将不再变截面。

4）翼缘与腹板连接焊缝的计算

取连接翼缘与腹板焊缝的焊脚尺寸 $h_f = 10$ mm，由桥枕传下的最大轮压（包括冲击力）P

$=110(1+\mu)=110\times1.39=152.9$ kN。取梁端截面进行计算,翼缘对中性轴的面积矩为:

$$S=480\times30\times(1\,250+15)=18\,216\,000 \quad (mm^3)$$

由式（2.14）可得:

$$\frac{1}{2h_f}\sqrt{\left(\frac{QS_{yi}}{I_m}\right)^2+\left(\frac{P}{100}\right)^2}=\frac{1}{2\times10}\sqrt{\left(\frac{1\,492\,000\times18\,216\,000}{6.1711\times10^{10}}\right)^2+\left(\frac{152.9\times1\,000}{100}\right)^2}$$

$$=79.6 \quad (MPa)<[\tau]=80 \quad (MPa)$$

5）梁的总体稳定问题

主梁截面对 y 轴的惯性矩:

$$I_y=2\times\frac{1}{12}\times30\times480^3+2\times\frac{1}{12}\times26\times440^3=922\,090\,667 \quad (mm^4)$$

主梁受压翼缘的侧向支撑间距（即上平纵联的节间长度）为 2 m，由于:

$$\lambda_e=\alpha\frac{Lr_x}{hr_y}=1.8\times\frac{2\,000}{2\,612}\times\frac{\sqrt{99\,963\,385\,120/A}}{\sqrt{922\,090\,667/A}}=14.35<40$$

这时梁丧失总体稳定时的临界应力接近或超过钢材的屈服强度，故不再检算总体稳定。

6）主梁的局部稳定和腹板加劲肋的布置

（1）主梁的局部稳定。对于受压翼缘板，为了保证其局部稳定性，《桥规》规定翼缘伸出肢的宽厚比不得大于 10。

（2）腹板加劲肋的布置。对于腹板，通常是用加劲肋来保证它的局部稳定性。因为腹板高厚比 $h/\delta=2\,500/12=208.3$，而 $140<h/\delta<250$ 时，要同时设置竖向加劲肋和水平加劲肋。按照《桥规》规定，中间竖向加劲肋的间距 $a\leqslant\frac{950\delta}{\sqrt{\tau}}$，且不得大于 2 m。其中 $\tau=\frac{Q}{h\delta}$，Q 为板段中间截面处的剪力（MN）。设竖向加劲肋的间距为 2 m，在距离支点 1 m 处的剪力可求得为 1 066 kN，则:

$$a\leqslant\frac{950\delta}{\sqrt{\tau}}=\frac{950\times0.012}{\sqrt{\frac{1.066}{2.500\times0.012}}}=1.912 \text{ m}=1912 \quad (mm)$$

可见，2 m 的间距超过了容许距离，故应检算腹板在 σ、τ 和 σ_c 共同作用下的局部稳定性（经检算通过）。水平加劲肋设置在距受压翼缘（1/4～1/5）h 处。

（3）加劲肋的截面尺寸。选用竖向加劲肋为 2—□150 mm×12 mm，每侧宽度 150 mm>$\left(\frac{h}{30}+0.04\right)=123$ （mm） （满足）

对腹板中线的惯性矩为:

$$\frac{1}{12}\times12\times(2\times150+12)^3=3.037\,1\times10^7>3h\delta^3=3\times2\,500\times12^3=1.296\times10^7$$

水平加劲肋选用 1—□150 mm×10 mm，对腹板边线的惯性矩为:

$$\frac{1}{12} \times 10 \times 150^3 + 150 \times 10 \times \left(\frac{150}{2}\right)^2 = 11\,250\,000 > h\delta^3 \left[2.4\left(\frac{a}{h}\right)^2 - 0.13\right] = 6\,073\,920$$

也不小于 $1.5h\delta^3 = 6\,480\,000$ （mm^4）。

加劲肋伸出肢的宽厚比 150/10＝15。（可）

(4) 端加劲肋的计算。端加劲肋选用 2—□160 mm×20 mm，伸出肢的宽厚比 160/20＝8<12。材料采用 Q345qD 钢。

① 按中心受压杆件验算端加劲肋在垂直于腹板平面的稳定性。验算稳定性的面积为

$$A_m = 2 \times 160 \times 20 + 2 \times 15 \times 12 \times 12 = 10\,720 \quad (\text{mm}^2)$$

近似取横向联结系上下两节点的间距为 2.5 m，则 $l_x = 0.7 \times 2.5 = 1.75$ m，而

惯性矩：
$$I_{x\text{-}x} = \frac{1}{12} \times 20 \times (2 \times 160 + 12)^3 = 60\,990\,613 \quad (\text{mm}^4)$$

回转半径：
$$r_x = \sqrt{\frac{I_{x\text{-}x}}{A_m}} = \sqrt{\frac{60\,990\,613}{10\,720}} = 75.43 \quad (\text{mm})$$

长细比：
$$\lambda_x = \frac{l_x}{r_x} = \frac{1\,750}{75.43} = 23.2$$

查表可得容许折减系数 $\varphi_1 = 0.9$，则由整体稳定验算公式得：

$$\sigma = \frac{N}{\varphi_1 A_m} = \frac{1\,490\,000}{0.9 \times 10\,720} = 154.4 \quad (\text{MPa}) < [\sigma] = 200 \quad (\text{MPa}) \quad （可）$$

② 验算加劲肋端部面积的承压强度。端加劲肋与下翼缘磨光顶紧的面积为：

$$A = 2 \times 130 \times 20 = 5\,200 \quad (\text{mm}^2)$$

$$\sigma = \frac{N}{A} = \frac{1\,490\,000}{5\,200} = 286.5 \quad (\text{MPa}) < [\sigma_c] = 300 \quad (\text{MPa})$$

③ 端加劲肋与腹板连接焊缝的计算。取 $h_f = 8$ mm，则

$$\frac{N}{4 \times 0.7 h_f l_w} = \frac{1\,490\,000}{4 \times 0.7 \times 8 \times 2\,260} = 29.4 \quad (\text{MPa}) < [\tau] = 120 \quad (\text{MPa})$$

(5) 跨中腹板疲劳强度的验算。验算部位在腹板竖向加劲肋角焊缝的下端（如图 2.11 所示中 a 点），验算采用容许应力幅法。取 a 点至中性轴 $x-x$ 的距离 $y_a = 1\,130$ mm，则该点处腹板所受的应力幅为：

$$\Delta\sigma = \frac{(M_{\max} - M_{\min}) y_a}{I_x} = \frac{(10\,350 - 1\,600) \times 10^6 \times 1\,130}{9.9963 \times 10^{10}}$$

$$= 98.9 \quad (\text{MPa}) < [\Delta\sigma] = 99.9 \quad (\text{MPa}) \quad （可）$$

本 章 小 结

（1）钢板梁桥构造简单、制作容易，可整孔运输，安装、维修和养护方便，但适用的跨度小。只有在工期要求紧，场地受到限制的情况下才可考虑采用钢板梁桥。

（2）主梁是钢板梁桥的主要承重结构，主要承受竖向荷载。当跨度较大时，可采用变截面梁以节约钢材。为保证主梁腹板的局部稳定性，在腹板上布置加劲肋。为了传递集中荷载，在梁端要布置端加劲肋并与翼缘板顶紧焊牢。

（3）联结系将两片主梁在水平纵向和横向分别联成一体，加强结构的空间稳定性；平纵联还能传递桥跨结构的横向荷载。

（4）下承式钢板梁桥的主要优点是建筑高度小，故经常在桥头线路标高低且对桥下净空要求严格的情况下采用。

（5）钢板梁桥的设计内容主要包括桥梁基本尺寸的拟定、主梁内力的计算、主梁截面尺寸的拟定、主梁变截面位置的确定、腹板加劲肋的布置及各项检算等。

思 考 题

1. 试比较上承式和下承式钢板梁桥的主要构造特点。
2. 试说明钢板梁桥主梁变截面的方法，变截面后应进行哪些项目的检算？
3. 确定板梁桥主梁中心距时，要考虑哪些主要因素？
4. 板梁桥主梁腹板尺寸选定后，所需翼缘板的面积由什么条件确定？给出计算公式。
5. 板梁桥主梁的检算包括哪些项目？给出检算部位和检算公式。
6. 试说明端竖向加劲肋的主要作用、构造要求及检算项目。

第3章 结合梁桥

3.1 结合梁桥的构造特点

3.1.1 概述

结合梁或结合梁桥是指采用剪力传递器将钢板梁、钢箱梁、钢桁梁等钢梁与钢筋混凝土行车道板结合起来共同工作的一种复合梁式结构。结合梁的截面为组合截面，其特点是混凝土桥面板参与受压工作，发挥了混凝土抗压性能好的优点，同时，钢梁与钢筋混凝土行车道板结合成一整体，截面刚度增大，可减少钢材用量；结合梁桥在活载作用下比全钢梁桥的噪音小，有利于环保；结合梁桥容易调整坡度和外超高，特别适用于曲线地段。以往采用结合梁最多的是简支梁桥，但近年来，随着结合梁技术的不断发展，其使用范围已扩展到连续梁桥、斜拉桥、悬索桥、系杆拱桥，推力拱桥等多种复杂体系。结合梁桥广泛用于公路、铁路桥梁中。

3.1.2 结合梁的构造

为了保证钢梁与钢筋混凝土行车道板共同受力，必须设置可靠的剪力传递器来传递梁在弯曲变形中的错动剪力。剪力传递器（见图3.1）分为刚性的和柔性的两种，刚性剪力传递器一般采用短型钢，如槽钢、角钢做成；柔性剪力传递器采用斜钢筋做成。当有可靠根据时，也可采用其他的形式如带帽螺栓。剪力传递器应焊接在钢梁上翼缘上，并与桥面板钢筋焊连。

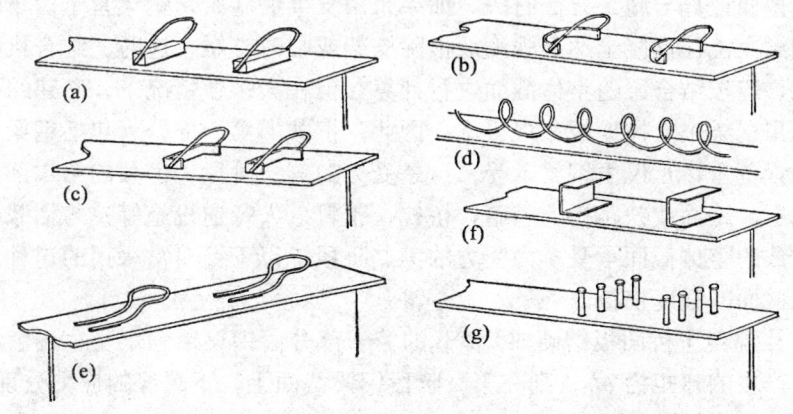

图 3.1 各种剪力传递器

钢筋混凝土行车道板可事先预制，并在预制板上与剪力传递器对应的位置处预留孔，架梁时在孔内灌入膨胀水泥砂浆，以保证梁与行车道板的共同受力。钢筋混凝土行车道板也可在工地现浇,特点是与钢梁结合得更好,但工期要长一些。

3.1.3 剪力传递器的布置

由钢筋混凝土板与钢梁通过剪力传递器组成的结合梁,在荷载作用下,钢筋混凝土板和钢梁接缝处要产生错动的水平剪力,单位长度上的水平剪力可按下式计算:

$$T = \frac{QS}{I} \tag{3.1}$$

式中 Q——作用于结合梁上的剪力,即第二部分恒载和活载引起的剪力之和;
  S——钢筋混凝土板对结合梁截面重心轴的面积矩;
  I——结合梁的惯性矩。

对于简支结合梁,由于其支点处的剪力最大,剪力传递器可按剪力图面积进行分配,即支点附近处布置得密一些,跨中区段间距大一些,但为了构造简单,可分段等距布置;对于大跨度结合梁,剪力传递器可按全桥长的最大剪力进行计算,沿桥等间距布置,净距不得超过桥面板厚度的 8 倍,也不小于剪力传递器高度的 3.5 倍。

柔性剪力传递器与钢梁纵向夹角为 30°或 50°,并且焊缝长度不得小于钢筋直径的 4 倍(Ⅰ级钢筋)或 5 倍(Ⅱ级钢筋),间距不得小于 0.7 倍桥面板厚度,也不得大于 2 倍桥面板厚度。剪力传递器的保护层厚度不得小于 2 cm。对刚性剪力传递器还应验算每个构件的承压强度和混凝土中沿构件周边的剪应力。

3.2 结合梁桥的计算特点

3.2.1 结合梁截面的强度校核

结合梁的截面计算与施工方法有关。如果采用支架法施工,钢梁置于满布的支架或临时支墩上,在钢梁上浇注混凝土达到强度后拆除支架或临时支墩,这时,结合梁的整体截面承受所有的荷载,应按结合梁的整体截面进行计算。但在大多数情况下,修建结合梁时不用支架法,直接利用钢梁来支撑模板和混凝土,因此,恒载的第一部分(包括钢梁、模板、混凝土及其他施工设备重量)仅由钢梁承受,这是受力的第一阶段;恒载的第二部分(包括桥面铺装层、防水层、路面或铁路桥的道碴、桥枕、钢轨、人行道设施等)与活载则由钢筋混凝土板和钢梁组成的整体截面承受,为受力的第二阶段。以下针对常采用的这种两阶段受力情况进行结合梁截面的强度校核。

第一阶段:混凝土桥面板结硬前,恒载的第一部分由钢梁单独承受,设恒载的第一部分在钢梁截面上产生的弯矩为 M_0,则在第一阶段钢梁截面上、下翼缘的应力分别为:

$$\sigma_1 = \frac{M_0}{I_0}y_1, \quad \sigma_2 = \frac{M_0}{I_0}y_2 \tag{3.2}$$

式中 I_0——钢梁截面对自身中性轴 $O-O$ 的惯性矩;

y_1、y_2——钢梁上、下翼缘边缘至中性轴的距离，如图 3.2 所示。

第二阶段：混凝土桥面结硬后，混凝土桥面板与钢梁已结合为一共同受力体，它们共同承受成桥后恒载的第二部分与活载。为了计算第二阶段结合梁的应力，首先应计算结合截面的几何特征值。先将钢筋混凝土换算为钢的截面，然后将整个截面当作弹性匀质梁来验算。钢筋混凝土的换算面积为 A_h/n，则结合梁的总面积为：

$$A = A_g + \frac{A_h}{n} \tag{3.3}$$

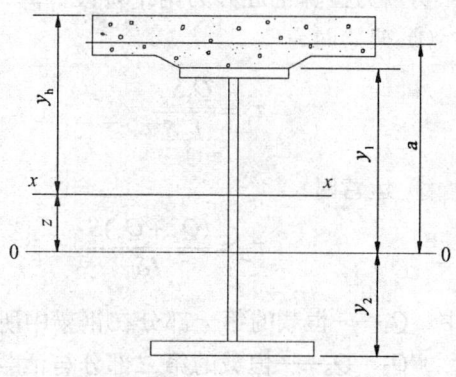

图 3.2 结合梁截面

式中　n——钢与混凝土弹性模量之比；
　　　A_g——钢梁截面面积；
　　　A_h——钢筋混凝土板的截面面积。

设钢筋混凝土板的重心与钢梁截面重心的距离为 a，则结合梁截面的重心距钢梁截面的重心 z 可由下式求得：

$$z = \frac{\frac{A_h}{n} a}{A} \tag{3.4}$$

结合梁截面对通过它自身重心轴线 $x-x$ 的惯性矩为（换算成钢的）：

$$I = I_g + A_g z^2 + \frac{I_h}{n} + \frac{A_h}{n}(a-z)^2 \tag{3.5}$$

设恒载的第二部分在结合梁截面上产生的弯矩为 M_1，活载在结合梁截面上产生的弯矩为 M_p，则在第二阶段结合梁截面上产生的应力如下：

钢梁上、下翼缘处的挠曲应力：

$$\sigma_{g1} = \frac{(M_1 + M_p)}{I}(y_1 - z) \tag{3.6a}$$

$$\sigma_{g2} = \frac{(M_1 + M_p)}{I}(y_2 + z) \tag{3.6b}$$

钢筋混凝土板最外层处的挠曲应力：

$$\sigma_h = \frac{(M_1 + M_p)}{nI} y_h \tag{3.7}$$

式中　y_h——钢筋混凝土板最外层到结合梁截面重心轴的距离。

最后按下式校核强度：

$$\left. \begin{array}{l} \sigma_1 + \sigma_{g1} \leq [\sigma_g] \\ \sigma_2 + \sigma_{g2} \leq [\sigma_g] \\ \sigma_h \leq [\sigma_h] \end{array} \right\} \tag{3.8}$$

式中 $[\sigma_g]$——钢材的容许应力；

$[\sigma_h]$——混凝土的容许应力。

剪应力检算也应分为两个阶段计算：

① 架梁时：

$$\tau_1 = \frac{Q_1 S_g}{I_g \delta} \tag{3.9a}$$

② 运营时：

$$\tau_2 = \frac{(Q_2 + Q_3)S}{I \delta} \tag{3.9b}$$

式中 Q_1——恒载的第一部分在钢梁中所产生的剪力；

Q_2、Q_3——恒载的第二部分与活载在结合梁中所产生的剪力；

S_g——钢梁中性轴以上（或以下）部分的面积对中性轴的面积矩；

S——结合梁中性轴以上（或以下）部分的面积对中性轴的面积矩；

δ——腹板厚度。

由于两个阶段的中性轴不同，故上述两项剪应力本不能直接相加，但实用中仍使用下式：

$$\tau_1 + \tau_2 \leqslant 1.25[\tau] \tag{3.10}$$

认为是偏于安全的（其中$[\tau]$为容许剪应力）。

3.2.2 结合梁的基本理论

图 3.3 所示的结合梁截面，设钢梁的截面面积为 F_{st}，钢梁对自身中性轴的惯性矩为 I_{st}，混凝土板的截面面积为 F_b，换算截面面积为 F_b/n，混凝土板对自身中性轴的惯性矩为 I_b，则结合梁的截面面积为 $F_i = F_{st} + F_b/n$。设结合梁的重心距钢梁重心和混凝土板重心的距离分别为 a_{st}、a_b，钢梁重心和混凝土板重心的距离为 a，则有：

$$a_b = \frac{F_{st}}{F_i} a, \quad a_{st} = \frac{F_b}{n F_i} a \tag{3.11}$$

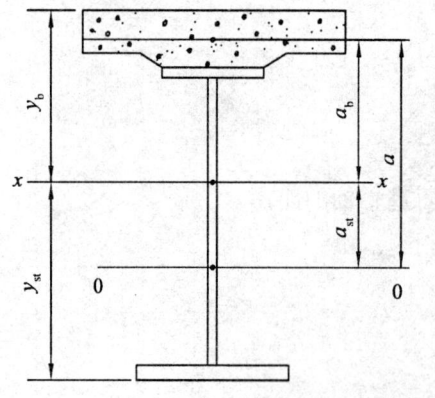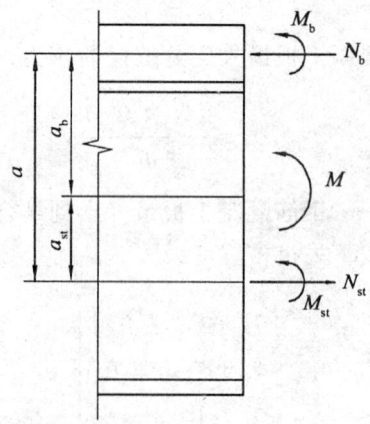

图 3.3 结合梁截面上弯矩的分配

结合梁截面的换算惯性矩为：

$$I_i = I_{st} + \frac{I_b}{n} + F_{st}a_{st}^2 + \frac{F_b}{n}a_b^2 = I_{st} + \frac{I_b}{n} + F_i a_{st} a_b \tag{3.12}$$

将作用在梁上的弯矩 M 分解为混凝土板和钢梁承担的弯矩 M_b、M_{st} 以及由分别作用在两者之上的轴力 N_b、N_{st}（设 $N_{st} = -N_b = N$）所构成的力偶 Na，则有：

$$M = M_b + M_{st} + Na \tag{3.13}$$

式中，M_b、M_{st} 按刚度比分配，即：

$$M_b = \frac{I_b}{nI_i}M, \quad M_{st} = \frac{I_{st}}{I_i}M \tag{3.14}$$

将式（3.14）代入式（3.13），并考虑式（3.11）和（3.12）可得：

$$N = N_{st} = -N_b = \frac{a_b F_b}{nI_i} \cdot M \tag{3.15}$$

由弯矩 M 产生的结合梁各部分的弯曲正应力可用初等梁理论求得：

$$\sigma_b = \frac{M}{nI_i}y_i, \quad \sigma_{st} = \frac{M}{I_i}y_i \tag{3.16}$$

式中，y_i 为由结合梁截面中性轴算起的竖坐标。

如果用分解后的截面内力式（3.14）和式（3.15）进行计算，则有：

$$\sigma_b = \frac{N_b}{F_b} + \frac{M_b}{I_b}y_b, \quad \sigma_{st} = \frac{N_{st}}{F_{st}} + \frac{M_{st}}{I_{st}}y_{st} \tag{3.17}$$

式中，y_b、y_{st} 分别为由混凝土板和钢梁截面中性轴算起的竖坐标。

结合梁截面所承受的轴向外力 $\overline{N}$ 所产生的应力为：

$$\sigma_b = \frac{\overline{N}}{nF_i}, \quad \sigma_{st} = \frac{\overline{N}}{F_i} \tag{3.18}$$

如果结合梁同时承受弯矩和轴向作用时，产生的应力由式（3.16）或式（3.17）与式（3.18）相对应的应力叠加。

在混凝土和钢梁接触面上作用的水平剪力 T，可由式（3.15）并考虑 $T = dN/dx$，$Q = dM/dx$ 求得：

$$T = Q\frac{F_b a_b}{nI_i} \tag{3.19}$$

上式与式（3.1）是一致的。

3.2.3 结合梁中徐变、温差及收缩产生的附加应力计算

由于混凝土在承受应力时，会产生徐变，从而使结合梁的内力产生重分布。另外，当温度变化时，由于钢材的导热率大于混凝土的导热率，造成混凝土板和钢梁的温度差，在结合

梁中产生温度应力；混凝土随着时间的推移将产生干燥收缩，引起混凝土板的收缩变形，而钢梁对混凝土板的收缩变形起到阻碍作用，这时，在结合梁中产生收缩应力。总之，混凝土的徐变、温差及收缩均使结合梁的应力发生变化，应对这三种应力进行计算。

1. 徐变引起结合梁的附加应力

设在 $t=0$ 时刻混凝土板内作用有轴力 $N_{b,0}$ 和弯矩 $M_{b,0}$，钢梁上作用有轴力 $N_{st,0}$ 和弯矩 $M_{st,0}$。混凝土在应力作用下发生徐变后，在 t 时刻所产生的轴力改变为 $N_{b,t}$，弯矩改变为 $M_{b,t}$，将它们视为向混凝土施加的反向荷载，考虑到从 t 时刻到 $t+dt$ 的极短时间增量 dt 内，上述各力所产生的变形（包括弹性变形和徐变变形）应满足如下的连续性条件：

$$\frac{N_{b,0}}{E_b F_b}d\varphi_t - \frac{N_{b,t}}{E_b F_b}d\varphi_t - \frac{dN_{b,t}}{E_b F_b} = \frac{dN_{b,t}}{E_{st} F_{st}} + \frac{a^2 dN_{b,t}}{E_{st} I_{st}} \tag{3.20}$$

$$\frac{M_{b,0}}{E_b I_b}d\varphi_t - \frac{M_{b,t}}{E_b I_b}d\varphi_t - \frac{dM_{b,t}}{E_b I_b} = \frac{dM_{b,t}}{E_{st} I_{st}} + \frac{a dN_{b,t}}{E_{st} I_{st}} \tag{3.21}$$

上面两式中：

左边第 1 项：$N_{b,0}$ 或 $M_{b,0}$ 产生的混凝土徐变应变的变化；

左边第 2 项：$N_{b,t}$ 或 $M_{b,t}$ 产生的混凝土徐变应变的变化；

左边第 3 项：$N_{b,t}$ 或 $M_{b,t}$ 产生的混凝土弹性应变的变化；

右边第 1 项：$N_{b,t}$ 或 $M_{b,t}$ 产生的钢梁弹性应变的变化；

右边第 2 项：$N_{b,t}$ 引起的附加弯矩产生的钢梁弹性应变的变化。

式 (3.20) 经运算后，可得如下的微分方程：

$$\frac{1}{\gamma_{st}} \cdot \frac{dN_{b,t}}{d\varphi_t} + N_{b,t} = N_{b,0} \tag{3.22}$$

式中，$\gamma_{st} = \dfrac{F_{st} I_{st}}{F_i I_i}$

微分方程 (3.22) 的解为：

$$N_{b,t} = N_{b,0}(1 - e^{-\gamma_{st}\varphi_t}) \tag{3.23}$$

显然，$N_{b,t} = -N_{st,t}$。

将式 (3.23) 代入式 (3.21) 可得关于弯矩的微分方程：

$$\frac{dM_{b,t}}{d\varphi_t} + \alpha_{st} M_{b,t} + (1-\alpha_{st})\gamma_{st} a N_{b,0} e^{-\gamma_{st}\varphi_t} - \alpha_{st} M_{b,0} = 0 \tag{3.24}$$

式中，$\alpha_{st} = \dfrac{I_{st}}{I_{st} + \dfrac{I_b}{n}}$。上式的解为：

$$M_{b,t} = M_{b,0}(1 - e^{-\alpha_{st}\varphi_t}) - a N_{b,0} \frac{I_b \alpha_{st} \gamma_{st}}{n I_{st}(\alpha_{st} - \gamma_{st})}(e^{-\gamma_{st}\varphi_t} - e^{-\alpha_{st}\varphi_t}) \tag{3.25}$$

若 $\dfrac{I_b}{n}$ 与 I_{st} 相比可以忽略不计，则 $\alpha_{st}=1$，上式成为：

$$M_{b,t} = M_{b,0}(1-e^{\varphi_t}) - aN_{b,0}\frac{I_b \gamma_{st}}{nI_{st}(1-\gamma_{st})}(e^{-\gamma_{st}\varphi_t} - e^{-\varphi_t}) \tag{3.26}$$

则由 $N_{b,t}$、$N_{st,t}(=-N_{b,t})$、$M_{b,t}$、$M_{st,t}(=M_{b,t}+N_{b,t}a)$ 所产生的混凝土和钢梁的附加应力为：

$$\sigma_{b,t} = \frac{N_{b,t}}{F_b} + \frac{M_{b,t}}{I_b} y_b \tag{3.27}$$

$$\sigma_{st,t} = \frac{N_{st,t}}{F_{st}} + \frac{M_{st,t}}{I_{st}} y_{st} \tag{3.28}$$

2. 温度应力

结合梁在温度变化时，混凝土和钢的线膨胀系数 α_T 均可取为 1.2×10^{-5} mm/℃。但由于混凝土和钢的导热率不同，两者之间有温度变化的滞后现象，即产生温度差异，当变形受到约束时就会产生温度应力。

现假设温度变化时混凝土能自由伸缩，那么，在结合梁中若有温差 ΔT，则单位长度混凝土板的变化量为 $\alpha_T \Delta T$。在钢梁重心处施加一个平衡力 N_T，N_T 使钢梁缩短 $\alpha_T \Delta T$，如图 3.4 所示。当混凝土板和钢梁结合后，将施加的力 N_T 去掉，则 N_T 就反作用在钢梁重心处，使结合梁产生弯曲变形，这个变形就是温差产生的结合梁的变形，从而在结合梁内产生应力。这时结合梁截面上钢梁重心处的内力为：

$$N_{T,st} = \alpha_T \Delta T E_{st} F_{st} \tag{3.29}$$

则结合梁在 $N_{T,st}$ 作用下，混凝土板最外层处的最大应力为：

$$\sigma_{T,b} = \frac{N_{T,st}}{n}\left(\frac{1}{F_i} \pm \frac{a_{st}y_h}{I_i}\right) \tag{3.30}$$

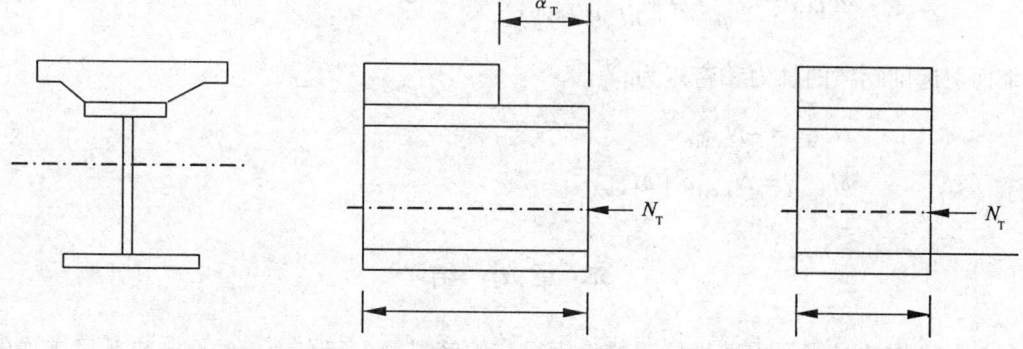

图 3.4 温度变化对结合梁内力的影响分析

同理，也可在混凝土板上施加一个平衡力 N_T，N_T 使混凝土缩短 $\alpha_T \Delta T$。当混凝土板和钢梁结合后，将施加的力 N_T 去掉，则 N_T 就反作用在混凝土重心处，使结合梁产生弯曲变形，这时结合梁截面上混凝土重心处的内力为：

$$N_{T,b} = \alpha_T \Delta T E_b F_b \tag{3.31}$$

钢梁应力为:

$$\sigma_{T,st} = N_{T,b}\left(\frac{1}{F_i} \pm \frac{a_b y_i}{I_i}\right) \tag{3.32}$$

对于简支结合梁桥,我国在计算温度应力时,温差采用10℃~15℃,并且在计算温差应力时不考虑徐变影响。

3. 收缩引起结合梁的附加应力

混凝土由于干燥收缩而在结合梁中所产生的附加应力可采用与徐变相似的方法来进行分析。

设最终收缩变形为 ε_s ,则在 t 时刻的收缩变形为:

$$\varepsilon_{s,t} = \varepsilon_s \frac{\varphi_t}{\varphi} \tag{3.33}$$

其中, φ 为最终收缩徐变系数。

收缩所产生的收缩力为 $N_{s,t} = \varepsilon_{s,t} E_b F_b$,将 $N_{s,t}$ 作用在结合梁钢筋混凝土板上,类似于徐变可建立变形协调方程式:

$$\frac{\varepsilon_s E_b F_b}{\varphi E_b F_b} d\varphi_t - \frac{N_{s,b,t}}{E_b F_b} d\varphi_t - \frac{dN_{s,b,t}}{E_b F_b} = \frac{dN_{s,b,t}}{E_{st} F_{st}} + \frac{a^2 dN_{s,b,t}}{E_{st} F_{st}} \tag{3.34}$$

$$-\frac{M_{s,b,t}}{E_b I_b} d\varphi_t - \frac{dM_{s,b,t}}{E_b I_b} = \frac{dM_{s,b,t}}{E_{st} I_{st}} + \frac{a dN_{s,b,t}}{E_{st} I_{st}} \tag{3.35}$$

求解上述方程(3.34)和(3.35),可得由收缩而引起的混凝土的轴力和弯矩为:

$$N_{s,b,t} = \frac{\varepsilon_s}{\varphi} E_b F_b (1 - e^{-\gamma_{st}\varphi_t}) \tag{3.36}$$

$$M_{s,b,t} = -\frac{\varepsilon_s}{\varphi} E_b F_b \frac{aI_b \gamma_{st}}{nI_{st}(1-\gamma_{st})}(e^{-\gamma_{st}\varphi_t} - e^{-\varphi_t}) \tag{3.37}$$

由收缩而引起的钢梁的轴力和弯矩为:

$$N_{s,st,t} = -N_{s,b,t} \tag{3.38}$$

$$M_{s,st,t} = N_{s,b,t} a + M_{s,b,t} \tag{3.39}$$

本 章 小 结

(1) 结合梁桥是指采用剪力传递器将钢梁与钢筋混凝土行车道板结合起来共同工作的一种复合梁式结构。其特点是混凝土桥面板参与受压工作,发挥了混凝土抗压性能好的优点,截面刚度大、节约钢材、噪音小、有利于环保、容易调整坡度和外超高,特别适用于曲线地段。

(2) 剪力传递器是结合梁中最关键的构造,其作用是保证钢梁与钢筋混凝土行车道板共同受力，承受梁在弯曲变形中的错动剪力。剪力传递器分为刚性剪力传递器和柔性剪力传递器两种。

（3）结合梁的截面内力与施工方法有关。如果采用支架法施工，结合梁的整体截面承受所有的荷载，截面应力应按结合梁的整体截面进行计算。如果直接利用钢梁来支撑模板和混凝土，则截面应力的计算要分两个阶段进行计算：第一阶段，恒载的第一部分（包括钢梁、模板、混凝土及其他施工设备重量）仅由钢梁承受；第二阶段，恒载的第二部分（包括桥面铺装层、防水层、路面或铁路桥的道碴、桥枕、钢轨、人行道设施等）与活载则由钢筋混凝土板和钢梁组成的整体截面承受，最后叠加进行结合梁截面的强度校核。

（4）由于混凝土的徐变、收缩及温度变化均使结合梁中的应力发生变化，设计时要对这三种因素引起的应力变化进行计算。

思 考 题

1. 简述结合梁桥的特点及适用范围。
2. 如何保证结合梁桥的钢筋混凝土行车道板与钢梁共同受力？
3. 说明结合梁桥由于混凝土徐变、收缩及温度变化引起的应力变化的计算方法。

第4章 钢箱梁桥

4.1 概述

钢箱梁桥是指主梁为薄壁闭合截面形式的梁桥,主梁常称为箱形截面梁或箱形梁。箱形梁不但可做为梁式桥的主梁形式,而且是其他大跨度桥梁,如悬索桥、斜拉桥所经常采用的主梁形式。在结合梁桥中钢梁也经常采用钢箱梁形式,如图 4.1 和图 4.2 分别表示公路

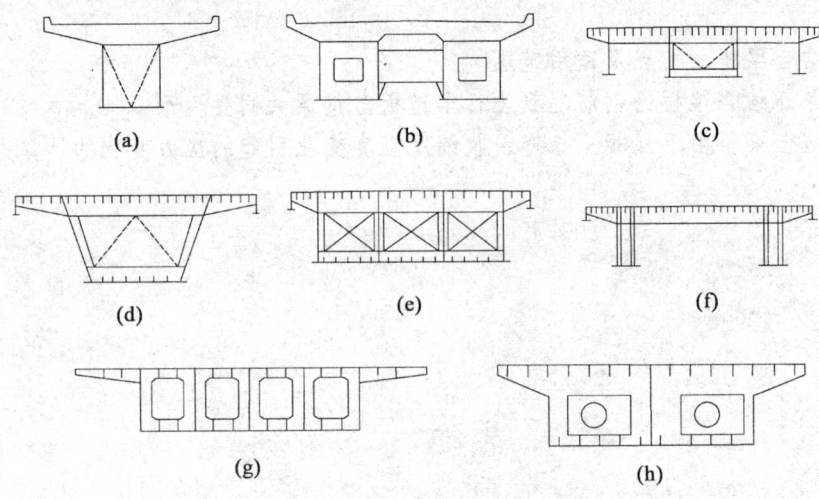

图 4.1 公路桥梁中的钢箱梁截面形式

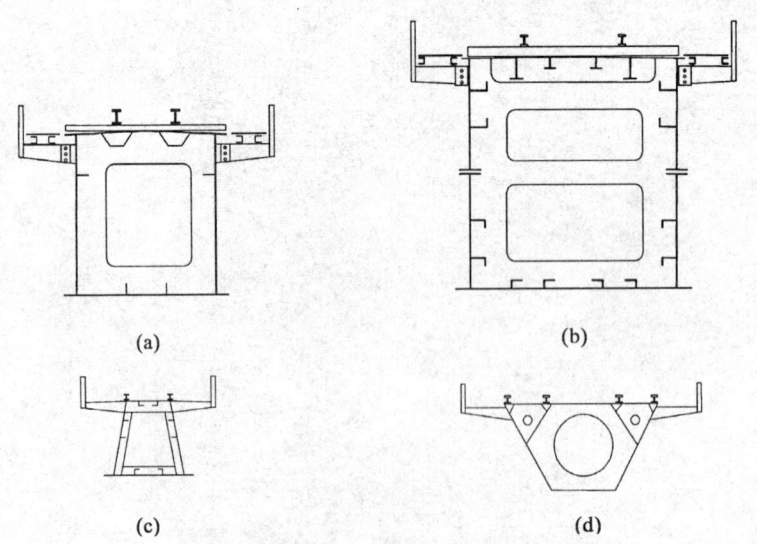

图 4.2 铁路桥梁中的钢箱梁截面形式

和铁路桥梁中采用钢箱梁的一些构造形式。构成箱梁的顶板、底板和腹板，其厚度与高度或宽度相比非常小，为了保证其受力性能，必须配置一定数量的加劲构件（如加劲肋和横隔板）。

箱形梁桥与桁梁桥相比有以下几个显著的优点：

1. 重量轻、省钢

由于箱形梁更能有效地发挥钢板的承载能力，因此，采用正交异性钢桥面板和用薄钢板作梁肋与底板的箱形梁，比桁梁桥节省钢材 20% 左右，跨径愈大愈节约。并由于上部结构的自重减轻，桥梁下部结构造价一般可降低 5%～15%。

2. 抗弯和抗扭刚度大

这是由闭合空心截面的特性所决定的，在材料数量相同时可较其他截面形式提供更大的抗弯和抗扭刚度，故特别适用于曲线桥和承受较大偏心荷载的直线桥。

3. 安装迅速，便于养护

箱形梁可以在工厂制成大型安装单元，从而减少工地连接螺栓数量。在施工时便于纵向拖拉或用顶推法架设。箱形梁结构简单，油漆方便，且由于内部为闭合空间，更容易抗锈蚀。

4. 适宜于做成连续梁

这是由于其截面形式能提供几乎相等的承受正、负弯矩的能力。

5. 结构新颖，外形简洁、美观

我国在 20 世纪 80 年代发展了钢箱梁结构，1982 年在陕西安康建成跨径为 176 m 的箱形截面栓焊结构铁路斜腿刚架桥，仍是目前该种桥型铁路桥的世界纪录，1984 年，在广东建成了采用正交异性桥面板栓焊结构的钢箱梁桥。进入 21 世纪以来，钢箱梁在公路桥梁中得到了更大的发展，如北京五环路京山立交桥，其中跨越京山铁路的第 7～9 孔采用 48 m+72 m+48 m 的钢混组合连续箱形梁；西安后围寨立交 B、C 匝道桥各有四跨一联等截面单箱多室全焊接钢箱梁；京九线蕲春站增建旅客人行天桥，纵向长 56.68 m，主桥长 33 m，宽 4.5 m，梁高 1.25 m，为焊接双室箱形截面；济南市高架路钢桥也采用钢箱梁结构形式，该桥主桥跨径为 30 m+40 m+30 m，最大宽度 19.70 m，标准桥宽 18.50 m，主桥净高不小于 5.5 m，全桥由 3 跨连续 4 箱单室钢箱梁与现浇混凝土桥面组合梁组成，钢箱梁为变截面，梁间用横隔板与跨中、支座和 1/4 跨径横向联系，并与 20 cm 厚的钢筋混凝土组成桥的受力面；哈尔滨尚志大桥是贯通尚志大街和海城街的高架桥，主桥为 50.45 m+55 m+50 m+50.45 m 的四跨连续钢箱梁；上海南汇海港新城至洋山深水港的东海大桥为单索面结合梁斜拉桥，跨度分布为 73 m+132 m+420 m+132 m+73 m，桥面梁为混凝土－钢箱形结合梁。铁路方面，秦沈客运专线上的丁香特大桥是一座双曲线（在竖、横断面上均存在曲线）钢桥，为 3 联 40 m+50 m+40 m 的双线铁路、上承式曲线钢混组合连续梁，铁路连续组合梁在我国尚属首次，该桥钢梁截面由两个 U 形单箱梁和一个工字形横梁组成。

4.2 钢箱梁的构造特点

典型的箱形截面梁主要由顶板、底板、腹板和加劲构件等组成（见图4.3），钢箱梁的顶、底板和腹板厚度较小，是典型的闭口型薄壁结构，因此，必须有一定数量的加劲构件（如加劲肋和横隔板）来保证其受力性能。钢箱梁在无加劲构件的情况下常出现下面一些问题：① 在垂直荷载作用下顶板发生较大凸凹变形，在集中荷载作用点附近受压翼缘局部屈曲，腹板压皱；② 在弯矩作用下，因截面惯性矩不足，弯矩达到临界弯矩 M_{cr} 时会发生弯折破坏；③ 在扭矩 T 的作用下，

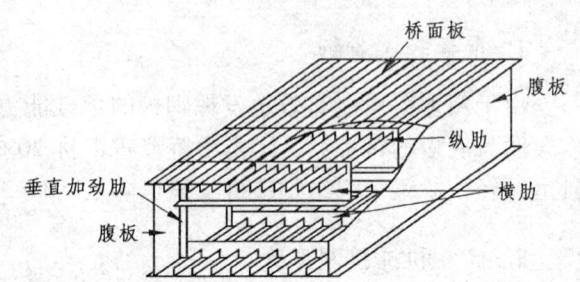

图4.3 箱形截面梁的主要组成部分

当 T 达到临界扭矩时也会使箱梁出现屈曲现象。因此，为提高钢箱梁承载能力并保持良好的工作性能，需要沿顶、底板纵向设置足够的加劲肋，横向要设置横隔板。箱形截面梁的顶板又兼作桥面板之用，有钢筋混凝土桥面板和钢桥面板两种。为了减轻重量和增加箱梁的整体性，正交异性钢桥面板的应用愈来愈广泛。

4.2.1 正交异性钢桥面板

箱形截面梁的顶板用作钢桥面板，为了承受轮压荷载，钢板的厚度一般不小于10 mm，同时还要用纵、横肋加强。这种用相互垂直的纵肋和横肋加强的钢板，在纵、横两个方向上具有不同的抗弯刚度，其力学性质和在两个相互垂直方向上具有不同弹性模量的板相似，这种具有"正交异性"的板称为正交异性板。在桥梁工程中，把用相互垂直的纵肋和横肋加强的钢板做成的桥面板称为正交异性钢桥面板，可近似按正交异性板理论对正交异性钢桥面板进行力学分析。试验和理论研究表明，正交异性板具有很高的承载能力，采用这种桥面板可以显著地减轻钢梁的自重。

钢桥面板的使用最早始于20世纪50年代，目前已成为世界上大、中跨度的现代钢桥常用的桥面结构形式。随着桥梁向大跨度发展，在钢桥中越来越多地使用重量较轻的正交异性钢桥面板来代替过去常用的混凝土桥面板。钢桥面板除了有桥面和桥面系的作用外，还作为主梁的一部分发挥作用。

钢桥面板纵肋截面的基本形式有开口式和闭口式两种（见图4.4），开口截面中有平钢板，正、偏头钢板，不等边角钢和倒T形；闭口截面中有梯形、U形、V形和Y形。

开口纵肋易于工厂制造和养护，肋与肋之间的连接也较方便；闭口纵肋具有较大的抗扭刚度，屈曲稳定性也较好，肋与顶板的连接是从肋的外侧用贴角焊缝焊接，故焊缝长度可较开口式纵肋减少一半，因而焊接变形也较小。

纵肋的间距 b 与顶板的厚度 t 有关，一般在300 mm左右。德国规范规定行车道部分的间距 $b \leqslant 25t$，人行道部分 $b < 40t$；日本则规定在 $t \geqslant 12$ mm 时，行车道部分的间距 $b < 28.5t$。纵肋跨径则与截面形式有关，开口式纵肋的跨径通常比闭口式的小一些。

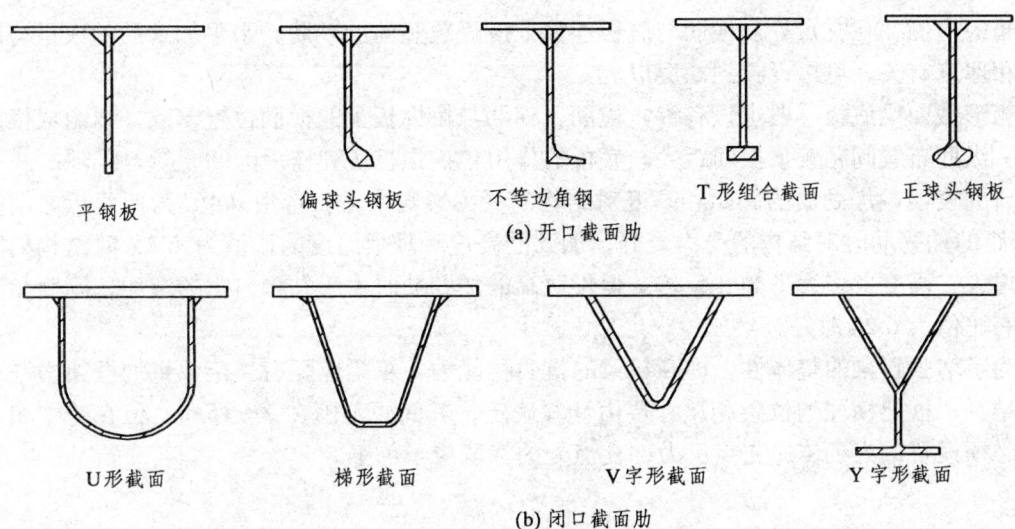

图 4.4 钢桥面板纵肋截面的基本形式

横肋的截面形式通常采用倒 T 形,其间距即是纵肋的跨径。为使纵肋能连续穿过,横肋上应设置槽口,如图 4.5 所示。在计算主梁截面时,这种连续贯通的纵肋可作为顶板截面的一部分予以计入。

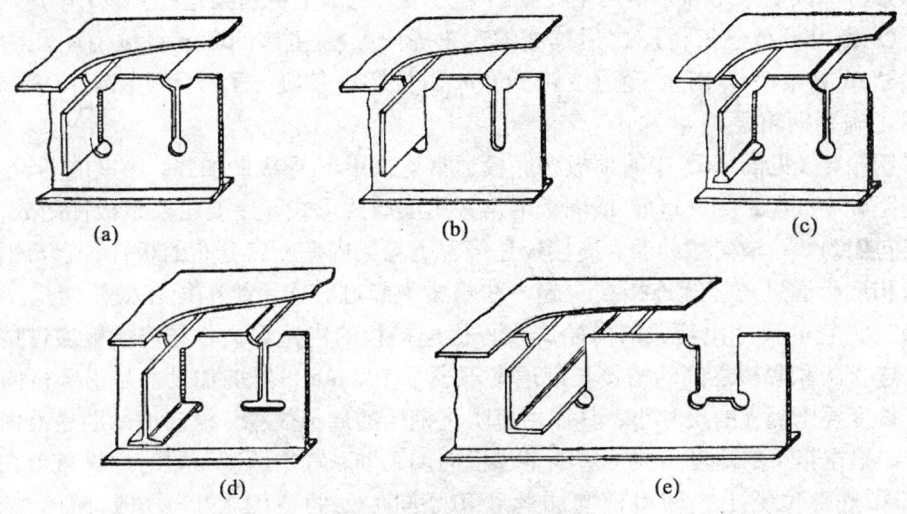

图 4.5 纵、横肋构造

在箱形截面梁中,顶板同时起着几个方面的作用:① 作为桥面板,将荷载传给腹板;② 在对称的竖向荷载作用下,作为主梁的上翼缘,承受弯矩;③ 在偏心竖向荷载作用下,作为钢箱截面的组成部分,抵抗弯曲和扭转;④ 在横向水平荷载作用下,作为平纵联传递横向水平力。

4.2.2 腹板、底板和加劲肋

箱形截面梁腹板的构造与板梁的腹板构造相同,但加劲肋(水平加劲肋和竖向加劲肋)

设在箱的内侧,在支点处及横肋与腹板连接处应设置竖向加劲肋。水平加劲肋的数量与腹板高度和厚度有关,可以设置到3层以上。

箱形截面梁底板一般也设有纵、横肋,横肋与桥面板上的横肋位置一致,以组成横向联结系,纵肋布置间距较顶板间距大。底板的作用包括顶板所列作用的②、③、④项。

研究表明,加劲肋的间距和高度对结构的受力影响很大,选用 $d/4$(d为两腹板之间的距离)间距的加劲肋时对结构的受力最好;加劲肋高度和顶板厚度的比值为6.25时结构的刚度明显增大,强度也增大了约1.5倍。但设更高的加劲肋时由于结构自重的增加,刚度和强度都没有比值为6.25时好。

为了增强箱梁的整体性,提高箱梁的抗失稳能力,箱梁应配有一定数量的框架横联或横向联系。框架横联的位置和尺寸要由计算确定,其间距范围在2~15 m,但在跨中和支点截面必须设置。为了传递支点反力,支点处的横联应予加强。

4.2.3 一种新型的钢箱梁结构形式——扁平钢箱梁

扁平钢箱梁不仅具有普通箱梁抗扭、抗弯惯矩大的特点,而且具有比普通箱梁更好的抗风性能。扁平钢箱梁过去主要用于悬索桥中,世界上第一座采用扁平钢箱梁的大跨度桥梁是1966年在英国建成的塞文桥(主跨988 m悬索桥),在20世纪90年代以后,国外的大跨度斜拉桥和悬索桥中大量采用扁平钢箱梁。我国第一座采用扁平钢箱梁是在1996年建成的西陵江长江大桥(主跨900 m悬索桥),之后建成的广东虎门大桥(主跨500 m斜拉桥)、江阴长江大桥(主跨1 385 m悬索桥)、南京三桥(主跨560 m斜拉桥)、苏通长江大桥(主跨1 088 m斜拉桥)等均采用了扁平钢箱梁。

扁平钢箱梁(见图4.6)中的顶板和底板通常均采用U形纵肋加强,箱室内不设中间腹板,横隔板间距较小(一般为4 m),横隔板通常采用实腹式形式,主要由四组板件组成:连接板、隔板、竖向加劲肋、横向加劲肋。连接板是绕着钢箱梁内壁断续分布的板件,它与钢箱梁的顶板、腹板和底板通过角焊缝连接在一起,在箱梁中起过渡作用;隔板在横桥向是一块或几块连续的板件,它的尺寸比箱梁的内轮廓小,比连接板的内边界大,与连接板通过角焊缝搭接在一起,连接板和隔板之间的搭接长度通常不小于100 mm;竖向加劲肋是沿竖桥向布置在隔板上,其长度要比隔板的尺寸小,其作用是防止钢板的局部失稳;横向加劲肋是沿横桥向布置在隔板上,根据箱梁的高度布置两道或多道横向加劲肋,其中两道布置时通常布置在竖向加劲肋的顶部和底部位置上,使得横向加劲肋和竖向加劲肋在隔板上形成封闭的加劲肋群。

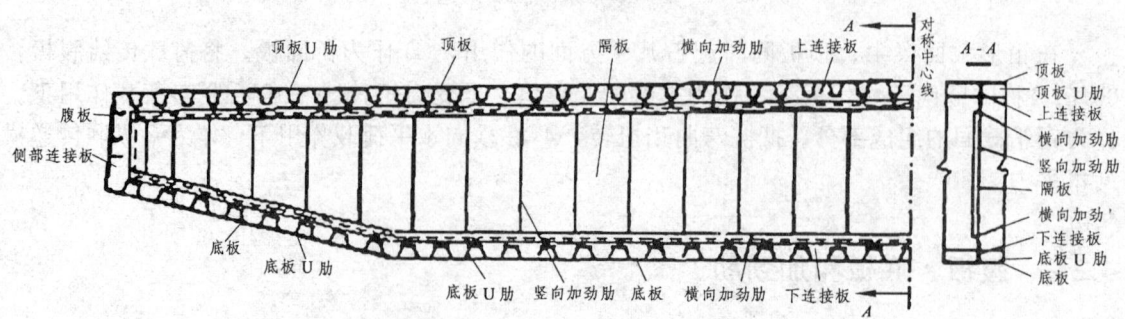

图4.6 传统的扁平钢箱梁构造

随着计算机控制技术在制造业的逐渐应用，钢结构制造加工工艺和精度有了很大的提高，上述传统的扁平钢箱梁横隔板的构造可得到简化。文献[15]中提出可以取消连接板，隔板可直接与钢箱梁的顶板、腹板和底板通过角焊缝连接在一起（见图4.7），隔板在横桥向可以是一块或几块板件，尺寸与箱梁内壁的尺寸相同；竖向加劲肋的顶端与箱梁的顶板直接相连，底端与箱梁底板留有一定的距离，横桥向间距只需与顶板U肋间距有关；横向加劲肋沿横桥向隔板根据箱梁的高度布置一道或多道。如果布置一道，通常布置在距离顶板1/4～1/5梁高范围内。

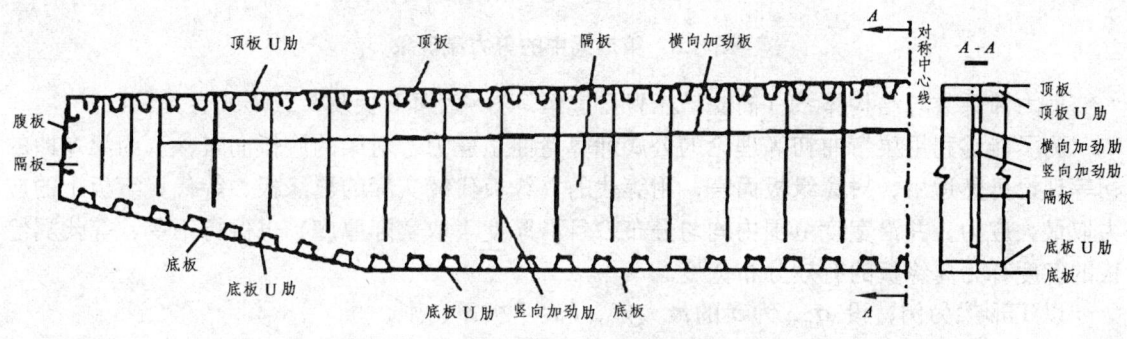

图4.7 一种新型的扁平钢箱梁构造形式

4.3 钢箱梁结构分析方法概述

无论是对竖向荷载还是横向荷载，箱形梁都是按空间结构承受外力，有利于发挥箱形梁各部件的作用。箱梁截面采用正交异性钢桥面板和带加劲肋的薄钢板组成，使之能充分发挥薄钢板比厚钢板在力学性能方面优良的特点，更有利于焊接，因而使截面的设计较为经济合理。

4.3.1 箱形梁受力后产生的应力

箱形梁在力学分析中属于闭口薄壁结构，应按薄壁结构理论进行计算。箱形梁受力后会产生纵向弯曲、横向弯曲、扭转与畸变变形，并产生相应的应力。

箱形梁产生纵向弯曲时，产生弯曲的横向力通过腹板传给翼缘板，而剪应力在翼缘板上的分布是不均匀的，在腹板与翼缘板交接处最大，远离腹板处剪应力减小，因此沿翼缘板的剪切变形也不均匀，从而引起弯曲时远离腹板的翼缘之纵向位移滞后于近腹板翼缘的纵向位移，使翼缘的弯曲应力沿梁宽的分布呈曲线形状，这就是所谓的"剪力滞"现象，如图4.8所示。

为了简便地描述箱形梁中剪力滞对弯曲正应力的影响，引进剪力滞系数：

$$\lambda = \frac{\sigma}{\bar{\sigma}} \tag{4.1}$$

式中　σ——考虑剪力滞效应所求得的正应力；
　　　$\bar{\sigma}$——按梁弯曲初等理论所求得的正应力。

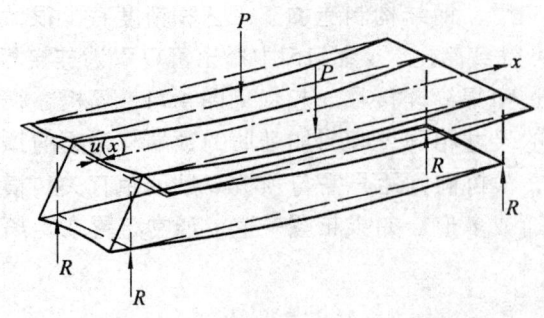 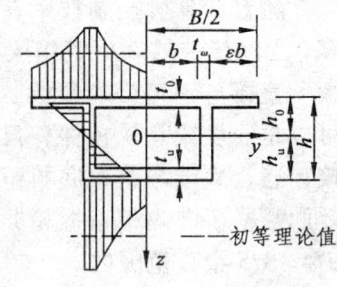

图 4.8　箱形梁中的剪力滞现象

剪力滞系数与结构体系（简支、悬臂、连续等）、截面形状及荷载形式有关。

为了能够利用梁弯曲初等理论的公式计算弯曲正应力，对梁的腹板而言，认为梁弯曲的初等理论仍然适用；对翼缘板而言，用等代的翼缘板代替实际的翼缘板，等代翼缘板上的应力取最大应力，并沿宽度范围内均匀分布，且沿厚度（取实际厚度）也保持不变，等代翼缘板的宽度称为翼缘板的有效分布宽度。

以 T 形梁为例，设 $\sigma_{\max}$ 为 σ 的最大值，t 表示板厚，则：

$$\sigma_{\max} \cdot 2\lambda \cdot t = t\int \sigma_x \mathrm{d}y$$

所以

$$\lambda = \frac{1}{2}\int_{-c}^{c}\frac{\sigma_x}{\sigma_{\max}}\mathrm{d}y \tag{4.2}$$

T 形梁翼缘板的有效分布宽度为 $B = b + 2\lambda$，如图 4.9 所示。

翼缘板的有效分布宽度也与结构体系（简支、悬臂、连续等）、截面形状及荷载形式有关，计算比较复杂。世界各国规范对单根 T 形梁和多根 T 形梁的有效分布宽度都做了具体规定。箱形梁的翼缘板的有效分布宽度可化为按 T 形梁进行计算。

箱形梁由于偏心荷载产生扭转变形，截面上出现自由扭转剪应力、约束扭转正应力和剪应力；由于组成钢箱梁的板厚较小，扭转后截面周边发生变形，即畸变变形，产生翘曲正应力、畸变剪应力，同时也产生横向弯曲正应力。当跨径与桥宽之比较大而又有刚劲横向联系时可不计畸变的影响；当扭转系数较大时，可以忽略约束扭转。

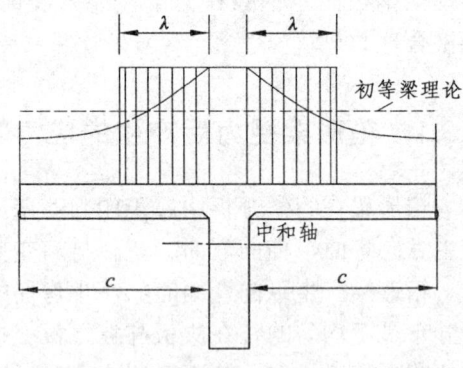

图 4.9　T 形梁翼缘板的有效分布宽度

扭转系数定义为

$$k = \sqrt{\frac{GJ_\mathrm{d}}{EJ_{\overline{w}}}} \cdot l \tag{4.3}$$

式中　J_d、$J_{\overline{w}}$——自由扭转和约束扭转惯性矩；
　　　l——跨径。

k 值大小的分界线在有些国家的设计规范中有所规定，如日本公路桥规规定当 $k>10$ 时，不考虑约束扭转。

箱形梁承受偏心荷载作用，除了按弯扭构件进行整体分析外，还应考虑局部荷载的影响。如车辆荷载作用于顶板，使顶板产生横向弯曲外，但由于整个截面形成超静定结构，在其他各部分（腹板和底板）也会产生横向弯曲，并在各板的纵截面上产生横向弯曲正应力和剪应力。另外，由于横隔板的作用，当截面发生扭转时，在截面上会产生局部翘曲应力和局部弯曲应力，同时在横隔板上也产生应力。

4.3.2 钢箱梁的力学分析方法

箱形梁作为受弯扭的弹性闭口薄壁构件，其力学分析方法可分为解析法和数值法。在解析法中往往采用一些假定使问题得以简化，如将作用于箱梁上的偏心荷载分解为对称荷载和反对称荷载，分别进行计算再叠加；又如对位移模式的假定，有了位移模式后可求得截面上的应变和应力，利用平衡条件和变形协调条件或变分原理建立控制微分方程，结合边界条件，求解位移和应力。运用解析法已对箱形梁的单个问题进行了较为深入的探讨，如对"剪力滞"现象，其分析方法有"加劲板"理论、比拟杆法以及能量法等；对箱形梁的扭转问题，则有乌斯曼基理论、詹涅里杰和巴诺夫柯理论以及符拉索夫的广义坐标法等；对于箱形梁的畸变分析，有广义坐标法、等代梁法、弹性地基梁比拟法等。数值法有有限元法、有限条法等，借助计算机的有限元分析，可以得到箱形梁截面上的全部应力，可以精确地把握结构各部分的变形和应力状态。

钢箱梁的顶板既是正交异性钢桥面板，又是主梁截面的组成部分，在荷载作用下受力情况非常复杂，传统的分析方法一般将其分为三个结构体系来计算：

（1）第一体系——主梁体系。将桥面板作为箱梁的顶板，作为主梁的一部分参与主梁工作，按闭口薄壁杆件分析应力。

（2）第二体系——桥面体系。将桥面板（包括纵肋、横肋）作为正交异性板来处理，支承在主梁上，仅承受桥面荷载，按薄板理论进行分析。

（3）第三体系——盖板体系。将单纯的桥面板作为支撑在肋上的盖板，按连续各向同性板计算，盖板承受肋间局部荷载并传给加劲肋，其应力影响较小，通常可略去。

钢桥面板任意点的应力可由上述三个基本体系的应力适当叠加而近似求出。

本 章 小 结

（1）箱形梁由于重量轻、抗弯和抗扭刚度大、安装迅速、宜于做成连续梁且外形简洁美观等优点，在公路和铁路桥梁中得到了广泛的应用。

（2）典型的箱形梁截面主要由顶板、底板、腹板和加劲构件等组成。用纵肋和横肋加强的顶板兼做钢桥面板（正交异性钢桥面板），具有很高的承载能力，可显著地减轻钢梁自重，充分发挥薄板力学性能优良的特点。

（3）扁平钢箱梁不仅具有普通箱梁抗扭、抗弯惯矩大的特点，而且具有比普通箱梁更好的抗风性能，因而广泛用于现代大跨度悬索桥和斜拉桥中。

（4）箱形梁按空间结构承受外力，在力学分析中属于闭口薄壁结构，应按薄壁结构理论进行计算，箱形梁受力后会产生纵向弯曲、横向弯曲、扭转与畸变变形，并产生相应的应力。

（5）箱形梁产生纵向弯曲时，由于存在"剪力滞"现象，使翼缘的弯曲应力沿梁宽的分布呈曲线形状，为了能够利用梁弯曲初等理论的公式计算翼缘板的弯曲正应力，用等代的翼缘板代替实际的翼缘板，等代翼缘板的宽度称为翼缘板的有效分布宽度。

（6）钢桥面板传统的分析方法一般将其分为主梁体系、桥面体系及盖板体系三个结构体系进行计算，任意点的应力可由上述三个基本体系的应力适当叠加而近似求出。如果采用计算机的有限元分析，可以精确地得到箱形梁截面上全部的变形和应力状态。

思 考 题

1. 简述钢箱形梁桥的主要特点。
2. 什么是正交异性钢桥面板？采用正交异性钢桥面板的优点有哪些？
3. 箱形截面梁的顶板起什么作用？
4. 什么是箱形梁的"剪力滞"效应？"剪力滞"系数与哪些因素有关？

第5章 下承式简支栓焊钢桁架桥

钢桁架桥按桥面位置的不同，可分为上承式钢桁架桥和下承式钢桁架桥，其中上承式钢桁架桥的桥面位于主桁架的上部，下承式钢桁架桥的桥面位于主桁架的下部。本章将详细讨论下承式简支栓焊钢桁架桥的组成、作用及上部结构的设计方法。

5.1 下承式简支栓焊钢桁架桥的组成及作用

下承式简支栓焊钢桁架桥由主桁架、联结系、桥面系、制动联结系、桥面、支座及墩台等几个主要部分组成，如图5.1所示。

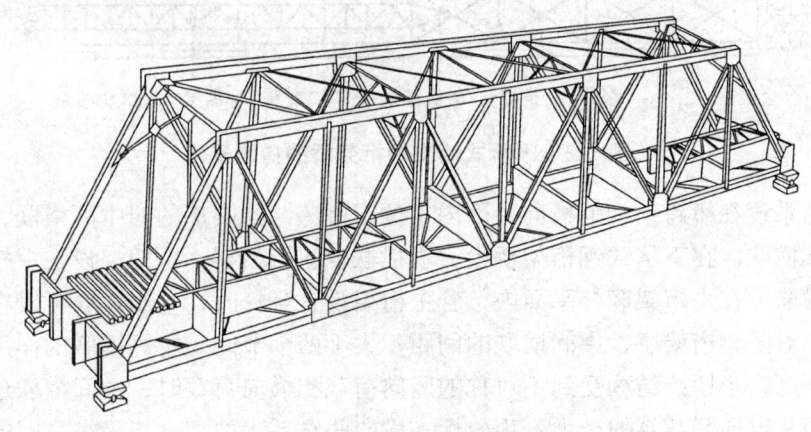

图5.1 简支钢桁架桥透视图

（1）主桁架，是钢桁架桥的主要承重结构，主要承受竖向荷载。主桁架由左右两幅桁架组成，每幅桁架中有上弦杆、下弦杆及腹杆等杆件。主桁杆件交汇处称为节点，有斜杆交汇的节点称为大节点，其受力及构造较复杂，节点板尺寸也较大；仅有竖杆和弦杆交汇的节点，称为小节点，其受力及构造简单，节点板尺寸较小。大节点左右弦杆的内力不等，截面也不尽相同，通常弦杆在大节点中心或节点旁是断开的；小节点左右弦杆内力相等，截面相同，故弦杆在小节点处不必断开。节点之间的距离称为节间长度，节间长度一般也是钢桁架桥面系横梁的间距及纵梁的跨度，我国中等跨度钢桁架标准设计中的节间长度取为8 m，如图5.2所示。

（2）联结系，有纵向联结系和横向联结系两种，其作用是联系主桁架并同主桁架一起使桥跨结构成为几何图形稳定的空间结构。纵向联结系设在主桁架的上、下弦杆平面内，分别称为上平纵联与下平纵联。纵向联结系的主要作用是承受作用于桥跨结构上的横向水平荷载，它包括作用于主桁架、桥面系、桥面和列车上的横向风力，列车摇摆力及曲线桥上的离心力等。另外，纵向联结系横向支撑弦杆，减小弦杆在主桁平面外的计算长度。

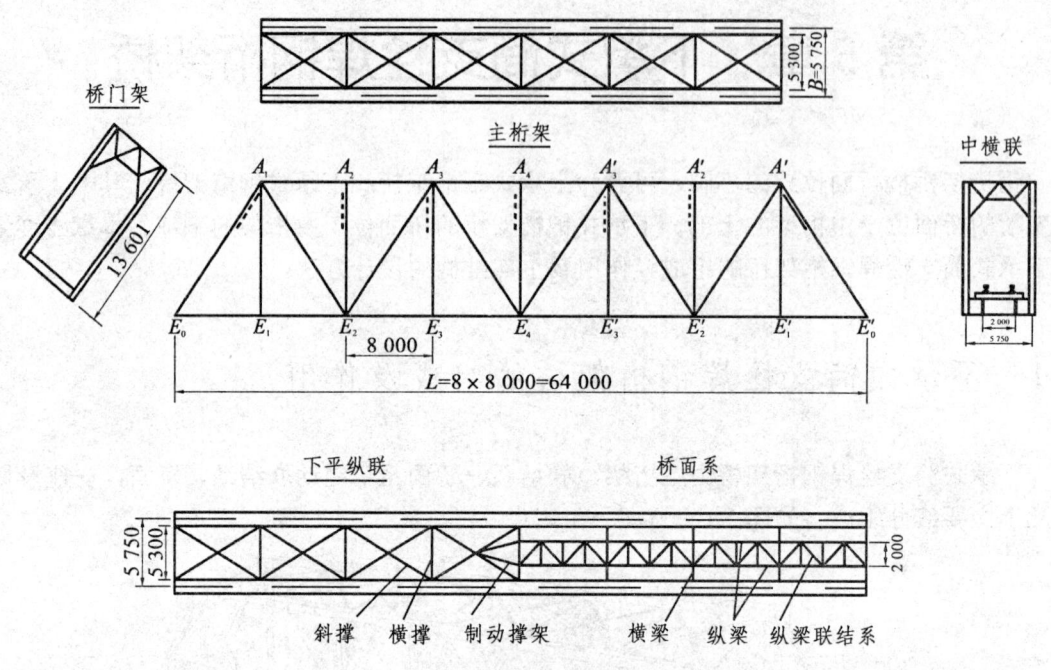

图 5.2　下承式简支钢桁架桥的构造简图

横向联结系设在桥跨结构的横向平面内，位于桥跨结构中部的叫中间横联，位于桥跨结构端部的叫端横联。在下承式钢桁架桥上，端横联也叫桥门架。桥门架设在主桁架端斜杆平面内，中间横联设在主桁架竖杆平面内，若主桁架没有竖杆时，中间横联可设在主桁架中间斜杆平面内。对于钢桁架桥，中间横联的间距不大于两个节间。中间横联的作用是增加钢桁架桥的抗扭刚度，当桥跨结构受到不对称的竖向荷载和横向荷载时，中间横联还可适当调节两片主桁或两片纵向联结系的受力不均匀性。横向联结系犹如上、下平纵联间的一些弹性支承，理论分析和试验表明，上平纵联所承受的横向荷载，绝大部分是通过端横联或桥门架传给支座的，仅有一小部分通过中间横联传至下平纵联，因此，桥门架或端横联所受的力要比中间横联大得多。

(3) 桥面系，由纵梁、横梁及纵梁之间的联结系组成，主要承受并传递竖向荷载和纵向荷载。纵梁之间的联结系将两片纵梁联成整体，纵梁间距通常为 2 m。下承式钢桁架桥的桥面系位于主桁的下平纵联平面上，为了争取较小的建筑高度，下承式钢桁架桥的纵梁和横梁通常布置在同一平面上。

(4) 制动联结系，或称制动撑架，它的作用是使作用于纵梁上的纵向水平制动力通过制动联结系传至主桁架，再由主桁架传给支座，从而减小纵向荷载对桥面系杆件特别是横梁的不利影响。制动联结系通常由四根短杆组成，设置在与桥面系相邻的平纵联的中部。对跨度不超过 48 m 的桥，允许不设制动撑架。

(5) 桥面。下承式简支钢桁架桥通常采用明桥面，由桥枕、正轨、护轨、护木、钩螺栓及人行道等组成。

铁路钢桥的桥面有明桥面和道碴桥面两种，我国钢桁梁桥多使用明桥面，这种桥面体系施工方便，安全可靠，缺点是噪音大，枕木与纵梁接触处易锈蚀，且此处纵梁翼缘与腹板的连接焊缝易发生疲劳破坏。若采用正交异性板道碴桥面，则上述缺点可得到改善，这种钢桥面体系的特点是：噪音小，整体刚度好，荷载分布能力强，桥面板作为主梁的一部分参与共同受力。另外，该桥面体系节约钢材，发挥薄板优良的力学性能，焊接也较容易。

5.2 主桁的几何图式及基本尺寸

5.2.1 主桁的几何图式

主桁是桁架桥的主要组成部分，它的几何图式的选择对桁架桥的设计质量起着非常重要的作用。拟定主桁几何图式时通常要考虑以下因素：① 桥位所在地的水文、地质、地形条件等；② 桥上的运输条件及对桥下净空的要求；③ 便于制造、安装和养护，构造简单，有利于设计标准化；④ 有利于节约钢材，力求经济合理；⑤ 美观要求。故选择主桁几何图式时，需比较各种类型的优缺点，综合评估，择优而取。

主桁架最常见的几何图式是三角形腹杆体系（见图 5.3），斜杆与弦杆构成等腰三角形，它的主要优点是构造简单、杆件类型少，有利于设计标准化，便于制造和安装；在竖向荷载作用下，竖杆受力较小，受压斜杆数量较少，当节间不大时可去掉竖杆，如图 5.3（b）所示；另外，小节点左右的弦杆内力相等，容易使弦杆截面的选择达到经济合理。因此，我国铁路下承式栓焊桁架桥的标准设计是当跨度为 48 m、64 m、80 m 时，无论是简支还是连续桁架桥，其主桁几何图式均采用图 5.3（a）的形式，节间长度为 8 m，桁高 11 m。公路桁架桥的主桁图式也大多采用这种形式。

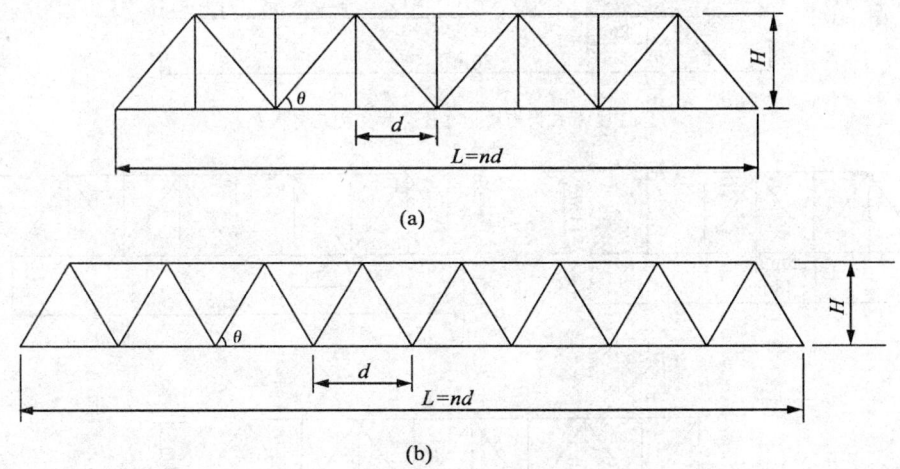

图 5.3 主桁几何图式——三角形腹杆体系

对于大跨度的桁架桥，为了适应桥梁厂现有的设备条件，节间长度仍可取 8 m，在保持斜杆具有适当倾角的情况下，可增大桁高，这时可采用图 5.4 所示的主桁几何图式，其中图

(a）所示称为再分式，图（b）所示称为"米"字形。如武汉长江大桥（1957年）和南京长江大桥（1968年）的主桁几何图式均采用了"米"字形腹杆体系。

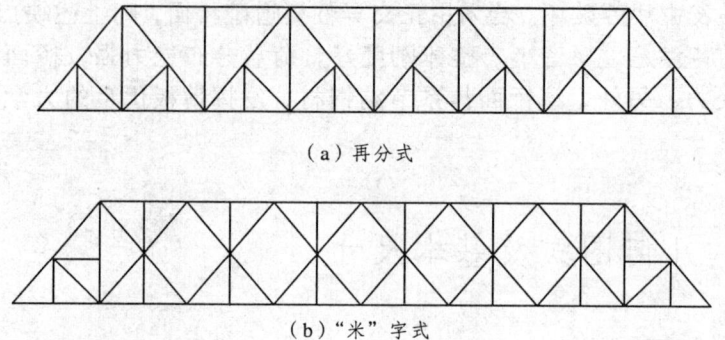

图5.4 主桁几何图式——再分式与"米"字形

现在，随着桥梁厂设备的改进和钢厂生产钢材长度的增加，已设计建造了节间长度大于8 m的钢桁架桥。如2000年建成通车的芜湖长江大桥，正桥由四联连续钢桁梁和一联双塔三跨斜拉桥组成，其中连续钢桁梁（最大跨度144 m）采用无竖杆的三角形桁架，节间长度为12 m，桁高为14.02 m。

对于中等跨径的上承式桁架桥，主桁几何图式常用图5.5所示的形式。

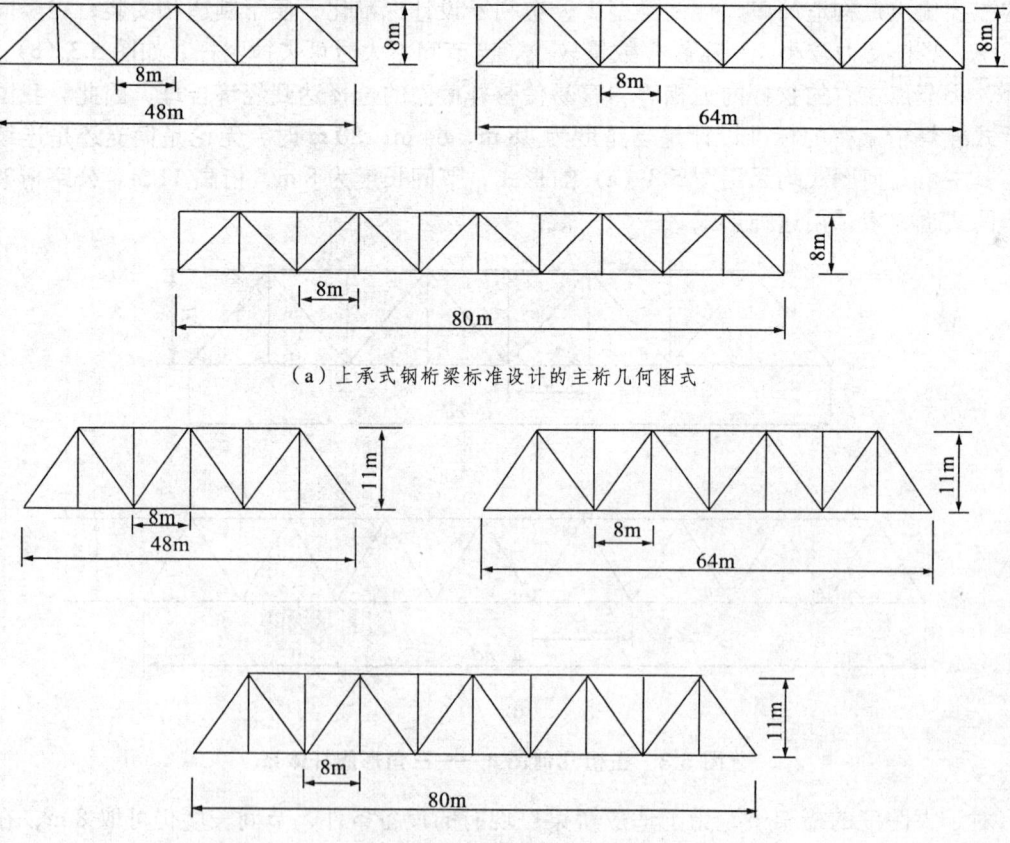

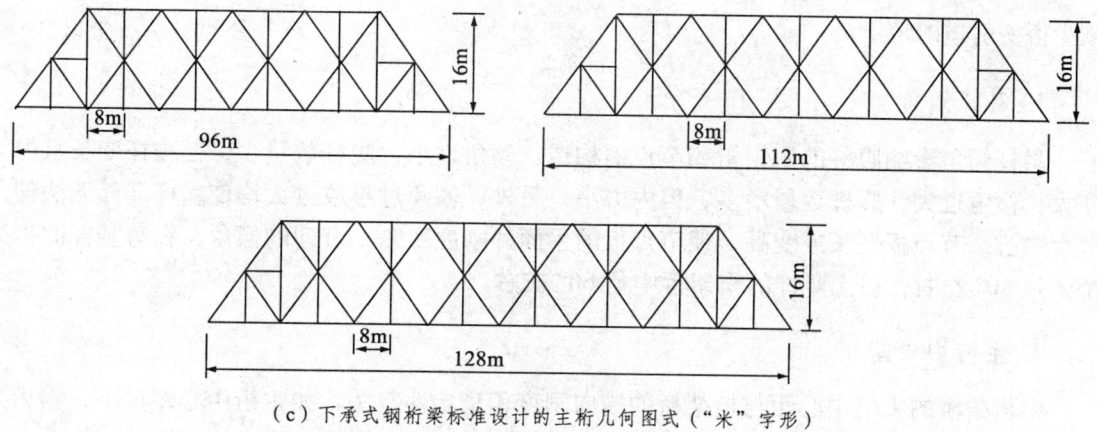

(c) 下承式钢桁梁标准设计的主桁几何图式（"米"字形）

图 5.5

5.2.2 主桁的基本尺寸

桁架桥的跨度通常在桥型方案比较中确定，拟定跨度时从以下两个方面综合考虑：① 桥址处的水文地质情况。考虑到排洪要求，桥下洪水（河水）流量对跨径的选择有一定的影响；地质方面，地基基础的好坏可影响桥跨选择，可选一跨或多跨。② 桥上、桥下净空的要求。如桥下有水运的航道，跨度应满足水运部门对通航的要求等。这里，主桁的基本尺寸主要包括：主桁高度（桁高）、节间长度、斜杆倾角及主桁中心距。

1. 主桁高度

桁高的拟定从以下三方面考虑：① 用钢量方面。由于桁梁以受弯为主，上、下弦杆承受弯矩所引起的压力和拉力，因而上、下弦杆所受的力可表示为 $S = M/H$。由此可见，桁高较大时，弦杆受力较小，弦杆用钢量较省，但腹杆较长，腹杆的用钢量将增加；反之，桁高较小时，弦杆用钢量增加，而腹杆的用钢量减少。所以，对于一定跨度的桁架桥，将有某一桁高对用钢量而言是较经济的，这个桁高称为经济桁高。根据以往设计经验，对单线铁路下承式简支桁架桥，其经济桁高约为跨长的 1/5~1/10，对双线铁路，可增大 20% 左右。上承式钢桁梁桥的桁高应结合抵抗倾覆稳定性的要求进行考虑。② 刚度方面。由于桁梁的高度与梁的挠度有关，挠度过大，梁端转角大，影响行车的平顺和乘客的舒适度，同时，节点的刚性次应力和活载动力作用也大，对结构不利。故《桥规》规定：对简支桁架桥，静活载下的挠度不大于跨度的 1/900。③ 容许建筑高度。对下承式钢桁梁桥，不但要考虑桥下净空要求，还要考虑桥上行车净空要求。我国铁路桥梁的限界高度为：电力机车：6.55 m；蒸汽、内燃机车：6.0 m。考虑到桥面、桥面系及横联的楣杆结构所占的高度，主桁高度至少是 9 m，标准设计中采用 11 m。

2. 节间长度

节间长，则腹杆少，纵梁跨度大，纵梁截面增大；节间短，则腹杆增多，纵梁跨度小，横梁数量多。可见，两种情况都会增加用钢量。实践中，中等跨度较为经济的节间长度是 6~8 m，标准设计取 8 m；小跨度桁梁桥节间长度有小到 4 m 的，大跨度桁架桥节间长度有大到 15 m 的。下承式桁架桥节间长度短些，纵梁梁高相应可以做得小些，有利于降低建筑高度，减少桥头引道的填土。

3. 斜杆倾角

斜杆倾角影响腹杆的用钢量和节点的构造。倾角过小，腹杆数量少，但腹杆变长且内力变大；倾角过大，腹杆数量增多，但内力小。另外，倾角过小或过大均使斜杆端部无法伸入节点中心，节点板变长或变高，使节点板的平面外刚度变差。合理的倾角，在有竖杆的桁架桥中是 50° 左右，在无竖杆的桁架桥中是 60° 左右。

4. 主桁中心距

钢桁架桥的主桁中心距与桁架桥的横向刚度和稳定性有关。如主桁中心距过小，钢桁架桥的横向刚度不足，会引起桥跨结构的横向振动，对行车不利。我国现行《桥规》规定，主桁中心距不宜小于跨度的 1/20。

对下承式钢桁架桥，主桁中心距还要满足桥梁建筑限界的要求。对单线铁路桥，桥面上的净空宽度是 4.88 m，考虑到主桁杆件宽度，主桁中心距至少大于 5.5 m。标准设计中对单线铁路桥，主桁中心距取 5.75 m；对双线铁路桥，取 9.7 m。

对上承式钢桁架桥，主桁中心距的选取还要考虑横向倾覆稳定性的要求，倾覆稳定安全系数不得小于 1.3。

5.2.3 铁路钢桁架桥标准设计的主桁几何图式及其基本尺寸

我国铁路钢桁架桥自 1958 年起开始制订自己的标准设计，从而改变了旧中国钢梁全靠进口及解放初期引进外国设计的状况。单线铁路简支钢桁架桥标准设计共有 3 组图式、6 种跨度。

第 Ⅰ 组为上承式钢桁梁，跨度有 48 m、64 m、80 m 三种 [见图 5.5 (a)]，主桁几何图式为带端竖杆的三角形腹杆体系，主桁高度为 8 m，节间长度也为 8 m，主桁中心距为 4 m。

第 Ⅱ 组为下承式钢桁梁，跨度仍为 48 m、64 m、80 m 三种 [见图 5.5 (b)]，主桁几何图式为三角形腹杆体系，主桁高度为 11 m，节间长度为 8 m，主桁中心距为 5.75 m。

第 Ⅲ 组也是下承式钢桁梁，跨度有 96 m、112 m、128 m 三种 [见图 5.5 (c)]，主桁几何图式为米字形，主桁高度为 16 m，节间长度为 8 m，主桁中心距为 5.75 m。

采用标准设计，使钢桁架桥的设计、制造、安装和养护变得简单和方便。由于杆件主要尺寸大体相同，减少了杆件类型，提高了产品工效和质量，便于运输和存放，同时也增加了同类杆件的互换性，提高了安装速度，特别是在运营期间，若遇个别杆件损坏，也便于及时更换，这对养护、抢修都有利。对于跨度大于 128 m 的钢桁架桥，目前还没有编制标准设计，需要时可根据具体情况另行设计。

5.3 主桁杆件内力计算

5.3.1 概　述

钢桁架桥是一个空间结构，各个杆件之间是刚性连接，荷载作用下的内力计算完全可以借助计算机直接进行空间分析,当然,分析过程要比按平面结构分析复杂一些。目前,《桥规》中仍推荐使用简化的计算方法,即将桥跨结构划分为若干个平面系统分别计算,但应考虑各个平面系统间的共同作用和相互影响。作为空间结构的钢桁架桥,可以将它划分为以下几个平面系统:主桁架、平纵联、横联、桥门架(端横联)、纵梁、横梁等。

作用在桥梁上的荷载可分为主力和附加力:主力包括恒载和活载;附加力包括横向附加力(如横向风力,列车摇摆力,曲线桥上的离心力等)、纵向附加力(如列车制动力或牵引力)以及由桁架桥各个平面系统间的共同作用和节点的刚性连接所引起的附加力。

对公路钢桥,作用在桥梁上的荷载称为永久荷载(自重)和可变荷载(基本可变荷载和其他可变荷载)。

考虑各个平面系统间的共同作用和相互影响以及节点的刚性连接,对杆件内力的影响主要表现在以下几个方面:

(1) 平纵联和主桁弦杆的共同作用。当主桁在竖向荷载作用下受力而变形时,平纵联与弦杆一起变形,共同受力,使平纵联的斜杆和横撑中产生附加内力。

(2) 桥面系和主桁弦杆的共同作用。在竖向荷载作用下,下弦杆将伸长,这时,连接到下弦各节点的横梁将随着节点的移动而移动,但却受纵梁的牵制。因此,纵梁将因横梁的移动受到拉力,横梁则因纵梁的牵制而引起水平弯曲,弦杆的变形也将因此而减小。这种共同作用通常应在计算中加以考虑,但若纵梁的连续长度不超过 80 m,可不检算桥面系与主桁的共同作用。

(3) 横向框架效应。由主桁竖杆、横梁和横向联结系的楣部杆件所构成的横向框架,当横梁在竖向荷载作用下梁端发生转动时,竖杆的上端和下端均将产生力矩。在设计竖杆时,应考虑此力矩的影响。

(4) 节点刚性次应力。主桁各杆件用许多高强度螺栓紧固在节点板上,形成刚性的连接,杆端不能自由转动。因此,当主桁在荷载作用下发生变形而节点转动时,连接在同一节点的各杆件之间的夹角不能变化,迫使杆件发生翘曲,因而在主桁杆件内产生附加的应力(或称为"次应力")。《桥规》规定,若杆件高度与其长度之比在简支桁梁中不超过 1/10、连续桁梁中不超过 1/15 时,可不考虑因节点刚性所产生的次应力;当考虑因节点刚性所产生的次应力时,容许应力可以提高。

5.3.2 主力作用下主桁杆件的内力计算

主力对主桁杆件、桥面系都产生内力,本节只计算主力对主桁杆件所产生的内力,主力对桥面系产生的内力将在 5.6 中进行讨论。

主桁杆件内力的计算图式可简化为由主桁各杆件的轴线所形成的平面铰接桁架,如图 5.6 所示。主力作用在主桁架平面内,包括恒载和活载两部分,恒载又包括桥跨结构(主桁、桥面系和联结系等)的自重和桥面重量。开始计算前,需估计作用在桥跨结构上的恒载,恒载的计算通常采用一些近似方法,当计算出恒载内力和活载内力后进行截面设计,然后计算出桁架桥的实际恒载,实际恒载与前近似方法计算的恒载比较接近才行,否则按实际恒载计算杆件内力重新进行设计。

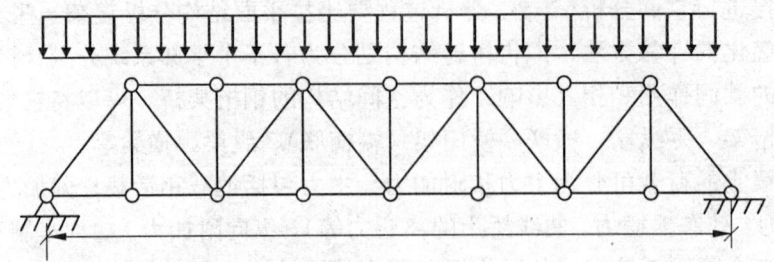

图 5.6 主桁杆件内力的计算图式

1. 恒载假定

通常根据已有的设计资料估算恒载，若设计中采用的活载等级和钢材的容许应力与原设计不同，则桥跨结构的自重 p_1 可近似地按其与活载强度成正比，而与容许应力成反比去推算：

$$p_1 = p_0 \frac{k_1[\sigma_0]}{k_0[\sigma_1]} \tag{5.1}$$

式中 p_1、k_1、$[\sigma_1]$——拟设计的桥跨结构的自重、换算均布活载及基本容许应力；

p_0、k_0、$[\sigma_0]$——原设计中相同跨度的桥跨结构的自重、换算均布活载及基本容许应力。

桥面重量 p_2 可根据经验取值，如对铁路明桥面，当用钢筋混凝土人行步板时，$p_2 = 10$ kN/m（单线）或 $p_2 = 17$ kN/m（双线）。则每片桁架所受恒载集度为：

$$p = \frac{1}{2}(p_1 + p_2) \quad (\text{kN/m}) \tag{5.2}$$

也可查用现成曲线或用理论公式估算桁架的重量，参见文献[5]。

2. 活载

静活载取换算均布活载 k，由影响线最大纵坐标位置 α 值和加载长度 L 求得。考虑到车辆活载对桥梁的动力作用，应将静活载乘以一个大于 1 的动力系数（$1+\mu$），其值在不同规范中取值不同。

对铁路钢桥，计算强度时，动力系数取 $1+\mu = 1 + \frac{28}{40+L}$，其中 L 为影响线加载长度；计算疲劳时，采用运营动力系数 $1+\mu_f = 1 + \frac{18}{40+L}$。

公路钢桥的冲击系数取法如下：

对主桁（梁、拱）、联合梁、桥面系、钢墩台等，$1+\mu = 1 + \frac{15}{37.5+L}$；

对吊桥的主桁、主索或主链、塔架等，$1+\mu = 1 + \frac{50}{70+L}$。

钢桁架桥的活载内力计算，需注意以下几个方面：

（1）对双线铁路桥的主桁弦杆和斜杆，考虑到两条线路上同时出现最大活载的可能性很小，换算均布活载采用两线活载总和的 90%；而对竖杆、纵、横梁等因其加载长度较短，两条线路上同时出现最大活载的可能性较大，换算均布活载采用两线活载总和的 100%。

（2）双线铁路桥主桁杆件检算疲劳时，按一线偏心加载并以杠杆原理分配于主桁，同时，考虑双线列车同时作用的影响乘以双线系数进行修正。

（3）对于铁路钢桥的设计，为了保证在较长时期内能适应机车车辆重量增长及特种超重列车通过的需要，设计时必须为现今使用的列车活载预留一个发展系数。预留的方法有二：一是提高现行活载等级；一是降低材料容许应力。在我国钢桥设计中一般采用后一方法。

（4）对公路钢桥，在偏载最不利的情况下，按杠杆原理计算汽车及人群荷载的横向分布系数 m_c、$m_人$。

（5）对公路钢桥，设计规范对活载发展因素还未做规定，随着公路的发展，大跨径钢桥也应该考虑活载发展。

3. 活载发展均衡系数

前已述及，为了保证在较长时期内钢桥能适应机车车辆重量增长及特种超重列车通过的需要，设计时必须为现今使用的列车活载预留一个发展系数，我国钢桥设计中一般采用降低材料容许应力的方法。设规范中规定的基本容许应力为 $[\sigma]$，但实际可使用的容许应力是 $1.2[\sigma]$，后者也称为检定容许应力。所以按一定等级的荷载和基本容许应力 $[\sigma]$ 设计出来的钢桥实际上能承担更高等级的活载。将这个更高等级的活载（也称检定活载）与设计活载的比值叫做预留活载发展倍数 n。

设以 A 表示桁架杆件的计算截面面积，N_p 表示恒载内力，N_k 表示活载内力，设计钢桥时，有：

$$N_p + N_k(1+\mu) = A[\sigma] \tag{5.3}$$

若干年后，当有更大的活载运行而对该桥进行检定时，活载内力为 nN_k，检定容许应力是 $1.2[\sigma]$，从而有：

$$N_p + nN_k(1+\mu) = A1.2[\sigma] \tag{5.4}$$

由以上两式可得：

$$n = 0.2a + 1.2 \tag{5.5}$$

其中，$a = \dfrac{N_p}{(1+\mu)N_k}$，表示杆件恒、活载内力的比值。

由于桁架中各杆件恒、活载内力的比值各不相同，因此，当杆件的应力由基本容许应力 $[\sigma]$ 提高到检定容许应力 $1.2[\sigma]$ 时，各杆件所能承受的活载发展倍数 n 也不相同，形成整个钢桁梁杆件强弱不一，而钢梁的承载能力则取决于最弱的杆件，这样就不能利用较强杆件的潜在能力。为了发挥较强杆件的潜在能力，在增加钢料不多的条件下，应使所有杆件承受活载的能力比较一致，以提高钢梁的承载能力。因此，在设计时，将每个杆件的活载内力乘以一个增大系数 η（叫做活载发展均衡系数），则应有：

$$N_p + \eta N_k(1+\mu) = A[\sigma] \tag{5.6}$$

若干年后，当有更大的活载运行而对该桥进行检定时，不再对每个杆件的活载内力乘以 η，活载内力仍为 nN_k，检定容许应力是 $1.2[\sigma]$，即式（5.4）仍然成立，由式（5.6）和（5.4）可得：

$$n = 0.2a + 1.2\eta \tag{5.7}$$

现在，使那些活载发展倍数较小的杆件的 n 与全桥活载发展倍数最大的 n_{max} 相等，即：

$$n = n_{max} \tag{5.8}$$

也就是：
$$0.2a + 1.2\eta = 0.2a_{max} + 1.2 \times 1$$

这里，对全桥活载发展倍数最大的那个杆件不再乘以增大系数η，即取$\eta=1$。由上式可得活载发展均衡系数：

$$\eta = 1 + \frac{1}{6}(a_{max} - a) \tag{5.9}$$

式中　a_{max}——所有杆件中a的最大值。

当某一杆件的a_{max}与一般杆件的a值相差太大时，从节省钢料出发，并考虑活载在使用年限内增长情况，可采用较低数值。

4. 主力作用下主桁杆件的内力

主力作用下主桁杆件的内力计算采用结构力学中利用影响线求量值的方法，由于恒载和活载均为分布荷载，内力计算时要利用某量值的影响线面积，因此，这种计算内力的方法称为影响线面积法。

恒载和活载分别进行计算，然后考虑活载发展均衡系数η，最后可得主力作用下主桁杆件的内力计算公式为：

$$N_{\mathrm{I}} = N_{\mathrm{p}} + \eta(1+\mu)N_{\mathrm{k}} \tag{5.10}$$

式中　$N_{\mathrm{p}} = p\sum\Omega$，$N_{\mathrm{k}} = k\Omega$；
　　　p——均布恒载；
　　　$\sum\Omega$——杆件影响线面积的代数和；
　　　k——换算均布活载；
　　　Ω——杆件影响线加载部分的面积，当影响线面积有正有负时要分别计算出符号相反的两个值。

5.3.3　横向附加力作用下主桁架杆件的内力计算

对铁路钢桁架桥，横向附加力包括横向风力、列车摇摆力（对弯道桥，还要考虑离心力）；对公路钢桁架桥，横向附加力则只考虑横向风力。

横向附加力主要由平纵联承受，由于平纵联的弦杆也是主桁架的弦杆，所以横向附加力对主桁弦杆产生附加内力，同时也使平纵联的斜杆和横撑产生附加内力；另外，由于平纵联的两端联结在桥门架上，平纵联将它所受横向附加力传递给桥门架，从而使主桁端斜杆和下弦杆也产生附加内力（这种现象称为桥门架效应）。

1. 横向附加力对平纵联杆件产生的附加内力

计算横向附加力作用下平纵联弦杆内力时，可将平纵联看成水平放置的桁架，两端简支在桥门架上，下平纵联的计算跨度等于主桁跨度，上平纵联的计算跨度等于主桁上弦两端节点间的距离，计算图式如图5.7所示。

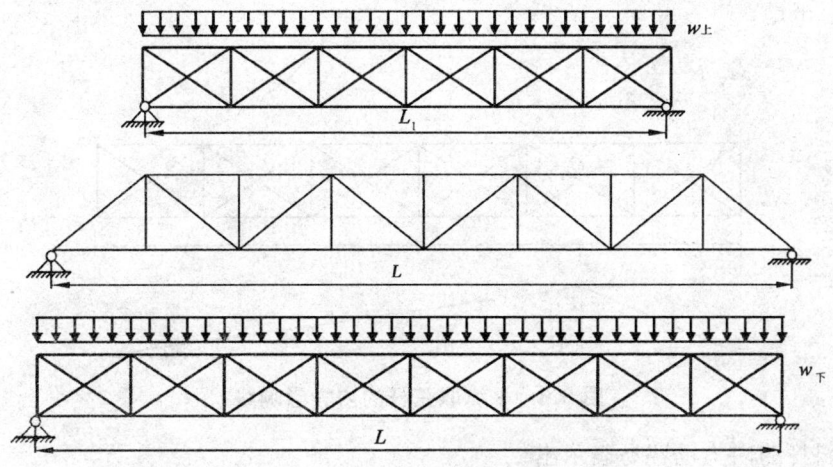

图 5.7 平纵联弦杆内力计算图式

当桥上无车时，作用在上、下平纵联上的横向附加力只有横向风力；当桥上有车时，作用在上、下平纵联上的横向附加力有横向风力和列车摇摆力。以下分这两种情况分别给出横向附加力的分布集度和平纵联杆件内力的计算公式。

情况 A：桥上无车时，

作用在上平纵联上的横向风力分布集度为：

$$w_{上} = W[0.5 \times 0.4 \times H + 0.2h(1-0.4)] \quad (kN/m) \tag{5.11a}$$

作用在下平纵联上的横向风力分布集度为：

$$w_{下} = W[0.5 \times 0.4 \times H + 1.0h(1-0.4)] \quad (kN/m) \tag{5.11b}$$

式中 W——风荷强度（Pa），按《桥规》可得：

$$W = K_1 K_2 K_3 W_0 \tag{5.12}$$

其中 K_1——风载体型系数；

K_2——风压高度系数；

K_3——地形地理条件系数；

W_0——地区基本风压值，它们的值均可由《桥规》查得；

H——主桁理论高度（m）；

h——桥面系所占的高度（m）；

0.5——主桁所受风力对上下平纵联的分配系数；

0.4——主桁理论轮廓面积的填充系数；

0.2——桥面系所受风力对上平纵联的分配系数；

1.0——桥面系所受风力对下平纵联的分配系数。

由结构力学中利用影响线求内力的原理，平纵联弦杆的内力可表示成：

$$N_w = w\Omega_w \quad (kN) \tag{5.13}$$

其中，w 为平纵联上的横向风力分布集度，按照计算公式（5.11）取值；Ω_w 为平纵联弦杆的内力影响线面积，当平纵联为交叉型腹杆体系时，属于内部超静定结构，这时，一般可近似按静定结构计算，即假定弦杆影响线仍为三角形，其顶点取弦杆所在节间两斜杆的交点，如

图 5.8 所示。于是：

$$\Omega_w \approx \frac{l_1 l_2}{2B} \tag{5.14}$$

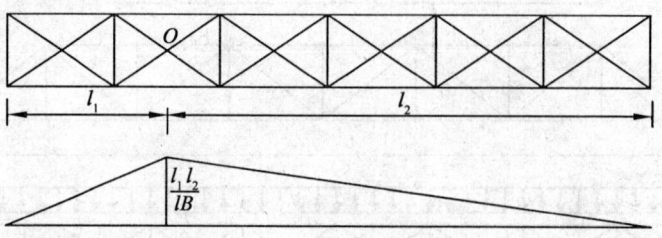

图 5.8　平纵联弦杆的内力影响线

平纵联斜杆的内力也容易表示出：

$$N_d = w\sum\Omega \quad (kN) \tag{5.15}$$

式中　w——平纵联上的横向风力分布集度；

　　　$\sum\Omega$——平纵联斜杆内力影响线面积的代数和，如图 5.9 所示。

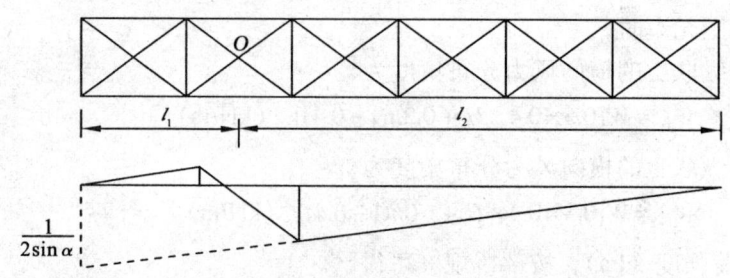

图 5.9　平纵联斜杆的内力影响线

情况 B：桥上有车时，

作用在上平纵联上的横向风力分布集度：

$$w_上 = w_{1上} + w_{2上} \tag{5.16}$$

其中：　　$w_{1上} = 0.8W[0.5\times0.4\times H + 0.2h(1-0.4)] \quad (kN/m)$

　　　　　$w_{2上} = 0.8W \times 0.2 \times 3.0(1-0.4) \quad (kN/m)$

$w_{1上}$ 和 $w_{2上}$ 分别为桥上风力和车上风力分配给上平纵联的横向风力。

作用在下平纵联上的横向风力分布集度：

$$w_下 = w_{1下} + w_{2下} \tag{5.17}$$

其中：　　$w_{1下} = 0.8W[0.5\times0.4\times H + 1.0h(1-0.4)] \quad (kN/m)$

　　　　　$w_{2下} = 0.8W \times 1.0 \times 3.0(1-0.4) \quad (kN/m)$

$w_{1下}$ 和 $w_{2下}$ 分别为桥上风力和车上风力分配给下平纵联的横向风力。

式中　h——纵梁及桥面共占的高度（m）；

　　　0.2——列车及桥面系所受风力对上平纵联的分配系数；

　　　3.0——列车高度（m）；

其余符号意义同前。

列车摇摆力按沿桥长 5.5 kN/m 计算，并按与风力相同的分配系数分配给上、下平纵联，即作用在上平纵联上的列车摇摆力分布集度是：

$$k_{上} = 0.2 \times 5.5 \quad (kN/m)$$

作用在下平纵联上的列车摇摆力分布集度是：

$$k_{下} = 1.0 \times 5.5 \quad (kN/m)$$

式中 0.2——列车摇摆力对上平纵联的分配系数；
    1.0——列车摇摆力对下平纵联的分配系数。

由于风力与摇摆力同时达到上述最大值的可能性很小，故两者不叠加计算，只取其较大者计算。

因此，上（或下）平纵联弦杆的内力（按风力表示）为：

$$N_w = (w_1 + w_2)\Omega_w \quad (kN) \tag{5.18}$$

其中，$w = w_1 + w_2$ 为平纵联上的横向风力分布集度；Ω_w 的意义同情况 A。

上（或下）平纵联斜杆的内力：

$$N_d = w_1 \sum \Omega + w_2 \Omega \quad (kN) \tag{5.19}$$

其中，$\sum \Omega$ 为平纵联斜杆内力影响线面积的代数和，Ω 为平纵联斜杆内力影响线的面积（取绝对值最大者，见图 5.10）。

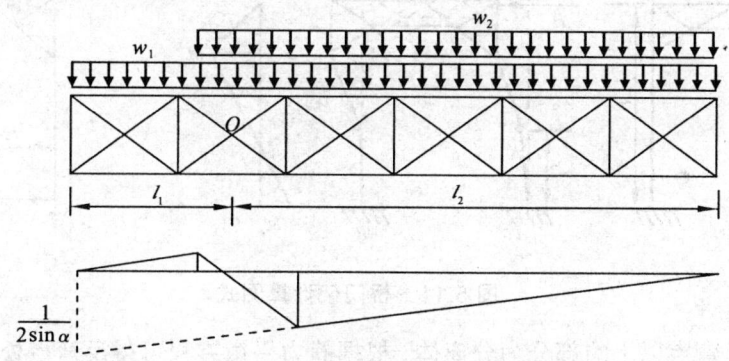

图 5.10 桥上有车时平纵联斜杆的内力计算图式

对具有交叉式斜杆的平纵联，在计算斜杆内力时，通常假设节间剪力由两根交叉斜杆各承受一半，一根受拉，另一根受压。

对公路桥，作用在上、下平纵联上的横向附加力只有横向风力，它们的分布集度是：

作用在上平纵联上的横向风力分布集度：

$$w_{上} = 0.5 K_3 h_3 W \quad (kN/m)$$

作用在下平纵联上的横向风力分布集度：

$$w_{下} = [K_1 h_1 + h_2 + 0.5 K_3 h_3] W \quad (kN/m)$$

式中 W——风荷强度（Pa）；
    h_1——栏杆高度（m）；

h_2——高出桁架弦杆部分的桥面系高度（m）；
h_3——主桁架高度（m）；
K_1——栏杆迎风面积系数；
K_3——主桁架迎风面积系数。

2. 桥门架效应产生的杆件内力计算

上平纵联将它所受的横向附加力传递给桥门架，从而使主桁端斜杆和下弦杆产生附加内力，这种现象就是桥门架效应。计算时将桥门架看成平面刚架，其腿杆（主桁端斜杆）下端可假定嵌固在下弦端节点上，如图 5.11 所示。作用在桥门架上的水平力就是由上平纵联传来的横向附加力，也就是上平纵联作为简支桁架的支座反力，其值为：

$$H_w = \frac{1}{2} w_\perp l_1 \tag{5.20}$$

在这个水平力的作用下，桥门架产生水平位移，当桥门架的门楣为桁架时，其腿杆上的反弯点位置可按下式求得：

$$l_0 = \frac{c}{2} \cdot \frac{c+2l}{2c+l} \tag{5.21}$$

式中，c、l 的意义如图 5.11 所示，其中 l 可近似地取端斜杆的理论长度。

图 5.11 桥门架计算图式

取桥门架反弯点以上的部分为分离体，根据静力平衡方程可得反弯点处的水平反力 H 和竖直反力 V 分别为：

$$H = \frac{H_w}{2} \tag{5.22a}$$

$$V = \frac{H_w(l-l_0)}{B} \tag{5.22b}$$

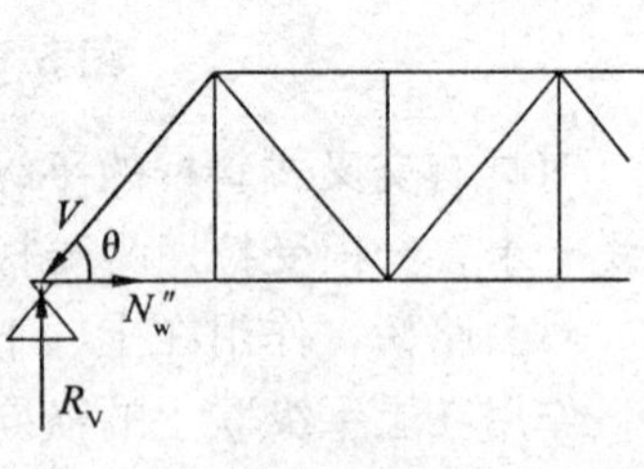

水平反力 H 使端斜杆产生附加弯矩，竖直反力 V 通过端斜杆传至下弦端节点上，从而又使下弦杆产生附加力 $N_w'' = V\cos\theta$，同时也使支座产生竖向附加反力 R_V，如图 5.12 所示。

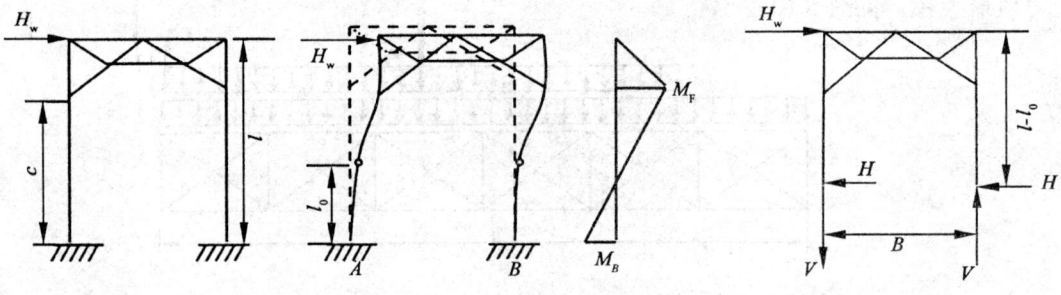

图 5.12 竖直反力 V 所产生的附加力 N_w'' 和 R_V

值得注意的是，附加反力的方向随风向而改变，故和主力作用下的内力组合时应取其最不利组合。

对于桥门架内的楣杆，内力一般很小，常按刚度控制设计。如需计算其内力，则容易由结构力学中的截面法求得。

5.3.4 纵向制动力作用下主桁杆件的内力计算

铁路桥梁由于列车在桥上行驶时因制动或启动而产生的制动力或牵引力，是纵向荷载。制动力通过桥面作用在桥面系纵梁上，然后由纵梁传递到制动联接系（又称制动撑架）上，再由制动联接系传递到平纵联斜杆上，并进而传递到主桁节点上，使主桁下弦杆产生附加内力。可见，纵向制动力使桥面系纵梁、制动联接系杆件、制动联接系所在节间的平纵联斜杆及主桁下弦杆等均产生附加内力。

制动力 T 的大小按布满全跨静活载的 10% 计算，并假设作用在纵梁与制动联接系的节点处。如图 5.13 所示，节点 E_0 为活动支座，节点 E_6 为固定支座，制动力或牵引力通过固定支座传递给墩台。

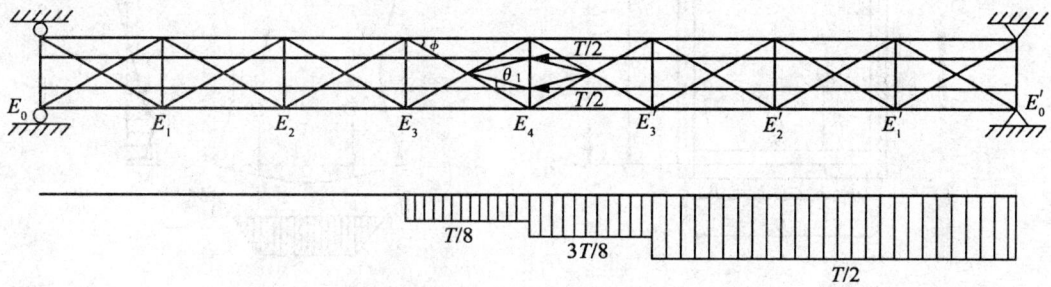

图 5.13 制动力所产生的弦杆内力

在制动力或牵引力 T 的作用下，相关杆件所产生的内力为：单个纵梁的内力为 $\pm \dfrac{T}{4}$；制动撑杆的内力为 $\pm \dfrac{T}{4} \cdot \dfrac{1}{\cos\theta}$；制动联接系所在节间的平纵联斜杆的内力为 $\pm \dfrac{T}{8} \cdot \dfrac{1}{\cos\phi}$；弦杆 E_3E_4 的内力为 $\pm \dfrac{T}{8}$；弦杆 $E_4E'_3$ 的内力为 $\pm 3 \cdot \dfrac{T}{8}$；弦杆 $E'_3E'_2$ 以及到固定支座之间的所有弦杆内力均为 $\pm 4 \cdot \dfrac{T}{8} = \pm \dfrac{T}{2}$。

正负号表示由于列车在桥上行驶的方向不同，制动力或牵引力产生的内力有拉力或压力，对下弦杆来说拉力是最不利的，因而计算中取正号。

当制动力或牵引力传递到固定支座时，因作用力对支座铰中心还有一偏心距离 h，因而产生偏心弯矩值 $M = \dfrac{T}{2}h$，如图 5.14 所示。M 值由交汇于该节点的各杆共同承受并按各杆件的单位刚度比来分配。例如，交汇于端节点 E_0 的两根杆件 E_0A_1 和 E_0E_1 所受的附加弯矩分别为：

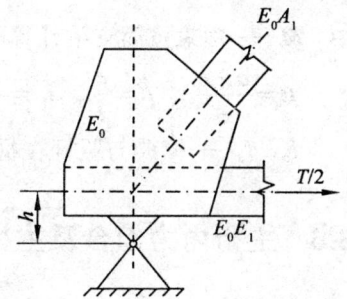

图 5.14 制动力对支座铰中心的偏心

$$E_0A_1: \quad M_1 = M \dfrac{I_1/l_1}{\sum I_i/l_i} \tag{5.23a}$$

$$E_0E_1: \quad M_2 = M \dfrac{I_2/l_2}{\sum I_i/l_i} \tag{5.23b}$$

式中　I_1、I_2——分别为杆件 E_0A_1 和 E_0E_1 的截面惯性矩；

　　　l_1、l_2——分别为杆件 E_0A_1 和 E_0E_1 的长度。

5.3.5　由于横向框架效应所引起的主桁杆件内力计算

横向联结系、主桁竖杆及横梁组成一个横向框架，横梁在竖向荷载作用下梁端发生转动时，在竖杆的下端 B 和上部 A 处均产生附加力矩，如图 5.15 所示。

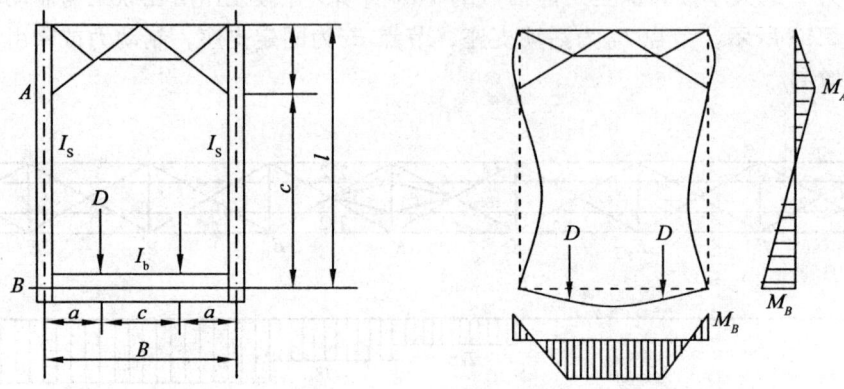

图 5.15　竖向荷载作用下横向框架内力计算图式

这种由于横向框架效应产生的附加力矩可近似地按下式进行计算：

B 点处，$\quad M_B = \dfrac{3}{(2-0.5\beta)\dfrac{i_b}{i_s}+3}\mu M$ 　　　　　(5.24)

A 点处，$\quad M_A = \dfrac{1}{2}\beta M_B$ 　　　　　(5.25)

式中　M——横梁按简支梁计算的最大弯矩；

$\mu = \dfrac{a+c}{B}$；$\beta = \dfrac{c}{l}$；$i_b = \dfrac{EI_b}{B}$；$i_s = \dfrac{EI_s}{c}$。

　　　I_b、I_s——横梁与竖杆在框架面内的惯性矩，其余符号见图 5.15 所示。

5.3.6　主桁内力组合及主桁架杆件计算内力的确定

以上讨论了主桁架在各种荷载作用下的杆件内力计算，应当指出的是，对主桁杆件各种荷载下的内力有不同的组合，主桁杆件的内力组合通常有三种形式：

（1）主力单独作用：内力为 N_{I}，设计容许应力为 $[\sigma]$；

（2）主力+横向附加力：$N_{\mathrm{II}} = N_{\mathrm{I}} + N_{\mathrm{w}}$，设计容许应力为 $1.20[\sigma]$；

（3）主力+纵向制动力：$N_{\mathrm{III}} = N_{\mathrm{I}} + N_{\mathrm{T}}$，设计容许应力为 $1.25[\sigma]$。

为了便于比较，将第（2）种和第（3）种内力换算为相应于基本容许应力 $[\sigma]$ 的内力：

$$N'_{\mathrm{II}} = \dfrac{1}{1.2}(N_{\mathrm{I}} + N_{\mathrm{w}}) \quad 和 \quad N'_{\mathrm{III}} = \dfrac{1}{1.25}(N_{\mathrm{I}} + N_{\mathrm{T}})$$

这样，主桁杆件的计算内力为 N_I、N'_{II}、N'_{IV} 三者中的最大值。

例 5.1　64 m 单线铁路下承式简支栓焊钢桁架桥主桁架的内力计算。

主桁几何图式采用三角形腹杆体系（见图5.16），节间长度为 8 m，桁高 11 m，主桁中心距 5.75 m。

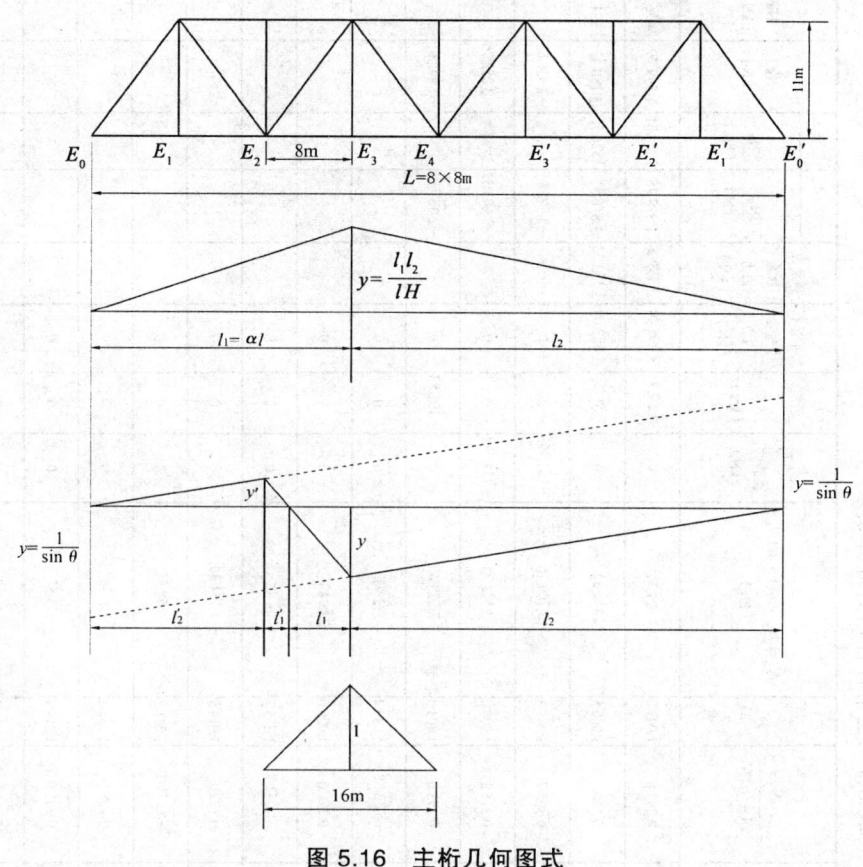

图 5.16　主桁几何图式

1) 主力作用下主桁杆件的内力计算

计算图式采用平面铰接桁架，主力（包括恒载和活载）作用在主桁平面内。

(1) 恒载假定：参照已有的设计资料，设每片桁架重 12.8 kN/m，桥面重 10 kN/m，则每片主桁架所受恒载集度为 $p=12.8+5=17.8$ kN/m，近似地采用 $p=18$ kN/m。

(2) 活载计算：静活载取换算均布活载 k，由所求杆件内力的影响线最大纵坐标位置 α 值和加载长度 L 查表（见附表3）求得。例如：

弦杆 E_2E_3：$\alpha=0.375$，$L=64$ m，查表得 $k=\dfrac{92.0}{2}=46.0$ （kN/m）（一片主桁，下同）

斜杆 E_2A_3：$\alpha'=0.125$，$L'=18.29$ m，$k=\dfrac{122.44}{2}=61.22$ （kN/m）（内插法求得）

$\quad\quad\quad\quad\quad\alpha=0.125$，$L=45.71$ m，$k=\dfrac{102.64}{2}=51.32$ kN/m

吊杆 A_3E_3：$\alpha=0.5$，$L=16$ m，$k=\dfrac{119.4}{2}=59.7$ kN/m

其余杆件计算结果见表 5.1 所示。

表 5.1 主桁杆件内力计算结果

杆件		影响线性质			恒载内力 $N_p=P\sum\Omega$ (kN)	换算均布活载 k (kN/m)	静活载内力 $N_k=k\Omega$ (kN)	动力系数 $1+\mu$	动力运营系数 $1+\mu_f$	$\alpha=\dfrac{N_p}{(1+\mu)N_k}$	η	$N_1=N_p+\eta(1+\mu)N_k$ (kN)	风力所生内力 (kN)	桥门架效应 (kN)	列车摇摆力所生内力 (kN)	制动力所生内力 (kN)	组合 2		组合 3		计算内力 (kN)	疲劳内力 (kN)
	加载长度 L (m)	顶点位置 α	面积 Ω (m)	$\sum\Omega$ (m)													N_{II} (kN)	N_{III} (kN)	N_{II} (kN)	N_{III} (kN)		
弦杆 E_2E_2'	64.000	0.125	20.364	20.364	366.55	48.40	985.60	1.269 2	1.173 1	0.293 0	1.003 0	1621.31	0	±59.9	±298.44	±199.5	1 919.75	1820.81	1 599.79	1 456.65	1 621.31	1 522.73
E_2E_3	64.000	0.375	43.636	43.636	785.45	46.00	2 007.27	1.269 2	1.173 1	0.308 3	1.000 5	3 334.42	0	0	±482.09	±192.33	3 816.51	3526.75	3 180.42	2 821.40	3 334.42	3 140.14
A_2A_3	64.000	0.250	−34.909	−34.909	−628.36	46.70	−1630.25	1.269 2	1.173 1	0.303 7	1.001 3	−2 700.16	±103.793	0	0	0	−2 803.95		−2 336.63		−2 700.16	
A_3A_3'	64.000	0.500	−46.545	−46.545	−837.82	45.55	−2 120.15	1.269 2	1.173 1	0.311 3	1.000 0	−3 528.75	±134.564	0	0	0	−3 663.32		−3 052.76		−3 528.75	
E_2A_2	64.000	0.125	−28.000	−28.000	−504.00	48.40	−1 355.20	1.269 2	1.173 1	0.293 0	1.003 0	−2 229.30	0	±101.83	0	0	−2 331.13		−1 942.61		−2 756.38	
斜杆 A_2E_2	9.143 / 54.857	0.125 / 0.125	−0.706 / 25.434	24.727	445.09	75.37 / 49.75	−53.25 / 1 265.33	1.569 8 / 1.295 2	1.366 3 / 1.189 8	−5.324 8 / 0.271 6	1.939 4 / 1.006 6	282.98 / 2 094.77	0 / 0	0 / 0	0 / 0	0 / 0					282.98 / 2 094.77	372.34 / 1 950.53
E_2A_3	18.286 / 45.714	0.125 / 0.125	2.826 / −17.662	−14.836	−267.05	61.22 / 51.32	173.01 / −906.43	1.480 4 / 1.326 7	1.308 8 / 1.210 0	−1.042 7 / 0.222 1	1.225 7 / 1.014 9	46.86 / −1 131.40	0 / 0	0 / 0	0 / 0	0 / 0					46.86 / −1 131.40	−40.62 / −1 363.84
A_2E_1	27.429 / 36.571	0.125 / 0.125	−6.358 / 11.304	4.945	89.02	56.28 / 53.12	−357.85 / 600.46	1.415 3 / 1.365 7	1.266 9 / 1.235 1	−0.175 8 / 0.108 6	1.081 2 / 1.033 8	−458.55 / 936.76	0 / 0	0 / 0	0 / 0	0 / 0					−458.55 / 936.76	−364.36 / 830.63
吊杆 A_3E_1	16.000	0.500	8.000	8.000	144.00	59.70	477.60	1.500 0	1.321 4	0.201 0	1.018 4	873.57	0	0	0	0					873.57	775.11
A_3E_1	16.000	0.500	8.000	8.000	144.00	59.70	477.60	1.500 0	1.321 4	0.201 0	1.018 4	873.57	0	0	0	0					873.57	775.11

(3) 恒载内力和活载内力：采用影响线面积法求恒载内力和活载内力。例如：
① 弦杆 E_2E_3：
影响线最大纵距：

$$y = \frac{l_1 l_2}{LH} = \frac{24 \times 40}{64 \times 11} = 1.363635$$

影响线面积：

$$\Omega = \frac{1}{2}L \cdot y = \frac{1}{2} \times 64 \times 1.363635 = 43.6363 \quad (m)$$

恒载内力：

$$N_p = p\Omega = 18 \times 43.6363 = 785.45 \quad (kN)$$

静活载内力：

$$N_k = k\Omega = 46.0 \times 43.6363 = 2007.27 \quad (kN)$$

动力系数：

$$1 + \mu = 1 + \frac{28}{40+L} = 1 + \frac{28}{40+64} = 1.2692$$

$$a = \frac{N_p}{(1+\mu)N_k} = \frac{785.4336}{1.2692 \times 2007.2192} = 0.3083$$

其余各杆的 a 值计算结果见表 5.1 所示，其中最大的 a_{max} 为：

$$a_{max} = \frac{N_p}{(1+\mu)N_k} = \frac{p}{(1+\mu)k_{0.5}} = \frac{18}{1.2692 \times 45.55} = 0.3113$$

活载发展均衡系数：

$$\eta = 1 + \frac{1}{6}(a_{max} - a) = 1 + \frac{1}{6}(0.3113 - 0.3083) = 1.0005$$

弦杆 E_2E_3 的总内力为（计算静强度时的最大内力）：

$$N_I = N_p + \eta(1+\mu)N_k = 785.45 + 1.0005 \times 1.2692 \times 2007.27$$
$$= 3334.42 \quad (kN)$$

计算疲劳时，应采用动力运营系数，$1 + \mu_f = 1 + \dfrac{18}{40+L} = 1 + \dfrac{18}{40+64} = 1.1731$，且不考虑活载发展均衡系数，计算疲劳时的最大内力为：

$$N_{max} = N_p + (1+\mu_f)N_k = 785.45 + 1.1731 \times 2007.27$$
$$= 3140.2 \quad (kN)$$

② 斜杆 E_2A_3：
由于该杆件的影响线具有正、负面积，必须分别进行计算。
正影响线最大纵距：

$$y' = \frac{1}{\sin\theta} \cdot \frac{l_2'}{L} = \frac{1}{\frac{11}{13.6}} \times \frac{16}{64} = 0.3091$$

正影响线面积：
$$\Omega' = \frac{1}{2}(l_1' + l_2')y' = \frac{1}{2}(2.285\,7 + 16) \times 0.309\,1 = 2.826\,0 \quad (\text{m})$$

负影响线最大纵距：
$$y = -\frac{1}{\sin\theta} \cdot \frac{l_2}{L} = -\frac{1}{\frac{11}{13.6}} \times \frac{40}{64} = -0.772\,7$$

负影响线面积：
$$\Omega = \frac{1}{2}(l_1 + l_2)y = -\frac{1}{2}(5.714\,3 + 40) \times 0.772\,7 = -17.661\,7 \quad (\text{m})$$

正、负影响线面积之代数和：
$$\sum\Omega = \Omega' + \Omega = -14.836\,4 \quad (\text{m})$$

恒载内力：
$$N_p = p\sum\Omega = -18 \times 14.836\,4 = -267.05 \quad (\text{kN})$$

活载内力也按影响线正、负面积分别计算。

• 正面积部分：

静活载内力：
$$N_k' = k\Omega' = 61.22 \times 2.826\,0 = 173.01 \quad (\text{kN})$$

动力系数：
$$1 + \mu' = 1 + \frac{28}{40 + L} = 1 + \frac{28}{40 + 18.285\,7} = 1.480\,4$$

恒载内力与活载内力之比：
$$a' = \frac{N_p}{(1+\mu)N_k'} = \frac{-267.05}{1.480\,4 \times 173.01} = -1.042\,7$$

活载发展均衡系数：
$$\eta' = 1 + \frac{1}{6}(a_{\max} - a') = 1 + \frac{1}{6}(0.311\,4 + 1.042\,7) = 1.225\,7$$

正面积部分的总内力：
$$N_1 = N_p + \eta'(1+\mu')N_k' = -267.05 + 1.225\,7 \times 1.480\,4 \times 173.01 = 46.86 \quad (\text{kN})$$

同理，计算疲劳时的动力运营系数为：
$$1 + \mu_f = 1 + \frac{18}{40 + L} = 1 + \frac{18}{40 + 18.285\,7} = 1.308\,8$$

则计算疲劳时的最大内力为：
$$N_{\max} = N_p + (1+\mu_f)N_k = -267.05 + 1.308\,8 \times 173.01 = -40.6 \quad (\text{kN})$$

• 负面积部分：

静活载内力：

$$N_k = k\Omega = -51.32 \times 17.6623 = -906.43 \quad (kN)$$

动力系数：
$$1+\mu = 1 + \frac{28}{40+L} = 1 + \frac{28}{40+45.7143} = 1.3267$$

$$a = \frac{N_p}{(1+\mu)N_k} = \frac{267.05}{1.3267 \times 906.43} = 0.2221$$

$$\eta = 1 + \frac{1}{6}(a_{\max}-a) = 1 + \frac{1}{6}(0.3114 - 0.2221) = 1.0149$$

负面积部分的总内力：
$$N_I = N_p + \eta(1+\mu)N_k = -267.05 - 1.0149 \times 1.3267 \times 906.43$$
$$= -1131.40 \quad (kN)$$

动力运营系数：
$$1+\mu_f = 1 + \frac{18}{40+L} = 1 + \frac{18}{40+45.7143} = 1.21$$

则计算疲劳时的最大内力为：
$$N_{\max} = N_p + (1+\mu_f)N_k = -267.05 + 1.21 \times (-906.4) = -1363.8 \quad (kN)$$

③ 吊杆 A_3E_3：

影响线最大纵距：$y = 1.00$

影响线面积：
$$\Omega = \frac{1}{2} \times 1 \times 16 = 8.00 \quad (m)$$

恒载内力：
$$N_p = p\Omega = 18 \times 8.00 = 144.00 \quad (kN)$$

静活载内力：
$$N_k = k\Omega = 59.7 \times 8 = 477.60 \quad (kN)$$

动力系数：
$$1+\mu = 1 + \frac{28}{40+16} = 1.5000$$

$$a = \frac{N_p}{(1+\mu)N_k} = \frac{144}{1.5 \times 477.6} = 0.2010$$

活载发展均衡系数：
$$\eta = 1 + \frac{1}{6}(a_{\max}-a) = 1 + \frac{1}{6} \times (0.3114 - 0.2010) = 1.0184$$

总内力：
$$N_I = N_p + \eta(1+\mu)N_k = 144.00 + 1.0184 \times 1.5 \times 477.6 = 873.57 \quad (kN)$$

动力运营系数：

$$1+\mu_f = 1 + \frac{18}{40+L} = 1 + \frac{18}{40+16} = 1.321\ 4$$

则计算疲劳时的最大内力为：

$$N_{max} = N_p + (1+\mu_f)N_k = 144 + 1.321\ 4 \times 477.6 = 775.1\ (kN)$$

其余杆件的内力计算结果见表 5.1 所示。

2）横向附加力作用下主桁架杆件的内力计算

横向附加力包括横向风力和列车摇摆力，横向附加力由平纵联杆件承担。计算时将平纵联看成水平放置的桁架，平纵联的弦杆也就是主桁架的弦杆，即横向附加力对主桁架的弦杆产生附加力，计算图式如图 5.17 所示。

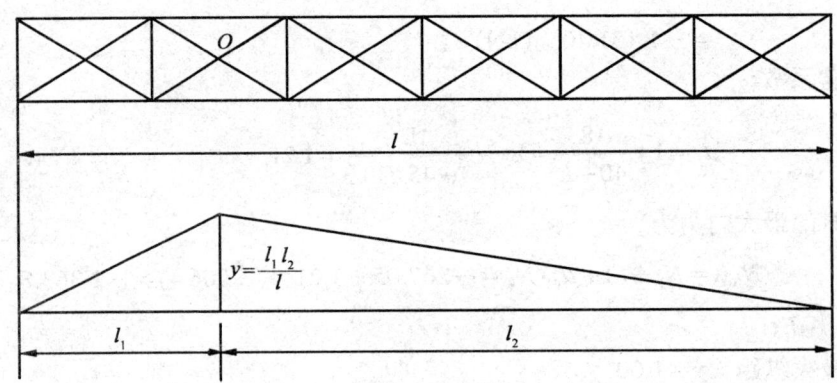

（a）上平纵联

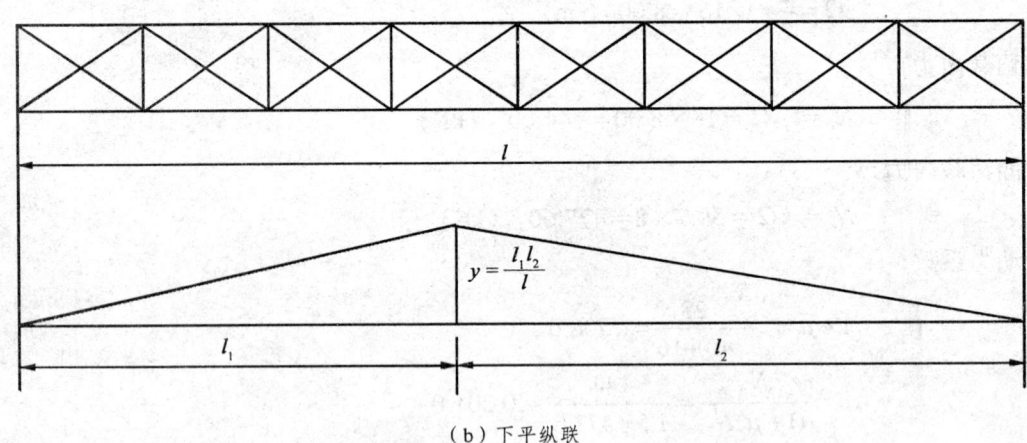

（b）下平纵联

图 5.17 平纵联弦杆内力计算图式及影响线

（1）平纵联上的横向风力分布集度计算。考虑到横向附加力要与主力组合，而主力包含列车活载内力，故这里只考虑桥上有车的情况。

桥上有车时，由式（5.16）可知作用在上平纵联上的横向风力分布集度为：

$$w_{上} = 0.8 \times 1\ 250 \times [0.5 \times 0.4 \times 11 + 0.2 \times (1.69+3.0) \times 0.6]$$
$$= 2762.8\ N/m = 2.763\ (kN/m)$$

由式（5.17）知作用在下平纵联上的横向风力分布集度为：

$$w_下 = 0.8 \times 1\,250 \times [0.5 \times 0.4 \times 11 + 1.0 \times (1.69+3.0) \times 0.6]$$
$$= 5014 \text{ N/m} = 5.014 \quad (\text{kN/m})$$

作用在上平纵联上的列车摇摆力分布集度为：

$$k_上 = 0.2 \times 5.5 = 1.1 \quad (\text{kN/m})$$

作用在下平纵联上的列车摇摆力分布集度为：

$$k_下 = 1.0 \times 5.5 = 5.5 \quad (\text{kN/m})$$

由于风力与摇摆力同时达到上述最大值的可能性很小，故两者不叠加计算，只取其较大者计算。

对上平纵联取 2.763 kN/m 进行计算，对下平纵联取 5.5 kN/m 进行计算。

（2）平纵联弦杆的内力计算。平纵联弦杆的内力计算采用影响线面积法，算例如下：

① 上平纵联弦杆 A_2A_3：

如图 5.17（a）所示，对 O 点的力矩影响线纵距为：

$$y = \frac{12 \times 36}{48} = 9 \quad (\text{m})$$

影响线面积为：

$$\Omega_M = \frac{1}{2} y l_1 = \frac{1}{2} \times 9 \times 48 = 216 \quad (\text{m})$$

弦杆内力为：

$$N'_w = \pm \frac{M_0}{B} = \pm \frac{2.763 \times 216}{5.75} = \pm 103.79 \quad (\text{kN})$$

② 下平纵联弦杆 E_2E_4：

如图 5.17（b）所示，对 O 点的力矩影响线纵距为：

$$y = \frac{28 \times 36}{64} = 15.75 \quad (\text{m})$$

影响线面积为：

$$\Omega_M = \frac{1}{2} y l_1 = \frac{1}{2} \times 15.75 \times 64 = 504 \quad (\text{m})$$

弦杆内力为：

$$N'_w = \pm \frac{M_0}{B} = \pm \frac{5.5 \times 504}{5.75} = \pm 482.09 \quad (\text{kN})$$

其余节间的弦杆内力可按同样的方法求得，结果归入表 5.1。

（3）桥门架效应产生的杆件内力计算。将桥门架看成平面刚架，其腿杆（主桁端斜杆）下端可假定嵌固在下弦端节点上（参见图 5.11）。作用在桥门架上的水平力为：

$$H_w = \frac{1}{2} w_\perp l_1 = \frac{1}{2} \times 2.763 \times 48 = 66.3 \quad (\text{kN})$$

腿杆的反弯点位置：

$$l_0 = \frac{c}{2} \cdot \frac{c+2l}{2c+l} = \frac{8.04}{2} \times \frac{8.04+2\times 13.6}{2\times 8.04+13.6} = 4.77 \quad (\text{m})$$

这里，取 $c=8.04$ m、$l=13.6$ m。

腿杆的水平反力 H 和竖直反力 V 分别为：

$$H = \frac{H_w}{2} = \frac{66.3}{2} = 33.2 \quad (\text{kN})$$

$$V = \frac{H_w(l-l_0)}{B} = \frac{66.3\times(13.6-4.77)}{5.75} = 101.8 \quad (\text{kN})$$

水平反力 H 使端斜杆产生附加弯矩：

$$M_F = H(c-l_0) = 33.2\times(8.04-4.77) = 108.4 \quad (\text{kN}\cdot\text{m})$$

$$M_k = H\left(l_0 - \frac{h_1}{2}\right) = 33.2\times\left(4.77 - \frac{1.29}{2}\right) = 136.95 \quad (\text{kNm})$$

其中，$h_1 = 1.29$ m，为桥面系横梁的高度。

竖直反力 V 使下弦杆 E_0E_2 产生附加力：

$$N_w'' = V\cos\theta = 101.8\times\frac{8}{13.6} = 59.9 \quad (\text{kN})$$

3) 纵向制动力作用下主桁杆件的内力计算

制动力通过桥面系纵梁、制动撑架、下平纵联传递到主桁节点上，使主桁下弦杆产生附加内力。制动力 T 的大小按布满全跨静活载的 10% 或 7%（与离心力或冲击力同时计算时）计算。静活载按最不利位置布置，如为了求制动力作用下弦杆 E_2E_4 的内力，将活载按图 5.18 所示布置，根据结构力学方法，当三角形影响线顶点左边的活载之和 R_a 与顶点右边的活载之和 R_b 满足下式时，即为产生最大内力的活载位置。由

$$\frac{R_a}{a} = \frac{R_b}{b}$$

$$\frac{5\times 220 + 92x}{24} = \frac{92(30-x) + 80(10+x)}{40}$$

解得：$x = 10.44$ m，故桥上活载总重 $= 5\times 220 + 92\times 30 + 80\times(10+10.44) = 5\,495.2$ （kN）。

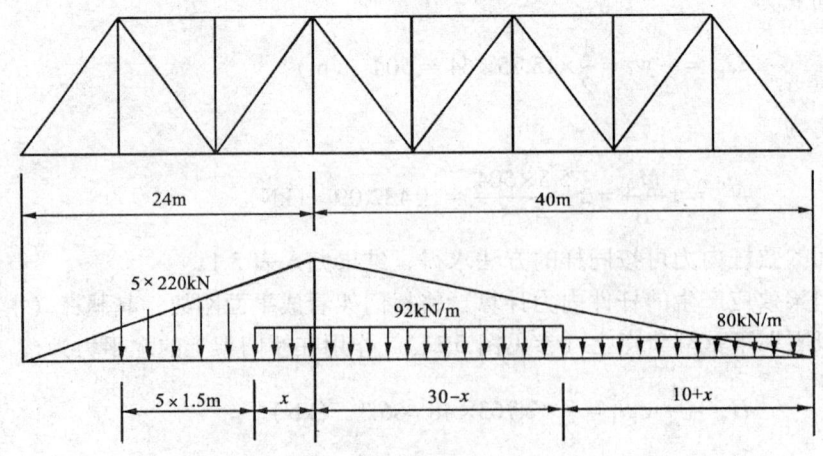

图 5.18 活载布置图

制动力 $T=5\,495.2\times7\%=384.7$ (kN)。制动力 T 作用下,弦杆 E_2E_4 的内力为 $N_T=\pm\dfrac{T}{2}=\pm\dfrac{384.7}{2}=\pm192.4$ (kN)

正负号表示由于列车在桥上行驶的方向不同,制动力或牵引力产生的内力或为拉力或为压力。其余弦杆的制动内力可按同样的方法求得,结果见表 5.1。

4)主桁杆件内力组合及主桁杆件计算内力的确定

以弦杆 E_2E_4 为例,其中主力 $N_\mathrm{I}=3\,334.4$ kN,附加力(摇摆力)为 482.1 kN,制动力为 192.4 kN,则

主力+附加力:$N_\mathrm{II}=3\,334.4+482.1=3\,816.5$ kN

$$N'_\mathrm{II}=\frac{3\,816.51}{1.2}=3\,180.4\ \text{kN}<3\,334.4\ \text{kN} \quad (\text{主力控制})$$

主力+制动力:$N_\mathrm{III}=3\,334.4+192.4=3\,526.8$ kN

$$N'_\mathrm{III}=\frac{3\,526.8}{1.25}=2\,821.40\ \text{kN}<3\,334.4\ \text{kN} \quad (\text{主力控制})$$

其余杆件的内力组合计算结果见表 5.1 所示。

5.4 主桁杆件的截面设计及验算

5.4.1 主桁杆件的截面形式及其外轮廓尺寸

主桁杆件的截面形式主要分成两类:H 形截面和箱形截面,如图 5.19 所示。H 形截面的优点是构造简单,易于用自动电焊机施焊,焊接变形较易控制和矫正,工地安装也较方便。缺点是截面对 $y-y$ 轴的回转半径比对 $x-x$ 轴的回转半径小很多,用作压杆时,容许应力折减大,但对内力不很大或长度不太长的杆件,采用 H 形截面是比较适宜的。箱形截面的优点是截面对 $x-x$ 轴和对 $y-y$ 轴的回转半径相近,用作压杆时,容许应力折减小,且抗扭刚度大,但缺点是工厂制造较费工,焊接变形较难控制和矫正,常用于内力很大或长度较长的压杆和拉-压杆。

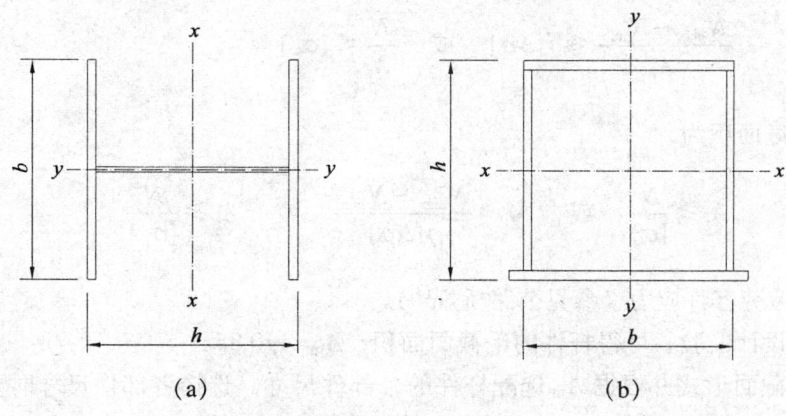

图 5.19 主桁杆件截面的形式

对于荷载较小的管线桥、人行道桥等，主梁常采用轻型桁架，其杆件由单角钢、双角钢、槽钢或工字钢等型钢作成。因而，杆件的截面形式有直角形、T形或十字形、槽形等形式。

杆件截面的外轮廓尺寸是指其高度和宽度，选定时不仅要考虑到各个杆件本身，而且还要考虑到桁架的整体以及各杆件之间的互相连接。以常用的H形截面为例，截面设计时需注意以下问题：

（1）对受力较大的压杆，若其在主桁平面内和主桁平面外的几何长度相等，则截面对两根主轴的回转半径最好相接近，这样可使杆件在两根主轴方向的稳定性相等。

（2）同一桁架中所有杆件的宽度应相等，这样才能使节点处的两块节点板平贴在各交汇杆件的外侧，同时也能使横梁的长度全桥一致。

（3）决定杆件的截面高度时，需考虑节点处布置几排栓孔线。若高度太小，则其在高度范围内能布置的栓孔线少，要布置下所需的螺栓数势必会增加节点板的尺寸，若高度太大，则因节点刚性而产生较大的次应力，且局部稳定要求较难满足。按照《桥规》，当杆件截面高度大于杆长的1/15时，应计算由于节点刚性而产生的次应力。

（4）在拟定受压杆件截面外轮廓尺寸时，必须注意板件的宽度与厚度的比例关系，以满足局部稳定的要求。

5.4.2 下弦杆的设计

简支下承式桁架桥的下弦杆都是受拉杆件，当内力较大时一般是由静强度或疲劳强度控制设计；当内力较小时，则由刚度控制设计。按强度控制的设计步骤如下：

（1）计算所需的净截面积。由静强度条件：

$$\frac{N}{A_j} \leqslant [\sigma] \tag{5.26}$$

或疲劳强度条件：

$$\frac{N_{max} - N_{min}}{A_j} \leqslant \gamma[\Delta\sigma] \quad \text{或} \quad \frac{N}{A_j} \leqslant [\sigma_n] \tag{5.27}$$

可得所需的净截面积为：

$$A_j \geqslant \frac{N}{[\sigma]} \quad \text{或} \quad A_j \geqslant \frac{N_{max} - N_{min}}{\gamma[\Delta\sigma]} \quad \text{或} \quad A_j \geqslant \frac{N}{[\sigma_n]} \tag{5.28}$$

其中，$[\sigma_n]$为疲劳容许应力（参见公路桥规[31]）。

（2）根据设计经验，可得杆件的毛截面面积：$A_m = A_j/0.85$。

（3）选定截面形式并根据A_m选配杆件的各部件尺寸。选择各部件尺寸时要注意前面所述的几个问题和《桥规》中对最大、最小板厚的要求，同时应注意将水平板厚度取小一些，而将材料主要集中在两块竖板上，因为在节点连接处，杆件的竖板是与节点板和拼接板直接相连的,这样可使内力传递比较匀顺。

(4)计算杆件端部所需要的连接螺栓数,并进行螺栓的初步布置。螺栓的布置要考虑工厂现有的机器样板,并遵循结构设计原理中关于螺栓布置的原则。

(5)计算杆件的毛截面面积A_m、净截面面积A_j、惯性矩I_x、I_y及回转半径r_x、r_y。

(6)进行强度(静强度或疲劳强度)和刚度检算。强度检算按式(5.26)或式(5.27)进行,刚度检算公式为:

$$\lambda \leqslant [\lambda] \tag{5.29}$$

式中 λ——杆件的长细比,$\lambda = \dfrac{l_0}{r}$(其中,l_0为杆件的计算长度,由附表6查得,r为杆件截面的回转半径);

$[\lambda]$——杆件的容许长细比,可由附表5查得。

若不满足,则应调整杆件的截面尺寸,直到满足强度、刚度条件为止。

5.4.3 上弦杆的设计

简支下承式桁架桥的上弦杆都是受压杆件,一般是由整体稳定控制设计。主要设计步骤如下:

(1)选定截面形式并假定杆件的长细比。一般受压弦杆的最大长细比在60~80之间。

(2)根据假定的长细比查表求得整体稳定容许应力折减系数φ_1,则所需的毛截面面积为:

$$A_m = \dfrac{N}{\varphi_1 [\sigma]} \tag{5.30}$$

(3)根据A_m选配杆件的各板件尺寸。注意对焊接H形压杆的水平板厚度不宜小于0.5δ(当$\delta \geqslant 24$ mm时)或0.6δ(当$\delta < 24$ mm时),δ为竖板的厚度。此外还要注意板件的宽度与厚度之比满足板件局部稳定条件的要求。

(4)计算所选截面的实际截面面积、惯性矩、回转半径、长细比及容许应力折减系数。

(5)进行整体稳定、局部稳定及刚度的检算。

整体稳定的检算公式为:

$$\dfrac{N}{A_m} \leqslant \varphi_1 [\sigma]$$

刚度的检算公式为:$\lambda \leqslant [\lambda]$。

局部稳定的检算公式为:

$$\dfrac{b}{t} \leqslant \left[\dfrac{b}{t}\right]$$

其中宽度b与厚度t的意义如图5.20所示,宽厚比限值$[b/t]$见表5.2所示。

若不满足,则应调整杆件的截面尺寸,直到各项条件满足为止。

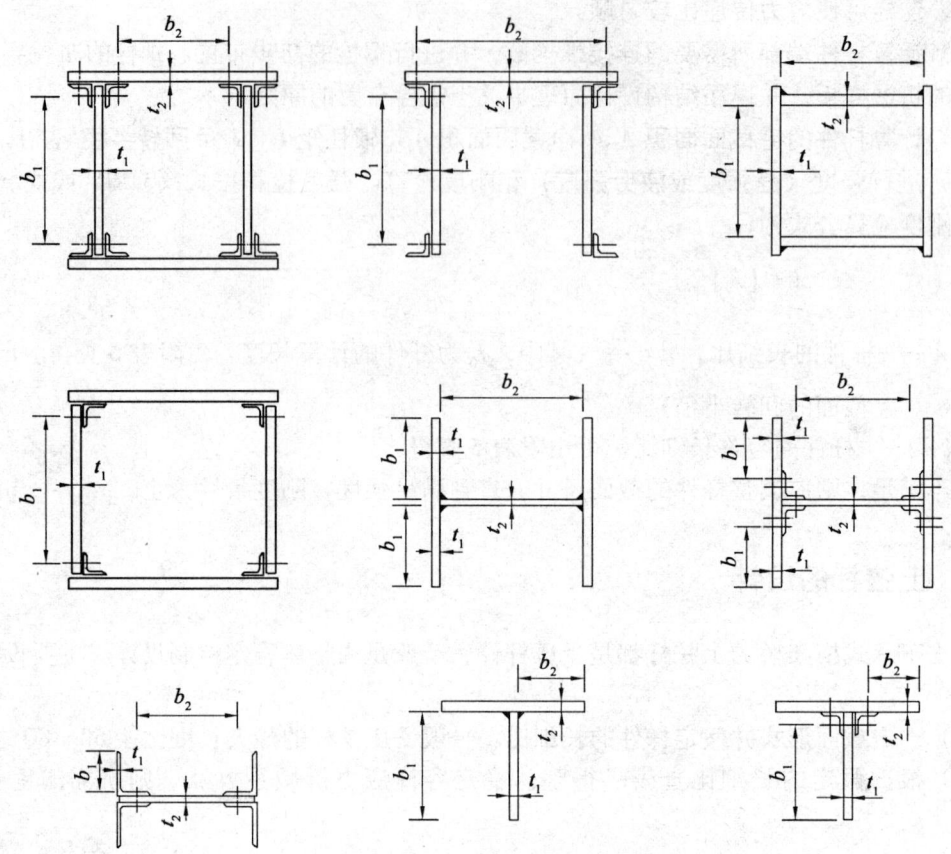

图 5.20 检算局部稳定时板件的 b、t

表 5.2 铁路钢桥构件宽厚比限值

板件类型		钢　种					
		Q235qD		Q345qD Q345qE	Q370qD Q370qE	Q420qD	Q420qE
		λ	b/δ	λ	b/δ	λ	b/δ
H 形截面中的腹板		<60	34	<50	30	<45	28
		≥60	$0.4\lambda+10$	≥50	$0.4\lambda+10$	≥45	$0.4\lambda+10$
箱形截面中的板件		<60	33	<50	30	<45	28
		≥60	$0.3\lambda+15$	≥50	$0.3\lambda+15$	≥45	$0.3\lambda+14.5$
H 形或 T 形无加劲的伸出肢	铆接杆	—	≤12	—	≤10	—	—
	焊接杆	<60	13.5	<50	12	<45	11
		≥60	$0.15\lambda+4.5$	≥50	$0.14\lambda+5$	≥45	$0.14\lambda+4.7$
铆接杆角钢伸出肢	受轴向力的主要杆件	—	≤12	—	≤12	—	—
	支撑及次要杆件	—	≤16	—	≤16	—	—

5.4.4 端斜杆的设计

在恒载和活载作用下,端斜杆承受轴向压力;在横向力作用下,端斜杆因桥门架效应而承受附加轴力和弯矩。因此,端斜杆属于压弯构件。端斜杆的设计通常按轴心压杆选配截面,而按压弯构件进行检算。下面只介绍其检算内容。

1. 整体稳定检算

压弯构件的整体稳定按下式检算:

$$\frac{N}{A_\mathrm{m}} + \frac{\varphi_1}{\mu_1 \varphi_2} \cdot \frac{M}{W_\mathrm{m}} \leqslant \varphi_1 [\sigma] \tag{5.31}$$

式中 N——计算轴向力;

M——构件中部 1/3 长度范围内的最大计算弯矩;

A_m——毛截面面积;

W_m——毛截面抵抗矩;

φ_1——中心受压杆件的容许应力折减系数;

φ_2——构件只在一个主平面内受弯时的容许应力折减系数;由换算长细比

$$\lambda_\mathrm{e} = \alpha \frac{l_0 r_x}{h r_y}$$

查表求得。

其中 α——系数,焊接杆件取 1.8,铆接杆件取 2.0;

l_0——构件受压翼缘的计算长度;

r_x、r_y——截面对 x、y 轴的回转半径,如图 5.19 所示。对下列情况,取 $\varphi_2=1$:
① 箱形截面杆件;② 任何截面杆件,当所验算的失稳平面与弯矩作用平面一致时。

μ_1——考虑弯矩因构件受压而增大所引用的值;当 $\frac{N}{A_\mathrm{m}} \leqslant 0.15 \varphi_1[\sigma]$ 时,取 $\mu_1 = 1.0$;当 $\frac{N}{A_\mathrm{m}} > 0.15 \varphi_1[\sigma]$ 时,取 $\mu_1 = 1 - \frac{n_1 N \lambda^2}{\pi^2 E A_\mathrm{m}}$;

其中 λ——构件在弯矩作用平面内的长细比;

E——弹性模量;

n_1——压杆容许应力安全系数,主力组合时取 1.7,$[\sigma]$ 应按主力组合采用;主力加附加力组合时取 1.4,$[\sigma]$ 应按主力加附加力组合采用。

2. 强度检算

受压翼缘的应力:

$$\frac{N}{A_\mathrm{m}} + \frac{M}{W_\mathrm{m}} \leqslant 1.2[\sigma] \tag{5.32}$$

式中　N、M——检算截面上的轴向压力和弯矩。

局部稳定和刚度检算方法与上弦杆同。

5.4.5 腹杆的设计

腹杆包括斜杆和竖杆，现分别进行讨论。

1. 斜杆的设计

在竖向荷载作用下对于仅承受拉力或承受压力的斜杆，其截面设计计算的方法与轴心受拉或轴心受压杆件相同；对于承受异号反复应力的斜杆，则除验算截面的静力强度、稳定性及刚度外，还应验算疲劳强度。

当疲劳应力为拉－拉循环或拉－压循环以拉为主时，疲劳强度的检算公式为：

$$\sigma_{\max} - \sigma_{\min} = \frac{N_{\max} - N_{\min}}{A_j} \leqslant \frac{\gamma_t}{\gamma_d \gamma_n}[\Delta\sigma] \tag{5.33}$$

式中　γ_d——双线桥的双线系数；

　　　γ_n——损伤修正系数；

　　　γ_t——板厚修正系数。板厚≤25 mm 时，$\gamma_t = 1.0$；板厚>25 mm 时，$\gamma_t = \sqrt[4]{\dfrac{25}{t}}$。

当疲劳应力为拉－压循环以压为主时，疲劳强度的检算公式为：

$$\sigma_{\max} \leqslant \frac{\gamma_t \gamma_\rho}{\gamma_d \gamma'_n}[\Delta\sigma] \tag{5.34}$$

式中　$\sigma_{\max}$——拉应力数值；

　　　γ_ρ——应力比修正系数；

　　　γ'_n——损伤修正系数；

其余符号意义同前。

2. 竖杆的设计

竖杆又分为立杆和吊杆。立杆不承受列车荷载，其作用是减小上弦杆在主桁平面内的几何长度；对下承式桁架桥，吊杆不仅因承受横梁传来的竖向荷载而轴向受拉，而且因横向框架作用在吊杆与横梁梁端连接处产生弯矩，因此吊杆属于拉－弯组合杆件。其设计步骤一般是先按拉杆确定截面尺寸，然后按拉－弯杆件进行疲劳强度和刚度检算。

疲劳强度的检算公式如下：

$$\sigma_{\max} - \sigma_{\min} \leqslant \frac{\gamma_t}{\gamma_d \gamma_n}[\Delta\sigma] \tag{5.35}$$

式中　$\sigma_{\max} = \dfrac{N_{\max}}{A_j} + \dfrac{M}{W_j}$，$\sigma_{\min} = \dfrac{N_{\min}}{A_j}$；

　　　N——计算轴向力；

　　　M——作用在检算截面处的计算弯矩；

A_j——杆件净截面积；

W_j——杆件净截面抵抗矩；

其余符号意义同前。

刚度检算方法同前。

立杆一般取与吊杆相同的截面尺寸，不再另行设计。

例 5.2 主桁杆件的截面设计。

1）下弦杆 E_2E_4 的设计

设计资料：

设计最大内力：3 334.4 kN；设计疲劳内力：N_{max} = 3 140.1 kN，N_{min} = 785.5 kN；杆件几何长度：8 m，材料：Q345qD。

铁路简支钢桁架桥的主桁下弦杆都是受拉杆件，内力较大且反复变化，一般由疲劳强度控制设计。

（1）计算所需的净截面面积。由附表 2 及表 1.5 查得疲劳容许应力幅 $[\Delta\sigma]$ = 130.7 MPa，取 γ = 1.0，根据疲劳强度条件可知所需的净截面面积为：

$$A_j \geqslant \frac{N_{max} - N_{min}}{\gamma[\Delta\sigma]} = \frac{(3\,140.1 - 785.5)\times 10^3}{1.0\times 130.7} = 18\,015.3 \quad (mm^2)$$

根据设计经验，估计杆件的毛截面面积：

$$A_m = \frac{A_j}{0.85} = 21\,194.5 \quad (mm^2)$$

（2）选取截面形式为 H 形（见图 5.21），截面组成为：

竖板：2—□460 mm×20 mm；

水平板：1—□420 mm×12 mm；

每侧布置 4 排栓孔，孔径 d = 23 mm；

提供毛截面面积：

$$A_m = 2\times 460\times 20 + 420\times 12 = 23\,440 \quad (mm^2)$$

栓孔削弱的面面积：

$$\Delta A = 8\times 23\times 20 = 3\,680 \quad (mm^2)$$

净截面面积：

$$A_j = A_m - \Delta A = 23\,440 - 3\,680$$
$$= 19\,760 \quad (mm^2) > 18\,015.3 \quad (mm^2) \quad （可）$$

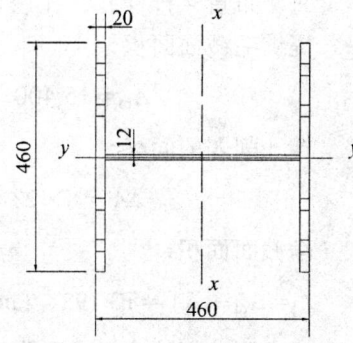

图 5.21 下弦杆 E_2E_4 的截面尺寸

截面惯性矩计算结果：

$$I_x = 9.646\,5\times 10^8 \quad (mm^4), \quad I_y = 3.244\,5\times 10^8 \quad (mm^4)$$

截面回转半径计算结果：

$$r_x = 202.86 \quad (mm), \quad r_y = 117.65 \quad (mm)$$

（3）强度和刚度检算。强度检算：

$$\sigma = \frac{N_{max}}{A_j} = \frac{3\,334.42\times 10^3}{19\,760} = 168.75 \quad (MPa) < 200 \quad (MPa) \quad （可）$$

由于实际净截面面积大于所需净截面面积，疲劳强度自动满足，故不必再检算。

刚度检算：

$$\lambda_x = \frac{l_{0x}}{r_x} = \frac{8\,000}{202.86} = 39.44 < [\lambda] = 100$$

$$\lambda_y = \frac{l_{0y}}{r_y} = \frac{8\,000}{117.65} = 68.0 < [\lambda] = 100 \quad （可）$$

2) 下弦杆 E_0E_2 的设计

设计资料：

设计最大内力：1 621.3 kN；设计疲劳内力：N_{max} = 1 522.7 kN，N_{min} = 366.5 kN；杆件几何长度：8 m，材料：Q345qD。

该杆件是端下弦杆，除受设计内力外，还要受到由于制动力产生的附加弯矩作用，故先按疲劳强度设计截面，再按拉 – 弯构件进行强度检算。

(1) 计算所需的净截面面积。由附表 2 及表 1.5 查得疲劳容许应力幅 $[\Delta\sigma]$ = 130.7 MPa，取 γ = 1.0，根据疲劳强度条件，所需的净截面面积为：

$$A_j \geq \frac{N_{max} - N_{min}}{\gamma[\Delta\sigma]} = 8\,846.2 \quad (mm^2)$$

(2) 选取截面形式为 H 形（见图 5.22），截面组成为：

竖板：2—□460 mm × 12 mm；

水平板：1—□436 mm × 10 mm；

每侧布置 4 排栓孔，孔径 d = 23 mm；

提供毛截面面积：

$$A_m = 15\,400 \quad (mm^2)$$

栓孔削弱的面积：

$$\Delta A = 8 \times 23 \times 12 = 2\,208 \quad (mm^2)$$

净截面面积：

$$A_j = A_m - \Delta A = 13\,192 \quad (mm^2) > 8\,846.2 \quad (mm^2)$$

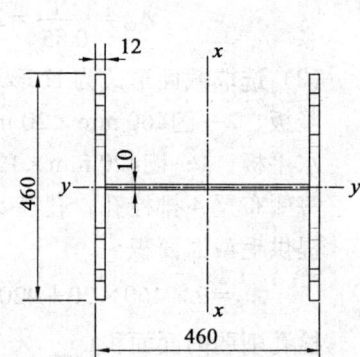

图 5.22 下弦杆 E_0E_2 的截面尺寸

考虑到该杆件还要承受附加弯矩，故截面选得较富余。

截面提供的惯性矩：

$$I_x = 6.230\,1 \times 10^8 \quad (mm^4), \quad I_y = 1.946\,7 \times 10^8 \quad (mm^4)$$

回转半径：

$$r_x = 201.13 \quad (mm), \quad r_y = 112.43 \quad (mm)$$

计算弯曲应力时还需要截面净惯性矩，栓孔所占面积对 $y-y$ 轴的惯性矩为：

$$\Delta I_y = 12 \times 23 \times 4 \times (90^2 + 170^2) = 4.084\,8 \times 10^7 \quad (mm^4)$$

则截面对 $y-y$ 轴的净惯性矩为：

$$I_{y,j} = I_y - \Delta I_y = 1.538\,2 \times 10^8 \quad (mm^4)$$

(3)进行强度和刚度检算。已求得制动力对下弦杆 E_0E_2 所产生的内力 $N_T=199.5$ kN,由于制动力对固定支座铰中心有一偏心距 $h=0.37$ m,故产生附加弯矩 $M=\dfrac{T}{2}\cdot h=199.5\times 0.37=73.82$ kN·m,该附加弯矩对下弦杆 E_0E_2 的分配弯矩为:

$$M_2 = M\cdot\dfrac{I_2/l_2}{\sum I/l}$$

设已求得杆件 E_0A_1 的 $I_y=7.2\times 10^8$ mm^4,$l=13.6$ m,则

$$M_2 = 73.82\times\dfrac{1.946\,7\times 10^8/8\,000}{1.946\,7\times 10^8/8\,000+7.2\times 10^8/13\,600}=23.00\quad(\text{kN·m})$$

$$\sigma=\dfrac{N_{\max}}{A_j}+\dfrac{M_2}{W_{yj}}=\dfrac{1\,621.31\times 10^3}{13\,192}+\dfrac{23\times 10^6\times 230}{1.538\,2\times 10^8}$$

$$=157.29\quad(\text{MPa})<1.25\times 200\quad(\text{MPa})\quad(\text{可})$$

刚度检算:

$$\lambda_x=\dfrac{l_{0x}}{r_x}=\dfrac{8\,000}{201.13}=39.77<[\lambda]=100$$

$$\lambda_y=\dfrac{l_{0y}}{r_y}=\dfrac{8\,000}{112.43}=71.15<[\lambda]=100\quad(\text{可})$$

3)上弦杆 A_1A_3 的设计

设计资料:

设计最大内力:$-2\,700.2$ kN;杆件几何长度:8 m,材料:Q345qD;

上弦杆 A_1A_3 为受压杆件,由整体稳定控制设计。

(1)选定 H 形截面,并假定杆件的长细比 $\lambda=60$,查附表 4 求得整体稳定容许应力折减系数 $\varphi_1=0.677$,则所需的毛截面面积为:

$$A_m=\dfrac{N}{\varphi_1[\sigma]}=\dfrac{2\,700.2\times 10^3}{0.677\times 200}=19\,942.1\quad(\text{mm}^2)$$

(2)选配截面尺寸,截面组成为(见图 5.23):

竖板:2—□460 mm×20 mm;
水平板:1—□420 mm×12 mm;
每侧布置 4 排栓孔,孔径 $d=23$ mm;
提供毛截面面积:

$$A_m=2\times 460\times 20+420\times 12$$
$$=23\,440\quad(\text{mm}^2)>19\,942.1\quad(\text{mm}^2)\quad(\text{可})$$

惯性矩:
$I_x=9.646\,5\times 10^8$ mm^4、$I_y=3.244\,5\times 10^8$ mm^4;回转半径 $r_x=202.86$ mm,$r_y=117.65$ mm。

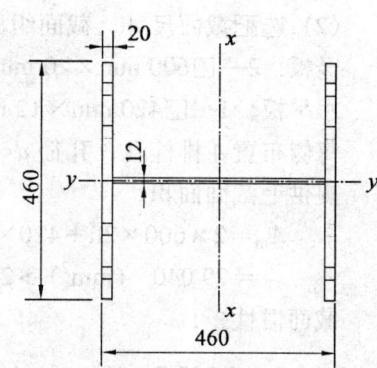

图 5.23 上弦杆 A_1A_3 的截面尺寸

(3)整体稳定检算。杆件计算长度 $l_{0x}=l_{0y}=l=8$ m,长细比:

$$\lambda_x = \frac{l_{0x}}{r_x} = \frac{8\,000}{202.86} = 39.44, \quad \lambda_y = \frac{l_{0y}}{r_y} = \frac{8\,000}{117.65} = 68.0$$

由 $\lambda = 68.0$ 查表得 $\varphi_1 = 0.623$，则：

$$\frac{N}{\varphi_1 A_m} = \frac{2\,700.16 \times 10^3}{0.623 \times 23\,440} = 185.0 \quad (\text{MPa}) < 200 \quad (\text{MPa}) \quad (\text{可})$$

(4) 局部稳定检算。竖板：当杆件的长细比 $\lambda > 50$ 时，《桥规》要求板件的宽厚比 $\frac{b}{t} \le 0.14\lambda + 5$，现

$$\frac{b}{t} = \frac{230}{20} = 11.5 < 0.14 \times 68 + 5 = 14.52 \quad (\text{可})$$

水平板：当杆件的长细比 $\lambda > 50$ 时，《桥规》要求板件的宽厚比 $\frac{b}{t} \le 0.4\lambda + 10$，现

$$\frac{b}{t} = \frac{420}{12} = 35 < 0.4 \times 68 + 10 = 37.2 \quad (\text{可})$$

(5) 刚度检算。长细比 $\lambda_{max} = 68.0 < [\lambda] = 100$ （可）

4) 端斜杆 E_0A_1 的设计

设计资料：

设计最大内力（主力）：$N = -2\,756.4$ kN；附加力（风力）：$N_W = -101.83$ kN，$M_F = 108.42$ kN·m，$M_K = 136.77$ kN·m；

杆件几何长度 $l = 13.6$ m，材料：Q345qD。

端斜杆 E_0A_1 为压弯构件，先按主力作用下的轴心压杆设计截面，然后按压弯构件进行各项检算。

(1) 选定 H 形截面，并假定杆件的长细比 $\lambda = 60$，查附表 4 求得整体稳定容许应力折减系数 $\varphi_1 = 0.677$，则所需的毛截面面积为：

$$A_m = \frac{N}{\varphi_1[\sigma]} = \frac{2\,756.4 \times 10^3}{0.677 \times 200} = 20\,357.3 \quad (\text{mm}^2)$$

(2) 选配截面尺寸，截面组成为（见图 5.24）：

竖板：2—□600 mm × 20 mm；
水平板：1—□420 mm × 12 mm；
每侧布置 4 排栓孔，孔径 $d = 23$ mm；
提供毛截面面积：

$$A_m = 2 \times 600 \times 20 + 420 \times 12$$
$$= 29\,040 \quad (\text{mm}^2) > 20\,357.3 \quad (\text{mm}^2) \quad (\text{可})$$

截面惯性矩：

$$I_x = 1.235\,7 \times 10^9 \quad (\text{mm}^4)$$
$$I_y = 7.200\,0 \times 10^8 \quad (\text{mm}^4)$$

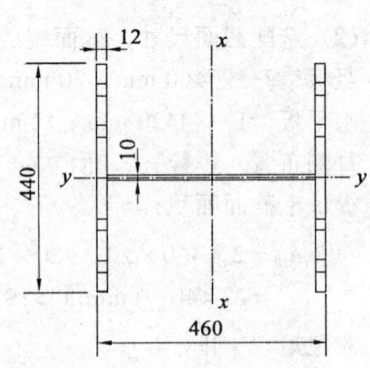

图 5.24 端斜杆 E_0A_1 的截面尺寸

回转半径：

$$r_x = 206.28 \text{ (mm)}, \quad r_y = 157.46 \text{ (mm)}$$

杆件计算长度：

$$l_{0x} = 13\,600 \text{ (mm)} \quad (主桁平面外)$$

$$l_{0y} = 0.9 \times 13\,600 = 12\,240 \text{ (mm)} \quad (主桁平面内)$$

长细比：

$$\lambda_x = \frac{l_{0x}}{r_x} = \frac{13\,600}{206.28} = 65.9, \quad \lambda_y = \frac{l_{0y}}{r_y} = \frac{12\,240}{157.46} = 77.7$$

(3) 整体稳定检算。检算公式：

$$\frac{N}{A_m} + \frac{\varphi_1}{\mu_1 \varphi_2} \cdot \frac{M}{W_m} \leqslant \varphi_1 [\sigma]$$

由 $\lambda = 77.7$ 查表得 $\varphi_1 = 0.559$。

换算长细比：$\lambda_e = \alpha \dfrac{l_0 r_x}{h r_y} = 1.8 \times \dfrac{12\,240 \times 206.28}{460 \times 157.46} = 62.75$，查表得，$\varphi_2 = 0.658$。

因 $\dfrac{N}{A_m} = \dfrac{2\,756.38 \times 10^3}{29\,040} = 94.92 > 0.15 \varphi_1 [\sigma] = 0.15 \times 0.559 \times 200 = 16.77$

所以

$$\mu_1 = 1 - \frac{n_1 N \lambda^2}{\pi^2 E A_m} = 1 - \frac{1.4 \times (2\,756.38 + 101.83) \times 10^3 \times 65.9^2}{3.14^2 \times 2.1 \times 10^5 \times 29\,040} = 0.711$$

这样，

$$\frac{N}{A_m} + \frac{\varphi_1}{\mu_1 \varphi_2} \cdot \frac{M}{W_m} = \frac{(2\,756.38 + 101.83) \times 10^3}{29\,040} + \frac{0.559}{0.711 \times 0.658} \times \frac{108.42 \times 10^6}{\dfrac{1.235\,7 \times 10^9}{230}}$$

$$= 122.5 \text{ (MPa)} < 0.559 \times 1.2 \times 200 = 134.16 \text{ (MPa)} \quad (可)$$

(4) 强度检算。

① 主力 + 风力：杆端连接处截面受压翼缘的应力：

$$\frac{N}{A_m} + \frac{M}{W_m} = \frac{(2\,756.38 + 101.83) \times 10^3}{29\,040} + \frac{136.77 \times 10^3 \times 230}{1.235\,7 \times 10^9}$$

$$= 123.88 \text{ (MPa)} < 1.2 \times 200 = 240 \text{ (MPa)}$$

② 主力 + 制动力：制动力引起的附加弯矩对端斜杆 $E_0 A_1$ 的分配弯矩为：

$$M_1 = M \cdot \frac{I_1 / l_1}{\sum I / l} = 73.82 \times \frac{7.2 \times 10^8 / 13\,600}{1.946\,7 \times 10^8 / 8\,000 + 7.2 \times 10^8 / 13\,600}$$

$$= 50.57 \text{ (kN·m)}$$

$$\sigma = \frac{N}{A_m} + \frac{M_1}{W_m} = \frac{2\,756.38 \times 10^3}{29\,040} + \frac{50.57 \times 10^6 \times 230}{7.2 \times 10^8}$$

$$= 111.07 \text{ (MPa)} < 1.25 \times 200 \text{ (MPa)} \quad (可)$$

(5)局部稳定检算。竖板：

$$\frac{b}{t} = \frac{300}{20} = 15 < 0.14 \times 77.7 + 5 = 15.88 \quad (可)$$

水平板：

$$\frac{b}{t} = \frac{420}{12} = 35 < 0.4 \times 77.7 + 10 = 41.08 \quad (可)$$

(6)刚度检算。长细比

$$\lambda_{max} = 77.7 < [\lambda] = 100 \quad (可)$$

5)斜杆 A_3E_4 的设计

设计资料：

设计内力：936.76 kN，−458.55 kN；设计疲劳内力：N_{max}=830.6 kN，N_{min}=−364.4 kN；杆件几何长度 l=13.6 m，材料：Q345qD；

该斜杆是受拉兼受压杆件，由疲劳强度控制设计。

(1)计算所需的净截面面积。由附表 2 及表 1.5 查得疲劳容许应力幅$[\Delta\sigma]$=130.7 MPa，取 γ=1.0，根据疲劳强度条件，所需的净截面面积为：

$$A_j \geqslant \frac{N_{max} - N_{min}}{\gamma[\Delta\sigma]} = \frac{(830.6 + 364.4) \times 10^3}{1.0 \times 130.7} = 9\,143.1 \quad (mm^2)$$

(2)选取截面形式为 H 形（见图 5.25），截面组成为：

竖板：2—□440 mm×12 mm；
水平板：1—□436 mm×10 mm；
每侧布置 4 排栓孔，孔径 d=23 mm；
提供毛截面面积：

$$A_m = 2 \times 440 \times 12 + 436 \times 10 = 14\,920 \quad (mm^2)$$

栓孔削弱的面积：

$$\Delta A = 8 \times 23 \times 12 = 2\,208 \quad (mm^2)$$

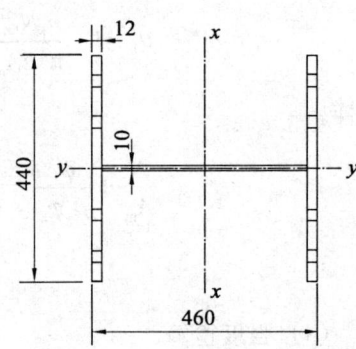

图 5.25 斜杆 A_3E_4 的截面尺寸

净截面面积：

$$\begin{aligned}A_j &= A_m - \Delta A \\ &= 14\,920 - 2\,208 = 12\,712 \quad (mm^2) > 8\,740.7 \quad (mm^2) \quad (可)\end{aligned}$$

提供惯性矩：

$$I_x = 5.989\,3 \times 10^8 \quad (mm^4), \quad I_y = 1.703\,7 \times 10^8 \quad (mm^4)$$

回转半径：

$$r_x = 200.36 \quad (mm), \quad r_y = 106.86 \quad (mm)$$

(3)刚度检算。杆件计算长度：

$$l_{0x} = 13\,600 \quad (mm) \quad (主桁平面外)$$

$$l_{0y} = 0.8 \times 13\,600 = 10\,880 \quad (mm) \quad (主桁平面内)$$

长细比：$\lambda_x = \dfrac{l_{0x}}{r_x} = \dfrac{13\,600}{200.36} = 67.88$

$\lambda_y = \dfrac{l_{0y}}{r_y} = \dfrac{10\,880}{106.86} = 101.82$（比 $[\lambda] = 100$ 超出甚少，可）

（4）整体稳定性检算。由 $\lambda_y = 101.82$ 查表得 $\varphi_1 = 0.511$，则：

$$\dfrac{N}{\varphi_1 A_m} = \dfrac{458.55 \times 10^3}{0.511 \times 14\,920} = 60.14 \quad (\text{MPa}) < 200 \quad (\text{MPa}) \quad (\text{可})$$

（5）强度检算。

$$\sigma = \dfrac{N_{\max}}{A_j} = \dfrac{936.76 \times 10^3}{12\,712} = 73.69 \quad (\text{MPa}) < 200 \quad (\text{MPa}) \quad (\text{可})$$

局部稳定检算略。

6）竖杆 $A_3 E_3$ 的设计

设计资料：

设计最大内力：873.6 kN（主力）；设计疲劳内力：775.1 kN，144.0 kN；杆件几何长度 $l = 11$ m，材料：Q345qD；

该杆除承受主力外，还要受因横向框架作用效应而产生附加弯矩，属于拉－弯构件。设计时先按轴心拉杆确定截面尺寸，然后按拉－弯构件进行检算。

（1）计算所需的净截面面积。由附表 2 及表 1.5 查得疲劳容许应力幅 $[\Delta\sigma] = 130.7$ MPa，取 $\gamma = 1.0$，根据疲劳强度条件，所需的净截面面积为：

$$A_j \geqslant \dfrac{N_{\max} - N_{\min}}{\gamma [\Delta\sigma]} = \dfrac{(775.1 - 144.0) \times 10^3}{1.0 \times 130.7} = 4\,828.6 \quad (\text{mm}^2)$$

（2）选取截面形式为 H 形（见图 5.26），截面组成为：

竖板：2—□260 mm × 12 mm；

水平板：1—□436 mm × 10 mm；

每侧布置 2 排栓孔，孔径 $d = 23$ mm；

提供毛截面面积：

$A_m = 10\,600 \quad (\text{mm}^2)$

栓孔削弱的面积：

$\Delta A = 4 \times 23 \times 12 = 1\,104 \quad (\text{mm}^2)$

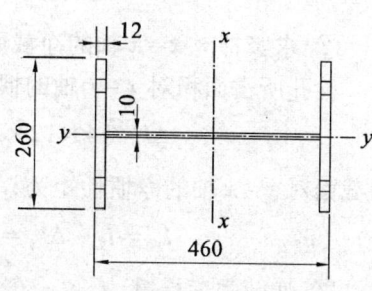

图 5.26 竖杆 $A_3 E_3$ 的截面尺寸

净截面面积：

$A_j = A_m - \Delta A = 10\,600 - 1\,104$
$= 9\,496 \quad (\text{mm}^2) > 4\,828.6 \quad (\text{mm}^2) \quad (\text{可})$

提供惯性矩：

$I_x = 3.821\,7 \times 10^8 \quad (\text{mm}^4)$，$I_y = 3.515\,2 \times 10^7 \quad (\text{mm}^4)$

回转半径：

$r_x = 189.88$ (mm),$r_y = 57.59$ (mm)

(3) 刚度检算。杆件几何长度：

$l_{0x} = 11\,000$ (mm) （主桁平面外）

$l_{0y} = 0.8 \times 11\,000 = 8\,800$ (mm) （主桁平面内）

$$\lambda_x = \frac{l_{0x}}{r_x} = \frac{11\,000}{189.9} = 57.9 < [\lambda] = 180$$

$$\lambda_y = \frac{l_{0y}}{r_y} = \frac{8\,800}{57.59} = 152.8 < [\lambda] = 180 \quad (\text{可})$$

(4) 强度检算。

① 求附加弯矩值（参见图 5.15）：

横梁的截面惯性矩：

$I_b = 6.51 \times 10^9$ (mm^4)

竖杆的截面惯性矩：

$I_y = 3.821\,7 \times 10^8$ (mm^4)

$\beta = \dfrac{5\,775}{10\,355} = 0.558$

$\mu = 0.674$

$i_b = 2.377\,6 \times 10^{11}$ (Nm·m)

$i_s = 1.389\,7 \times 10^{10}$ (Nm·m)

$M = 1\,510$ (kN·m)

$$M_b = \frac{3}{(2-0.5\beta)\dfrac{i_b}{i_s}+3}\mu M = \frac{3}{(2-0.5 \times 0.558) \times 17.11 + 3} \times 0.674 \times 1510$$

$\qquad = 94.09$ (kN·m)

② 求竖杆对 $x-x$ 轴的净截面惯性矩：

栓孔所占面积对 $x-x$ 轴的惯性矩为：

$\Delta I_y = 4 \times 12 \times 23 \times (230-6)^2 = 5.539\,4 \times 10^7$ (mm^4)

则截面对 $x-x$ 轴的净惯性矩为：

$I_{y,j} = I_y - \Delta I_y = 3.267\,7 \times 10^8$ (mm^4)

③ 疲劳强度检算：

$$\sigma_{\max} = \frac{N_{\max}}{A_j} + \frac{M}{W_j} = \frac{775.1 \times 10^3}{9\,496} + \frac{94.09 \times 10^6 \times 230}{3.267\,7 \times 10^8} = 147.9 \quad (\text{MPa})$$

$$\sigma_{\min} = \frac{N_{\min}}{A_j} = \frac{144.0 \times 10^3}{9\,496} = 15.2 \quad (\text{MPa})$$

$\Delta\sigma = \sigma_{\max} - \sigma_{\min} = 147.9 - 15.2$

$\qquad = 132.7$ (MPa) < 130.7 (MPa) （稍超过容许应力幅,可）

④ 静强度检算：

$$\sigma_{max} = \frac{N_{max}}{A_j} + \frac{M}{W_j} = \frac{873.6 \times 10^3}{9\,496} + \frac{94.09 \times 10^6 \times 230}{3.267\,7 \times 10^8}$$
$$= 158.2 \quad (MPa) < 200 \quad (MPa) \quad （可）$$

5.5 主桁节点的设计

5.5.1 节点设计的基本要求及设计步骤

1. 节点设计的基本要求

主桁节点既是主桁杆件交汇的地方，也是纵、横联杆件及横梁连接于主桁的地方。它要连接位于主桁、纵联、横联三个正交平面内的杆件。在节点处各杆件均与相应的节点板相连接，连接方法可以采用搭接、平接或焊接等。交汇于同一节点的各杆件的内力是通过节点板来平衡的，节点的构造和计算都比较复杂。节点的设计要考虑受力、制造和安装等方面的一些要求。具体要求如下：

（1）各杆件截面重心线应尽量在节点处交于一点，杆端连接螺栓群的合力线也应尽量与杆件截面重心线重合；

（2）所有杆件应尽量伸入节点，使节点板尺寸应尽量减小，节点构造应紧凑刚劲，以降低节点刚性次应力和增加节点板面外刚度；

（3）杆端和节点板上连接螺栓孔的位置应按工厂机器样板布置；

（4）螺栓群各栓孔之间的距离、栓孔与杆件边缘的距离均应符合螺栓布置的有关要求；

（5）弦杆在节点中心中断时，在弦杆内侧应设拼接板；

（6）应避免不同平面内的栓钉钉头发生冲突，所有工地安装螺栓的位置均应考虑施工时螺栓扳手工作的空间；

（7）立柱与上弦杆的连接要考虑拼装吊机在上弦工作时的荷载，端节点的构造要考虑悬臂拼装和连续拖拉多孔钢桁梁时相邻两孔钢桁梁之间临时连接杆件的设置；

（8）节点内不得有积水、积尘的死角及难于油漆和检查的地方。

2. 节点的设计步骤

现以下弦大节点为例（见图5.27）说明节点的设计步骤。

（1）计算杆件在节点板上所需的连接螺栓数。

（2）进行弦杆的拼接计算，确定拼接板尺寸和连接螺栓数。

（3）按照结构计算图式画出交汇于节点的各杆件的截面重心轴线，这些轴线应交汇于一点，但为了设置上拱度，有些杆件并不交汇于一点，如在简支钢桁梁主桁上弦大节点处，让两斜杆与上弦杆不在同一点处相交，偏离值根据上拱度计算确定。

（4）根据杆件的截面高度依次画出弦杆、竖杆及斜杆的外轮廓。相邻杆件边缘间要留有一定的空隙以保证裁切时出现正公差时二者不致相碰。预设上拱度对栓孔起线的要求也应一并考虑。

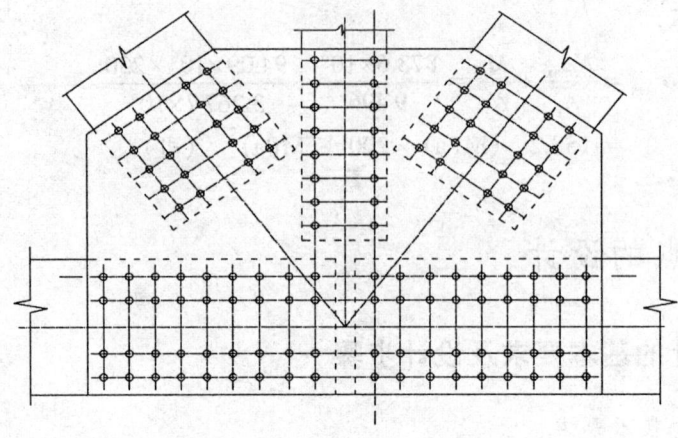

图 5.27 下弦大节点的外轮廓

（5）按照节点的标准栓线网络（见图 5.28）布置各杆件在节点板上的连接螺栓。

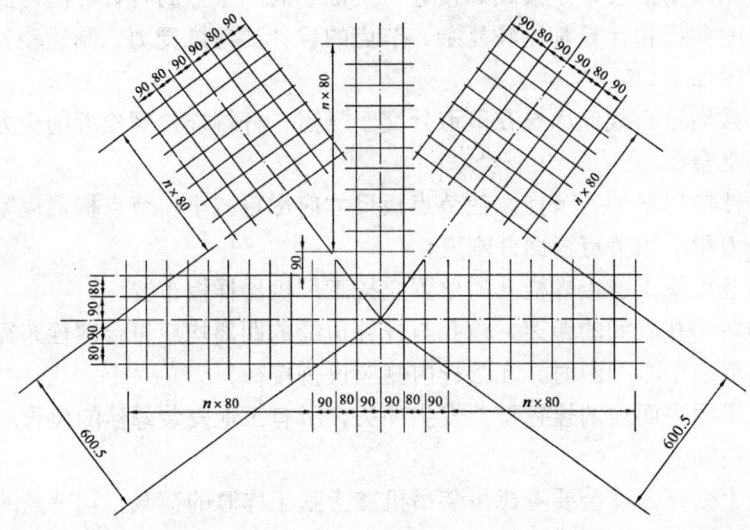

图 5.28 标准栓线网络

（6）从节点板上最外排螺栓线向外推出 40～50 mm，所得全部连接螺栓的外包线即为节点板的最小轮廓线。调整节点板至规则形状，必要时可增加某些杆端的栓钉排数。节点板的厚度通常根据桥梁跨度的大小按照经验进行选择，从 12 mm 到 20 mm 不等。

（7）检算节点板的强度（具体计算见下节）。

5.5.2 节点板的强度检算

节点板的受力比较复杂，既有压应力，又有拉应力，还有剪应力，而且应力分布也极不均匀。对于节点板的精确计算可采用有限单元法，但通常采用材料力学中的近似简化计算方法。现以节点 E_2 为例，介绍节点板的近似计算方法，节点板的强度检算包括以下三个部分：

1. 检算主力作用下节点中心处节点板竖向截面上的法向应力

如图 5.29 所示,将节点 E_2 沿螺栓孔线 $a-a$ 截开,取左边部分为分析对象,根据平衡条件,节点板竖向截面上的法向力 N 为:

$$N = S_{E_0E_2} - S_{E_2A_1}\cos\theta = S_{A_1A_3} \tag{5.36}$$

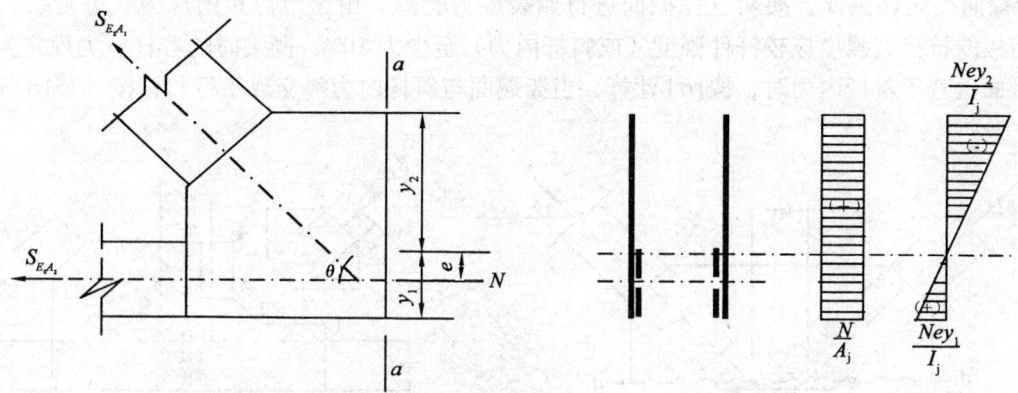

图 5.29 节点板竖向截面上的法向应力

因为在节点中心处弦杆中断,所以,承受力 N 的截面只包括节点板和拼接板的截面,则危险截面 $a-a$ 上的法向应力应满足以下两个条件:

节点板下缘:

$$\sigma_1 = \frac{N}{A_j} + \frac{eNy_1}{I_j} \leqslant [\sigma] \tag{5.37}$$

节点板上缘:

$$\sigma_2 = \frac{N}{A_j} - \frac{eNy_2}{I_j} \leqslant [\sigma] \tag{5.38}$$

式中 A_j——$a-a$ 截面上节点板和拼接板的净截面面积;

I_j——$a-a$ 截面上节点板和拼接板的净截面惯性矩;

$[\sigma]$——钢材基本容许应力。

其余符号意义见图 5.29 所示。

2. 检算主力作用下腹杆与弦杆之间的节点板水平截面上的剪应力

如图 5.30 所示,由于相邻两腹杆的水平力是通过节点板传递到弦杆上的,根据平衡条件,作用于节点板 $d-d$ 截面上的水平剪力 T 为:

$$T = (S_{A_1E_2} - S_{E_2A_3})\cos\theta \tag{5.39}$$

则 $d-d$ 截面上的剪应力应满足:

$$\tau = \frac{T}{A'_j} \leqslant 0.75[\sigma] \tag{5.40}$$

式中　A'_j——$d-d$ 截面上节点板的净截面面积；

　　　$[\sigma]$——钢材基本容许应力。

3. 检算斜杆与节点板连接处节点板的撕裂应力

如图 5.31 所示，斜杆受力时，节点板将可能沿 1－2－3－4 或 5－2－3－6 或 1－2－3－7－8 截面撕裂，因此，要对这些截面进行撕裂应力验算。由于节点板的应力状态复杂，要求节点板的抗撕裂强度应较杆件强度（或斜杆内力）至少大 10%。撕裂时的容许应力规定为：当撕裂面垂直于斜杆内力时，按 $[\sigma]$ 计算；当撕裂面与斜杆内力斜交或平行时，按 $0.75[\sigma]$ 计算。

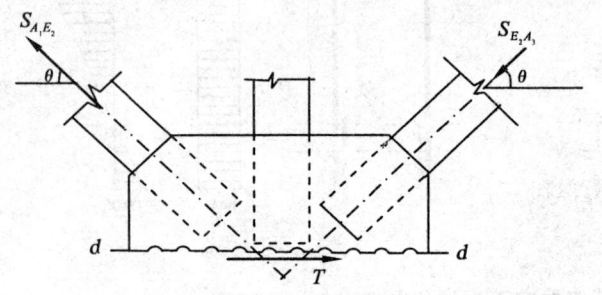

图 5.30　节点板水平截面上的剪力　　　　图 5.31　节点板的撕裂截面

截面 1－2－3－4 的撕裂强度检算公式如下：

$$A_{j1-2} \times 0.75[\sigma] + A_{j2-3}[\sigma] + A_{j3-4} \times 0.75[\sigma] \geq 1.1 A_j [\sigma] \tag{5.41}$$

或

$$A_{j1-2} \times 0.75[\sigma] + A_{j2-3}[\sigma] + A_{j3-4} \times 0.75[\sigma] \geq 1.1 N \tag{5.42}$$

式中　A_{j1-2}、A_{j2-3}、A_{j3-4}——截面 1－2、2－3、3－4 的净截面面积；

　　　A_j——斜杆的净截面面积；

　　　N——斜杆的计算内力。

其他截面的撕裂强度检算与此相似。

5.5.3　节点的构造实例

1. 主桁下弦端节点 E_0

如图 5.32 所示的主桁下弦端节点 E_0，在主桁平面内只有两根杆件在此交汇。为了使节点构造刚劲牢靠，并使右端弦杆内力可靠地传递到节点中心，在节点板内的左侧增设与右端弦杆截面相同的短杆并用拼接板连接；为了使端横梁反力有效地传递到外节点板，在两块节点板间与横梁腹板相对应的平面内设有隔板；端横梁的上翼缘通过水平板和连接角钢与节点板相连，以传递节点负弯矩；节点板与下拼接板的下缘磨光顶紧在座板上，以传递支座反力，座板与连接角钢用 8 个 $\phi22$ 的单面埋头螺栓相连。座板上开有 $\phi32$ 栓孔 8 个，与支座上摆相连；为了增加节点板的面外刚性，在节点板前后缘设置了隔板与加劲肋。

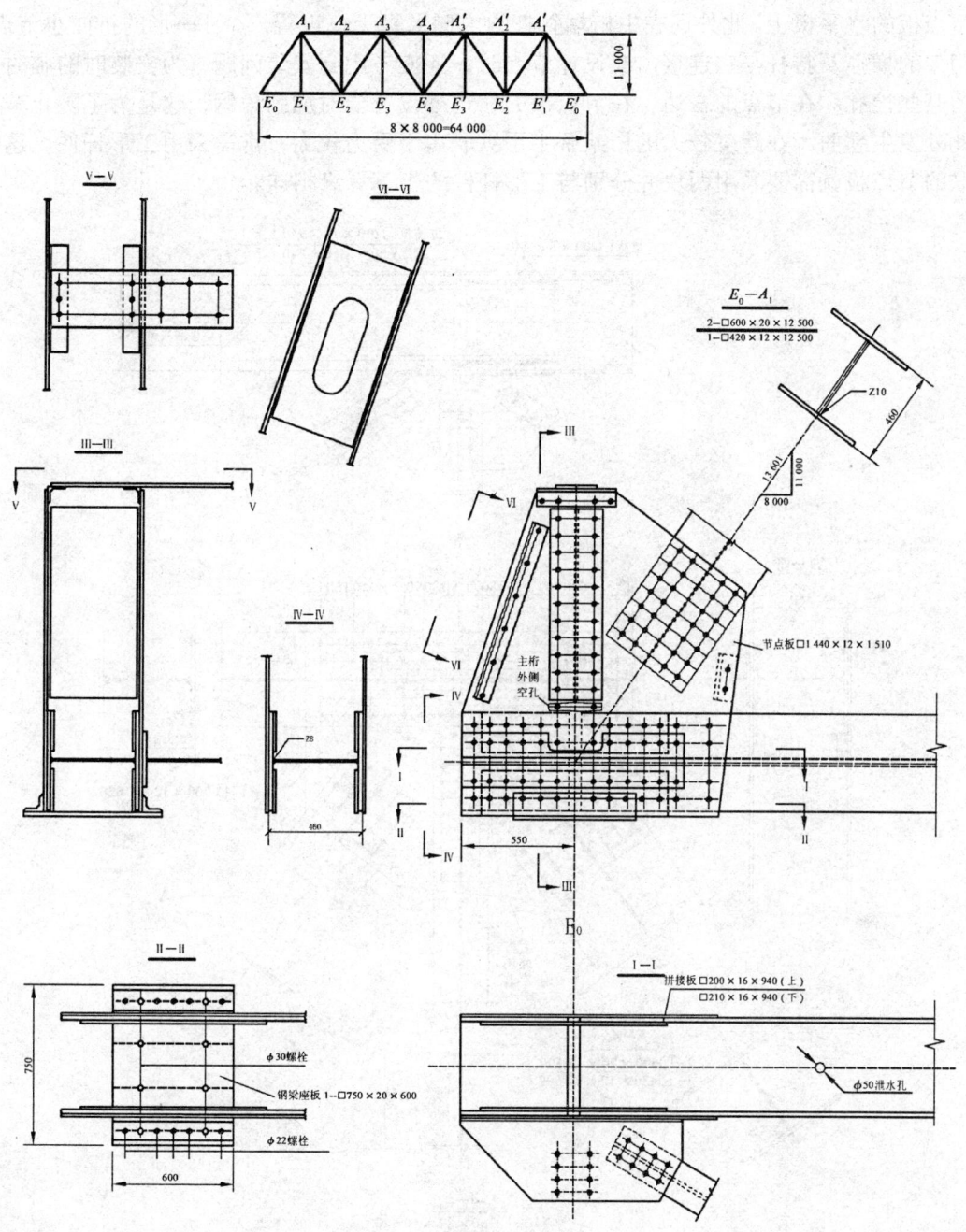

图 5.32 主桁下弦端节点 E_0

2. 主桁上弦端节点 A_1

如图 5.33 所示的主桁上弦端节点 A_1，该节点在主桁平面内有 4 根杆件在此交汇。为了使节点构造刚劲牢靠，并使右端弦杆内力可靠地传递到节点中心，在节点板内的左侧增设与右端弦杆截面相同的短杆并用拼接板连接。由于在节点板内侧需与平纵联及桥门架的某些杆件相连，因此在弦杆中线位置设置一个├─形的小节点板，好让平纵联斜杆及横撑连接于此小节点板的水平板上。此外还在主桁端斜杆的内侧翼板上也设置一个├─形的折曲小节点板，桥门架的横撑及斜杆与它连接。在设计节点时，还应考虑到安装问题，为安装时的临时杆件预留某些栓孔。在节点的左边，在节点板的靠边处设置一对加劲角钢，这是为了防止节点板在此处发生翘曲。在跨度较大的桁架桥中平纵联由于受力较大，常需采用工形杆件，这时平纵联的节点板就需要采用两块并分别与工形杆件的上下翼缘相连。

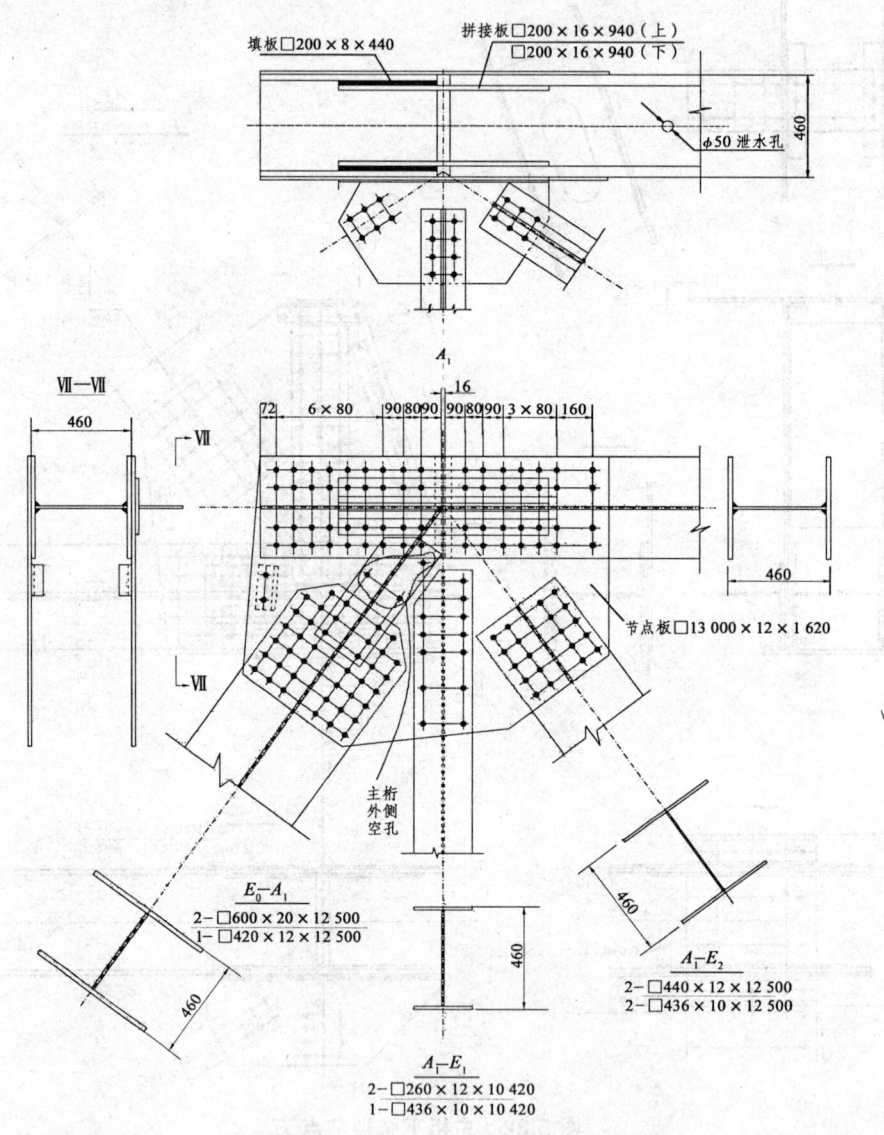

图 5.33 主桁上弦端节点 A_1

3. 主桁下弦节点 E_2

如图 5.34 所示的主桁下弦端节点 E_2，在主桁平面内有五根杆件在此交汇，弦杆之间的竖板采用双面拼接。外拼接板是节点板，内拼接板被弦杆腹板分为上下两块，如果节点左右两侧的竖板厚度不同，则需加设填板，然后再进行拼接。在该节点的内侧弦杆中线位置设置一个├─形的小节点板，使下平纵联斜杆及横梁下翼缘连接于此小节点板的水平板上。横梁的腹板则用连接角钢与内侧节点板相联。

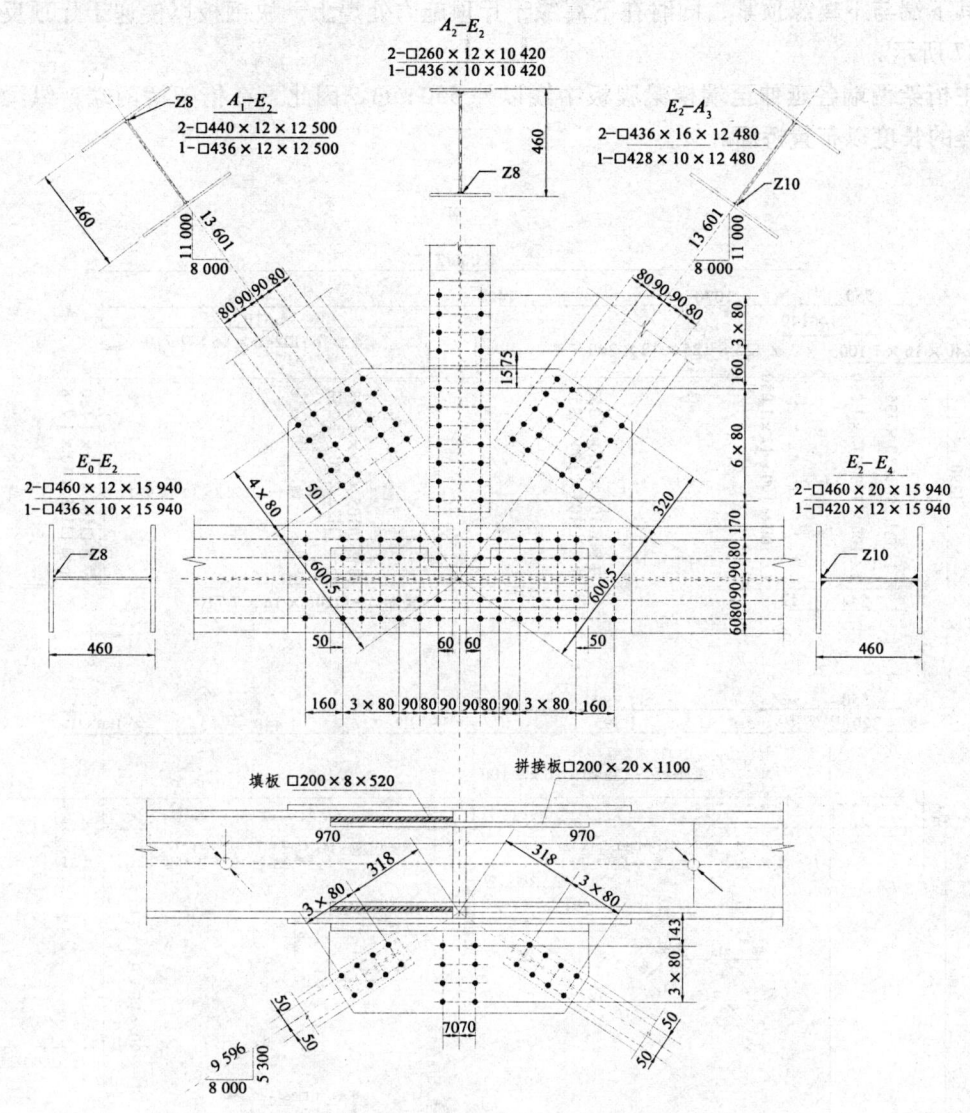

图 5.34 主桁下弦节点 E_2

5.6 桥面系

5.6.1 桥面系的构造特点

1. 纵横梁的构造

桥面系是指由纵梁、横梁及纵梁之间的联结系组成的结构，如图 5.35 所示。纵、横梁通常均采用焊接板梁，在纵梁腹板上布置竖向加劲肋，在横梁受剪的区段也布置竖向加劲肋。

为了承受侧向水平荷载,在纵梁上翼缘平面内布置平纵联,在纵梁之间设横联,如图5.36所示。由于端横梁常起顶梁的作用,因此,在端横梁千斤顶施力处的腹板两侧布置传力加劲肋,其下端与下翼缘顶紧,同时在下翼缘千斤顶施力处焊上一块钢板以传递千斤顶反力,如图5.37所示。

主桁架两端各延伸至端横梁腹板中线以外550 mm,因此,在桁架桥两端,纵梁也应伸出同样的长度以布置桥面。

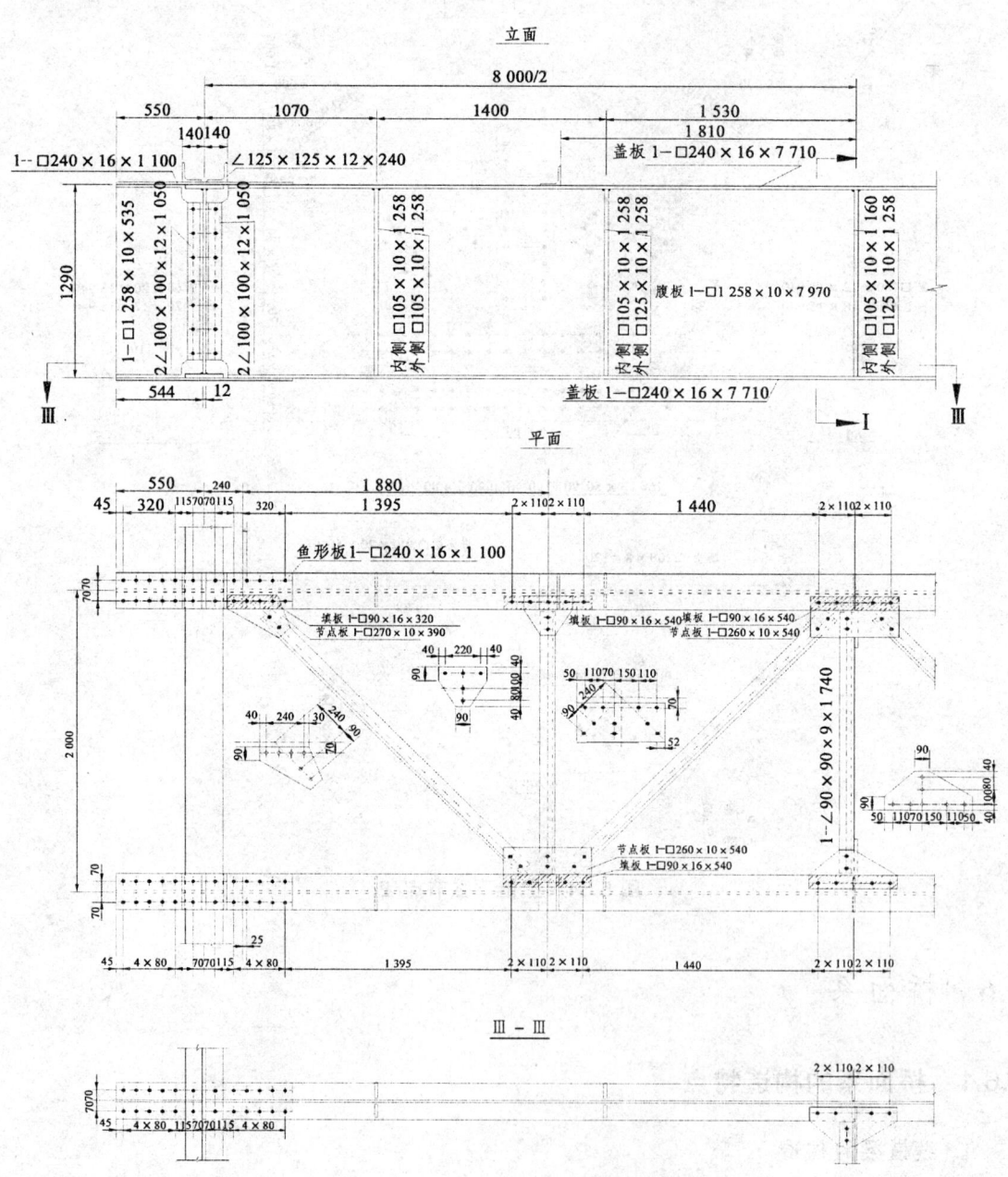

图5.35 1/2桥面系的立面和平面

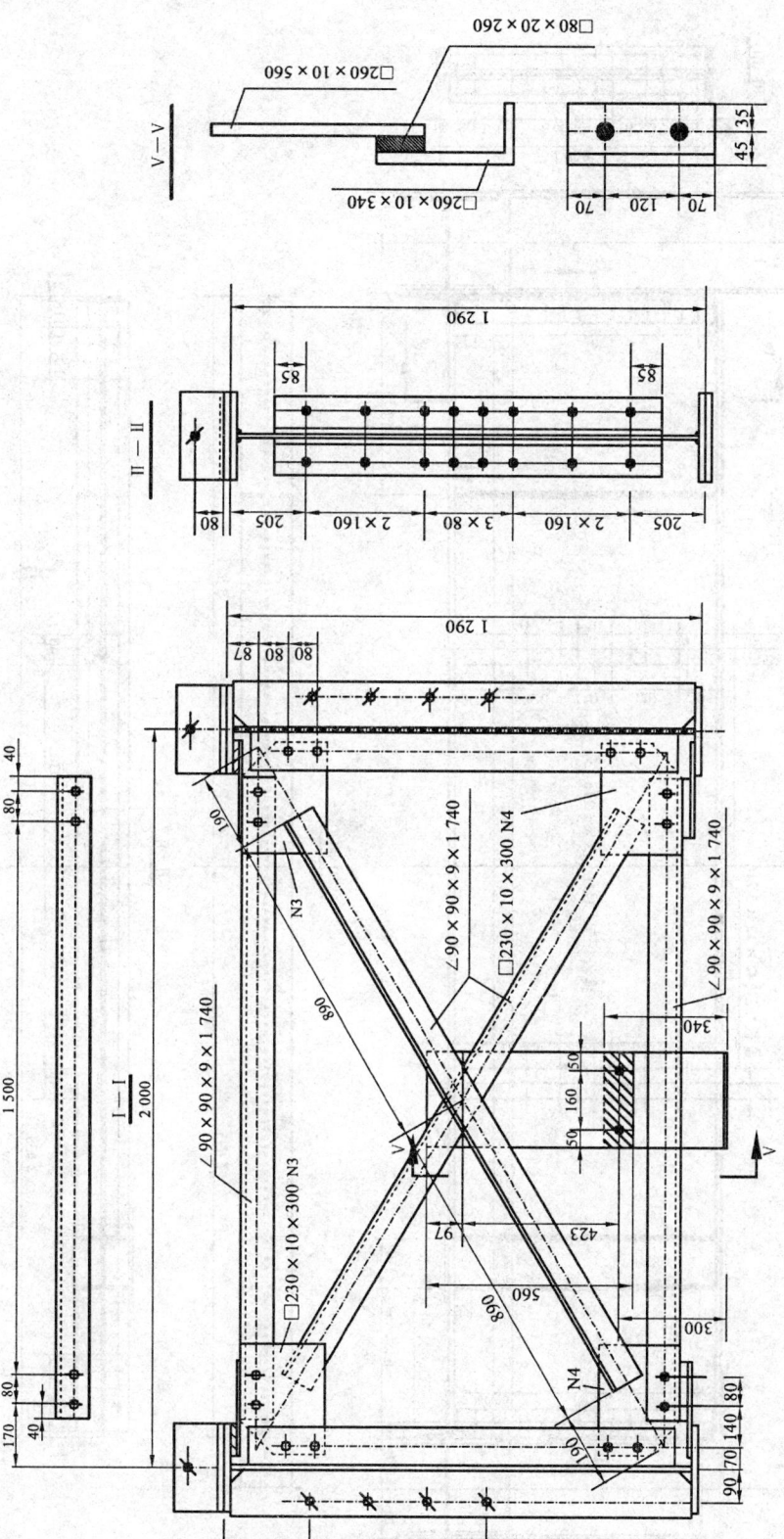

图 5.36 纵梁之间的横向联结系

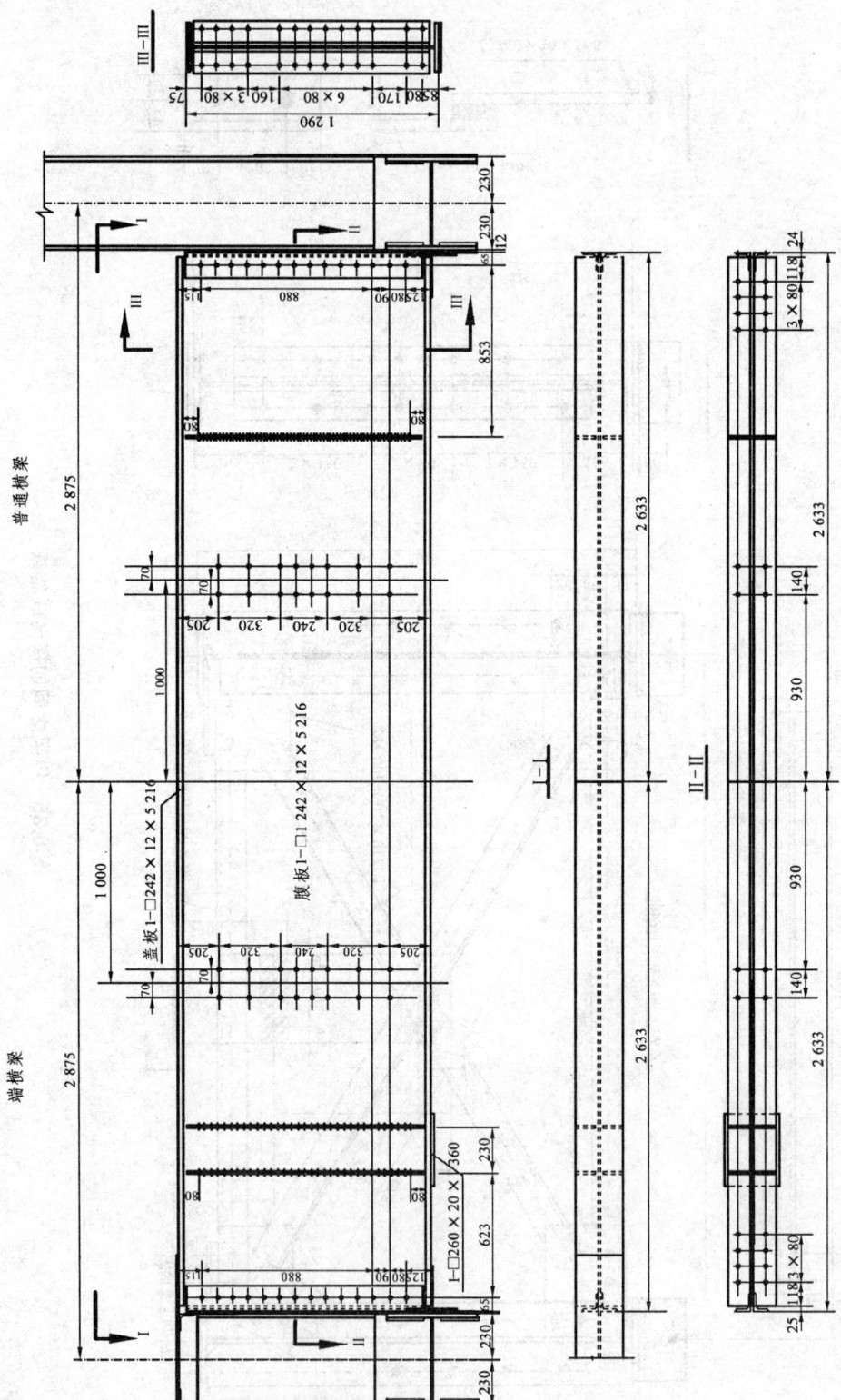

图 5.37 横梁与主桁的连接

2. 纵、横梁的梁端连接构造

纵梁与横梁的连接：单线铁路桁梁，常把纵、横梁做成一样高，使纵梁梁端连接构造简单一些。在纵梁腹板上设一对连接角钢与横梁腹板相连，在纵梁上、下翼缘上各设一块鱼形板与横梁及相邻的纵梁翼缘相连，如图 5.38 所示。这种连接构造简单，传力较好。对于双线铁路或节间较大的桁梁，其横梁受力较大，要求较大的梁高。从用钢量经济方面考虑，纵、横梁采用不等高的形式，这时通常使纵、横梁的上翼缘位于同一平面内，在横梁下端加设牛腿以支撑纵梁，如图 5.38 所示。

横梁与主桁的连接：中间横梁梁端用一对连接角钢与主桁节点相连。当横梁梁端反力较大时梁端连接所需的螺栓数多，这时可在横梁端上部加焊一块肋板再用连接角钢与主桁相连。端横梁梁端除用一对连接角钢与内侧端节点板相连外，还设有一块盖板，将横梁上翼缘与主桁端节点板相连以承受梁端弯矩，参见图 5.37 所示。

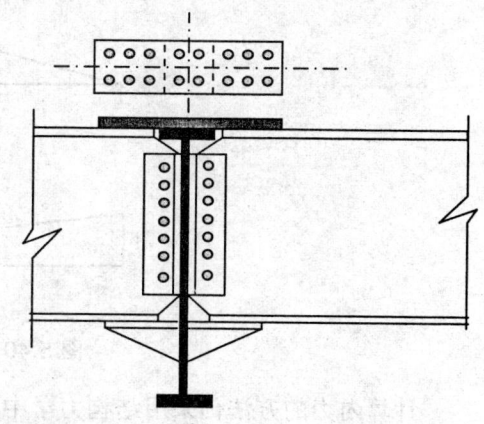

图 5.38 纵梁与横梁的连接示意图

3. 纵梁断开构造

为了减少横梁由于共同作用所产生的水平弯矩，《桥规》规定跨度大于 80 m 的简支桁架桥应设有纵梁断开。一般纵梁断开设置在跨中的一个节间内。纵梁活动端通过一对特制的支座支承在短伸臂上，如图 5.39 所示。纵梁活动端可以纵向滑动，也可转动。

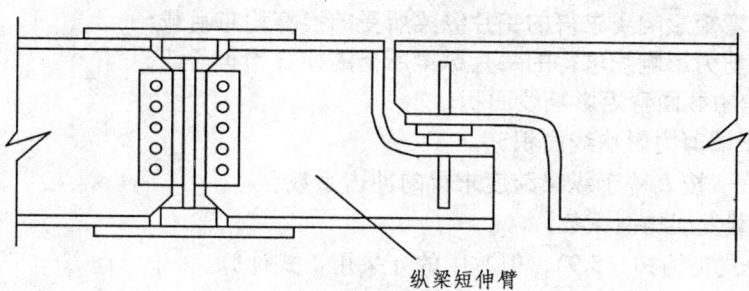

纵梁短伸臂

图 5.39 纵梁断开

5.6.2 纵、横梁的内力计算和强度检算

1. 纵梁的内力计算

纵梁和横梁是桥面系的主要承重结构，桥面荷载和活载首先作用在纵梁上，再由纵梁传递至横梁进而传给主桁架。计算纵梁的内力时，近似地将纵梁简化为简支梁计算，其跨度等于相邻横梁中线之间的距离，其内力包括弯矩和剪力，如图 5.40 所示。

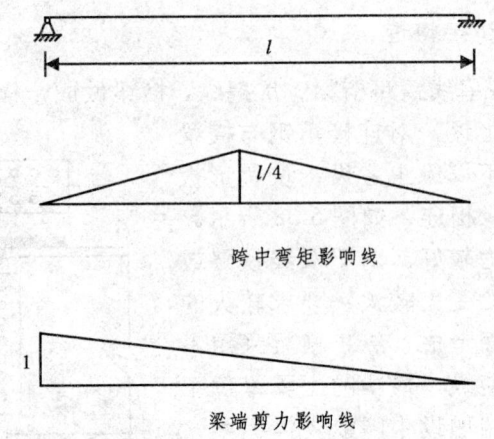

图 5.40　纵梁的内力计算图式

计算内力的方法仍采用结构力学中的影响线面积法，计算公式如下：
跨中弯矩：

$$M = M_p + \eta (1+\mu) M_k \tag{5.43}$$

梁端剪力：

$$Q = Q_p + \eta (1+\mu) Q_k \tag{5.44}$$

式中　$M_p = p \times \Omega_1$——跨中恒载弯矩；
$M_k = k_1 \times \Omega_1$——跨中活载弯矩；
$Q_p = p \times \Omega_2$——梁端恒载剪力；
$Q_k = k_2 \times \Omega_2$——梁端活载剪力；
p——沿纵梁单位长度上的恒载集度；
k_1——按弯矩影响线求得的每片纵梁所受的换算均布活载；
k_2——按剪力影响线求得的每片纵梁所受的换算均布活载；
Ω_1——跨中截面弯矩影响线面积；
Ω_2——梁端剪力影响线面积；
$(1+\mu)$——按 L 等于纵梁跨度求得的冲击系数；
η——活载发展均衡系数。

η 的计算公式仍为式（5.9），但其中的 a 采用下式计算：

$$a = \frac{M_p}{(1+\mu)M_k} = \frac{p}{(1+\mu)k_1} \tag{5.45}$$

a_{max} 仍取主桁杆件的 a_{max} 来计算，因为纵梁也应具有和主桁杆件相同的承载能力储备。

2. 横梁的内力计算

横梁的内力计算图式仍可简化为简支梁进行计算，如图 5.41 所示。

忽略横梁的自重，横梁所受的力 N 为左右两纵梁反力之和，N 的影响线见图 5.42 所示。影响线面积等于 l，则恒载产生的力 N 为：$N_p = pl$；静活载产生的力 N：$N_k = kl$。其中 p 表示沿纵梁单位长度上的恒载集度，k 表示按 N 的影响线求得的换算均布活载。

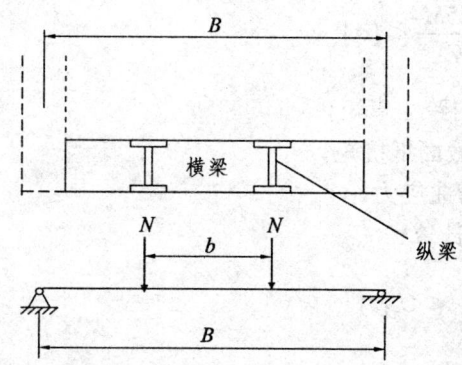

图 5.41 横梁的内力计算图式

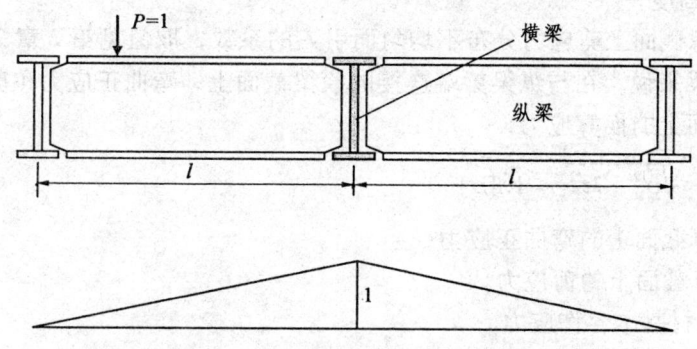

图 5.42 横梁所受力 N 的影响线

横梁内力计算公式为:
跨中弯矩:
$$M = M_p + \eta(1+\mu)M_k \tag{5.46}$$
梁端剪力:
$$Q = Q_p + \eta(1+\mu)Q_k \tag{5.47}$$

式中 $M_p = N_p\left(\dfrac{B-b}{2}\right)$——两纵梁区段的恒载弯矩;

$M_k = N_k\left(\dfrac{B-b}{2}\right)$——两纵梁区段的活载弯矩;

$Q_p = N_p$——梁端恒载剪力;
$Q_k = N_k$——梁端活载剪力;
$(1+\mu)$——按 L 等于 2 倍纵梁跨度求得的冲击系数;活载发展均衡系数 η 的计算与纵梁相同。

3. 纵、横梁的应力检算

纵、横梁的应力检算包括跨中弯曲应力和梁端剪应力检算。检算公式为:
跨中弯曲应力:

$$\sigma_{\max} = \frac{0.85M}{W_j} \leq [\sigma] \tag{5.48}$$

式中 M——按简支梁求得的跨中弯矩;

W_j——跨中截面的净截面抵抗矩;

$[\sigma]$——钢材的容许弯曲应力。

梁端剪应力近似按下式计算:

$$\tau = \frac{3}{2} \cdot \frac{Q}{\delta h} \leq C_\tau [\tau] \tag{5.49}$$

式中 Q——梁端最大剪力;

δ——腹板厚度;

h——腹板高度;

C_τ——考虑截面上剪应力分布不均匀而引入的系数,取值见第 2 章 2.2.2 节。

另外,对横梁来说,在与纵梁梁端连接的横梁截面上,弯曲正应力和剪应力都较大,因此,要检算该截面上的换算应力:

$$\sqrt{\sigma^2 + 3\tau^2} \leq 1.1[\sigma] \tag{5.50}$$

式中 σ——检算截面上的弯曲正应力;

τ——检算截面上的剪应力;

$[\sigma]$——钢材基本容许应力。

4. 纵梁梁端的连接计算

纵梁梁端既传递剪力又传递弯矩。在计算时为了简化,假设剪力全部由连接角钢承受,而弯矩则由鱼形板传递。

在计算纵梁梁端连接角钢上的螺栓数时,作用的剪力按 $1.1Q$ 计,Q 为按简支梁求得的梁端剪力,其连接螺栓数量可用下式计算:

$$n = 1.1 \frac{N}{N_v^b} \tag{5.51}$$

式中 N_v^b——一个高强度螺栓的容许承载力。在求与纵梁腹板连接的螺栓数时,按两个摩擦面考虑;在求与横梁腹板连接的螺栓数时,只按一个摩擦面考虑。

在计算鱼形板受力时,作用力矩 M_0 按 $0.6M$ 计,M 为按简支梁求得的跨中弯矩值。若上下鱼形板之间的距离为 h_0,则每块鱼形板所受的力 $S_0 = \dfrac{M_0}{h_0}$,每块鱼形板与纵梁翼缘连接所需的螺栓数为:

$$n = \frac{S_0}{N_v^b} \tag{5.52}$$

式中 N_v^b——一个高强度螺栓的容许承载力。

拟定鱼形板截面尺寸,使满足疲劳强度条件:

$$\sigma_{\max} - \sigma_{\min} \leq [\Delta\sigma] \tag{5.53}$$

其中 $\sigma_{max} = \dfrac{S_{0max}}{A_j} = \dfrac{0.6M}{A_j h_0}$，$\sigma_{min} = \dfrac{S_{0min}}{A_j} = \dfrac{0.6M_p}{A_j h_0}$

式中 M——按简支梁求得的跨中弯矩最大值；

M_p——按简支梁求得的跨中弯矩最小值，即跨中恒载弯矩值。

$[\Delta\sigma]$——疲劳容许应力幅，取 130.7 MPa。

5. 横梁的梁端连接计算

横梁梁端反力 D 等于 N（当忽略横梁自重时），而 N 值是把纵梁看作不连续的简支梁求得的，但实际上纵梁有连续梁的作用，其值比按简支梁求得的稍大。同时，由于横向框架作用，横梁梁端还存在负弯矩，使横梁与主桁连接的某些螺栓要受到额外的拉力，对螺栓连接强度有所削弱。因此，为安全计，在计算横梁梁端连接的螺栓数时，连接横梁腹板的螺栓数 n_1 应按梁端反力 D 算得的数目增加 10%；对于横梁与主桁连接螺栓的计算，按梁端反力 D 求得的螺栓数增加 20%。因此，横梁梁端连接角钢上的螺栓数按下式求算：

$$n_1 = 1.1 \dfrac{N}{N_v^b} \tag{5.54a}$$

$$n_2 = 1.2 \dfrac{N}{N_v^b} \tag{5.54b}$$

式中 n_1——横梁梁端连接角钢与横梁腹板相连的螺栓数；

n_2——横梁梁端连接角钢与主桁连接的螺栓数；

N_v^b——一个高强度螺栓的承载力。

6. 顶梁的计算

钢梁在安装或运营中，常需将梁顶起。对于简支钢桁梁来说，一般是在端横梁下，安置两台油压千斤顶，用油管并联，同时起顶。这样，每台千斤顶支承的压力等于一个支座支承的恒载反力 R。但在验算顶梁时，考虑到两台千斤顶可能发生顶力不均或其他偶然因素，有可能增大顶梁的内力。因此，验算时，为了安全起见，常将起顶重量增加 30%。顶梁按图 5.43 所示的受力情况进行验算，容许应力为 $1.2[\sigma]$。

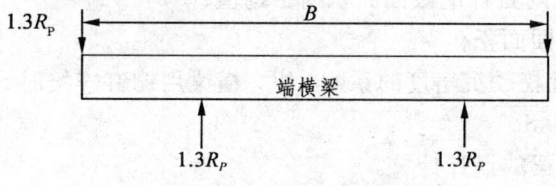

图 5.43 顶梁的验算图式

7. 由于主桁弦杆与桥面系共同作用所引起的纵、横梁内力的计算

当主桁弦杆变形时，桥面系的纵梁也随弦杆一起变形。对下承式钢桁架桥，纵梁伸长，横梁将因纵梁轴力的作用在水平方向产生弯曲。根据对 $L = 64$ m 简支钢桁梁的检算，这种共同作用在纵梁中产生约为 16.3 MPa 的应力，而在横梁上产生的弯曲应力可达到

159.2 MPa，因而，必须进行检算。下面只给出这种共同作用在纵、横梁上产生的内力分析结果。

为了简化计算，作了如下假定：① 不考虑纵向联结系参与共同作用的影响；② 认为纵梁铰接于横梁，即纵梁只承受轴向力，横梁固支于主桁；③ 各节间弦杆变形相等，计算弦杆变形时，不考虑因共同工作对弦杆的减载。

经过对每一个节间的变形分析，可得纵梁轴力为：

$$N_m = tm\left(1 - \frac{m-1}{n}\right)\frac{K\sigma_0 L}{1+\xi} \tag{5.55}$$

横梁弯矩为：

$$M_m = t\left(1 - \frac{2m-2}{n}\right)\frac{K\sigma_0 l}{1+\xi} \cdot \frac{a^2}{B} \tag{5.56}$$

式中 L——跨长，或两纵梁断缝之间的距离；
$\quad\quad n$——在 L 长度内桥面系节间总数；
$\quad\quad m$——从跨端或段端数起，进行验算的节间序号；

$$K = \frac{3I_m B}{a^3(a+2c)} \tag{5.57}$$

其中 I_m——横梁对竖轴的毛截面惯性矩；
$\quad\quad B、c、a$ 见图 5.44 中的表示。

$\sigma_0 = \dfrac{\sum \dfrac{S_0}{A}d}{L}$，为不考虑共同受力时在 L 长度内桥面系所在平面的桁梁弦杆应力的平均值。

其中 S_0——不考虑共同受力时，各弦杆在竖向荷载作用下的内力；
$\quad\quad A$——弦杆毛截面面积；
$\quad\quad d$——节间长度。

$$\xi = \frac{K(n+1)(n+2)}{6n}\left(\frac{L}{A_0} + \frac{L}{A_z}\right) \tag{5.58}$$

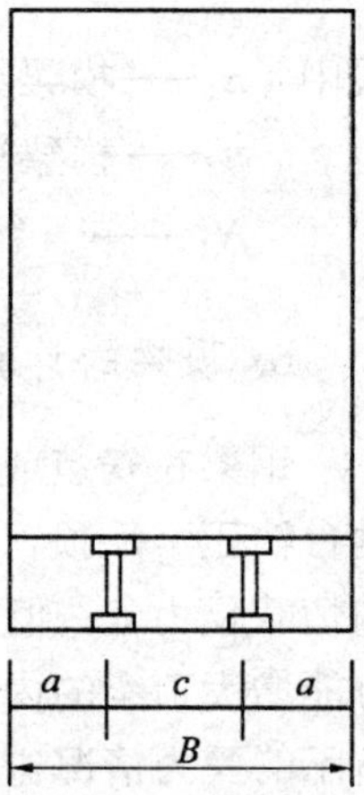

其中 A_0——在 L 长度内弦杆毛截面面积的平均值；
$\quad\quad A_z$——纵梁毛截面面积；
$\quad\quad t$——考虑连接处松动沉落度的系数，纵、横梁用铆钉连接时 $t=0.7$；用高强度螺栓连接时 $t=0.8$。

图 5.44

例 5.3 桥面系纵、横梁的设计计算。

1）纵梁的设计计算

纵梁长度为 8 m，截面尺寸的拟定方法可参照钢板梁的设计方法，铁路纵、横梁的截面尺寸通常采用标准尺寸，设纵梁截面组成为（见图 5.45）：

翼缘板　2—□240×16；
腹板　　1—□1 258×10。

下面对纵梁进行检算。计算纵梁的内力时，近似地简化为简支梁计

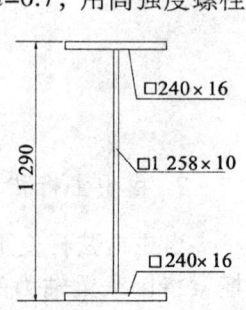

图 5.45　纵梁截面

算，跨度 $l=8$ m。

（1）纵梁内力计算：纵梁内力计算采用结构力学中的影响线面积法，先绘制出跨中弯矩影响线和梁端剪力影响线，参见图 5.40 所示。

跨中截面弯矩影响线面积：

$$\Omega_1 = \frac{1}{8}l^2 = 8 \quad (\text{m}^2)$$

梁端截面剪力影响线面积：

$$\Omega_2 = \frac{1}{2}l = 4 \quad (\text{m})$$

取纵梁恒载集度 $p=7.5$ kN/m，纵梁活载取换算均布活载 k，由影响线最大纵距位置 α 和加载长度 L 求出。

对跨中截面弯矩影响线：$\alpha=0.5$，$L=8$ m，查表得每片纵梁的换算均布活载 $k_1=75.65$ kN/m。

对梁端截面剪力影响线：$\alpha=0.0$，$L=8$ m，查表得每片纵梁的换算均布活载 $k_2=86.1$ kN/m。

动力系数：

$$(1+\mu) = 1 + \frac{28}{40+8} = 1.5833$$

跨中恒载弯矩：

$$M_p = p \times \Omega_1 = 7.5 \times 8 = 60 \quad (\text{kN} \cdot \text{m})$$

梁端恒载剪力：

$$Q_p = p \times \Omega_2 = 7.5 \times 4 = 30 \quad (\text{kN})$$

跨中静活载弯矩：

$$M_k = k_1 \times \Omega_1 = 75.65 \times 8 = 605.2 \quad (\text{kN} \cdot \text{m})$$

梁端活载剪力：

$$Q_k = k_2 \times \Omega_2 = 86.1 \times 4 = 344.4 \quad (\text{kN})$$

$$a = \frac{M_p}{(1+\mu)M_k} = \frac{60}{1.5833 \times 605.2} = 0.0626$$

$a_{\max} = 0.3114$（与主桁杆件的 $a_{\max}$ 相同）

活载发展均衡系数：

$$\eta = 1 + \frac{1}{6} \times (0.3114 - 0.0626) = 1.0415$$

跨中弯矩：

$$M = M_p + \eta(1+\mu)M_k = 60 + 1.0415 \times 1.5833 \times 605.2$$
$$= 1058 \quad (\text{kN} \cdot \text{m})$$

梁端剪力：

$$Q = Q_p + \eta\,(1+\mu)\,Q_k$$
$$= 30 + 1.041\,5 \times 1.583\,3 \times 344.4 = 598 \quad (\text{kN})$$

(2) 纵梁的应力检算：

① 跨中弯曲应力：

毛截面惯性矩：
$$I_m = \frac{1}{12} \times 10 \times 1\,258^3 + 2 \times 240 \times 16 \times 637^2 = 4.775\,4 \times 10^9 \quad (\text{mm}^4)$$

栓孔惯性矩：
$$\Delta I = 2 \times 16 \times 23 \times 637^2 = 2.986\,5 \times 10^8 \quad (\text{mm}^4)$$

净截面惯性矩：
$$I_j = I_m - \Delta I = 4.476\,7 \times 10^9 \quad (\text{mm}^4)$$

净截面抵抗矩：
$$W_j = 6.940\,6 \times 10^6 \quad (\text{mm}^3)$$

$$\sigma_{\max} = \frac{0.85 M}{W_j} = \frac{0.85 \times 1\,058 \times 10^6}{6.940\,6 \times 10^6} = 129.57 \quad (\text{MPa}) < 200 \quad (\text{MPa}) \quad (\text{可})$$

$$\sigma_{\min} = \frac{0.85 M_{\min}}{W_j} = \frac{0.85 \times 60 \times 10^6}{6.940\,6 \times 10^6} = 7.35 \quad (\text{MPa})$$

近似地以上面计算的最大应力幅验算疲劳强度（偏安全）：

$$\Delta \sigma = \sigma_{\max} - \sigma_{\min} = 129.57 - 7.35 = 122.22 \quad (\text{MPa}) < [\Delta \sigma] = 130.7 \quad (\text{MPa}) \quad (\text{可})$$

② 梁端剪应力：

$$\tau = \frac{3}{2} \cdot \frac{Q}{\delta h} = \frac{3}{2} \times \frac{598 \times 10^3}{10 \times 1258} = 71.30 \quad (\text{MPa}) < 1.25 \times 120 = 150 \quad (\text{MPa}) \quad (\text{可})$$

(3) 纵梁梁端的连接计算：选用 2—∠100 mm×100 mm×12 mm 的连接角钢。

① 连接角钢上的螺栓数计算：

取高强度螺栓的预拉力 $P = 200$ kN，连接处钢材表面的抗滑移系数 $\mu_0 = 0.45$，安全系数 $K = 1.7$，单个高强度螺栓的容许抗滑承载力计算如下：

$$N_v^b = \frac{m \mu_0 P}{K} = \frac{1 \times 0.45 \times 200}{1.7} = 52.94 \quad (\text{kN}) \quad (\text{单抗滑面})$$

$$N_v^b = \frac{m \mu_0 P}{K} = \frac{2 \times 0.45 \times 200}{1.7} = 105.88 \quad (\text{kN}) \quad (\text{双抗滑面})$$

连接角钢与纵梁腹板连接的螺栓数计算如下：

$$n = \frac{1.1 Q}{P} = \frac{1.1 \times 598}{105.88} = 6.2 \,(\text{个})$$

实际采用 7 个。

连接角钢与横梁腹板连接的螺栓数：

$$n = \frac{1.1Q}{P} = \frac{1.1 \times 598}{52.94} = 12.4 \text{ (个)}$$

实际采用 16 个。

② 鱼形板计算：

每块鱼形板所受的力：

$$S_0 = \frac{M_0}{h_0} = \frac{0.6 \times 1\,058}{1.29} = 492.1 \text{ (kN)}$$

每块鱼形板与纵梁翼缘连接所需的螺栓数为：

$$n = \frac{S_0}{N_v^b} = \frac{492.1}{52.94} = 9.3$$

实际采用 16 个。

拟定鱼形板截面尺寸 1—□240 mm×20 mm，净面积 $A_j = 240 \times 20 - 2 \times 20 \times 23 = 3\,880$ (mm²)

$$\sigma_{\max} = \frac{S_{0\max}}{A_j} = \frac{0.6M}{A_j h_0} = \frac{0.6 \times 1\,058 \times 10^6}{3\,880 \times 1\,290} = 126.83 \text{ (MPa)}$$

$$\sigma_{\min} = \frac{S_{0\min}}{A_j} = \frac{0.6M_p}{A_j h_0} = \frac{0.6 \times 60 \times 10^6}{3\,880 \times 1\,290} = 7.19 \text{ (MPa)}$$

近似地，以上面计算的最大应力和最小应力验算疲劳强度（偏安全）：

$$\sigma_{\max} - \sigma_{\min} = 126.83 - 7.19 = 119.64 \text{ (MPa)} < [\Delta\sigma] = 130.7 \text{ (MPa)} \quad (可)$$

腹板稳定检算略。

2) 横梁的设计计算

中间横梁的截面尺寸一般比纵梁的大，设横梁的截面尺寸如图 5.46 所示，下面对此横梁进行检算。

(1) 横梁的内力计算：横梁的内力按简支梁进行计算，跨度 $B = 5.75$ m（参见图 5.41），其中 N 为左右两纵梁的反力之和（忽略横梁的自重），N 的影响线见图 5.42 所示，影响线面积为：

$$\Omega = \frac{1}{2} \cdot 2l \times 1 = l = 8 \text{ (m)}$$

纵梁单位长度上的恒载集度：$p = 7.5$ kN/m。

恒载产生的 N：

$$N_p = p\Omega = 7.5 \times 8 = 60 \text{ (kN)}$$

换算均布活载按 N 的影响线顶点位置 $\alpha = 0.5$ 及加载长度 $L = 16$ m 查表求得：$k = 59.7$ kN/m。

静活载产生的 N：

$$N_k = k\Omega = 59.7 \times 8 = 477.6 \text{ (kN)}$$

横梁跨中的恒载弯矩：

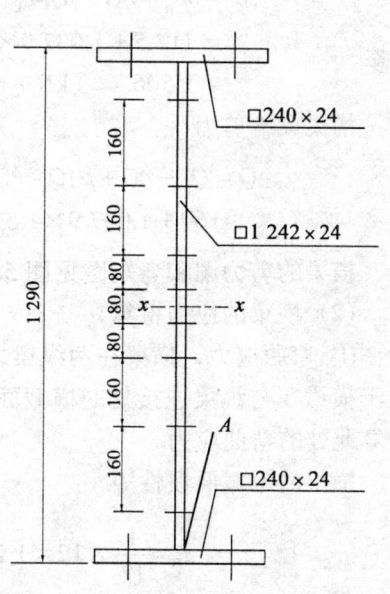

图 5.46　横梁截面（单位：mm）

$$M_p = N_p \left(\frac{B-b}{2} \right) = 60 \times \frac{5.75-2}{2} = 112.5 \quad (\text{kN} \cdot \text{m})$$

横梁梁端的恒载剪力：

$$Q_p = N_p = 60 \quad (\text{kN})$$

横梁跨中的静活载弯矩：

$$M_k = N_k \left(\frac{B-b}{2} \right) = 477.6 \times \frac{5.75-2}{2} = 895.5 \quad (\text{kN} \cdot \text{m})$$

横梁梁端的静活载剪力：

$$Q_k = N_k = 477.6 \quad (\text{kN})$$

动力系数：

$$1 + \mu = 1 + \frac{28}{40+16} = 1.5$$

横梁的 $a = \dfrac{M_p}{(1+\mu)M_k} = \dfrac{112.5}{1.5 \times 895.5} = 0.083\,8$，$a_{\max}$ 与主桁杆件的相同，即 $a_{\max} = 0.311\,4$。

活载发展均衡系数：

$$\eta = 1 + \frac{1}{6} \times (0.311\,4 - 0.083\,8) = 1.037\,9$$

所以，横梁跨中弯矩

$$\begin{aligned} M &= M_p + \eta(1+\mu)M_k \\ &= 112.5 + 1.037\,9 \times 1.5 \times 895.5 \\ &= 1\,506.7 \quad (\text{kN} \cdot \text{m}) \end{aligned}$$

横梁梁端剪力：

$$\begin{aligned} Q &= Q_p + \eta(1+\mu)Q_k \\ &= 60 + 1.037\,9 \times 1.5 \times 477.6 = 803.6 \quad (\text{kN}) \end{aligned}$$

横梁的剪力图和弯矩图见图 5.47 所示。

(2) 横梁的应力检算：

① 弯曲应力：横梁在两纵梁之间的部分弯矩相等，由于横梁在与纵梁连接处的横截面上有栓孔削弱，故应检算此处的弯曲应力。

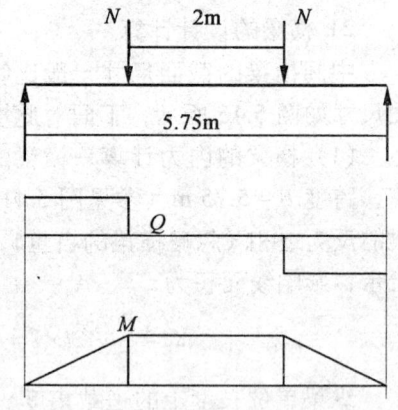

图 5.47 横梁的剪力图和弯矩图

横梁的毛截面惯性矩：

$$I_m = \frac{1}{12} \times 12 \times 1\,242^3 + 2 \times 240 \times 24 \times 633^2 = 6.531\,8 \times 10^9 \quad (\text{mm}^4)$$

栓孔惯性矩：

$$\begin{aligned} \Delta I &= 4 \times 24 \times 23 \times 633^2 + 2 \times 12 \times 23 \times (40^2 + 120^2 + 280^2 + 440^2) \\ &= 1.043\,7 \times 10^9 \quad (\text{mm}^4) \end{aligned}$$

净截面惯性矩：

$$I_j = I_m - \Delta I = 5.4881 \times 10^9 \quad (\text{mm}^4)$$

$$\sigma_{max} = \frac{M_{max}}{W_j} = \frac{1506.7 \times 10^6 \times 645}{5.4881 \times 10^9}$$

$$= 177.08 \quad (\text{MPa}) < 200 \quad (\text{MPa}) \quad (可)$$

检算疲劳时，不考虑活载发展均衡系数，且采用动力运营系数 $1+\mu = 1.25$。

疲劳最大弯矩：

$$M = M_p + (1+\mu)M_k = 112.5 + 1.25 \times 895.5 = 1231.88 \quad (\text{kN} \cdot \text{m})$$

疲劳最大应力：

$$\sigma_{max} = \frac{M_{max}}{W_j} = \frac{1231.88 \times 10^6 \times 645}{5.4881 \times 10^9} = 144.78 \quad (\text{MPa})$$

疲劳最小应力：

$$\sigma_{min} = \frac{M_{min}}{W_j} = \frac{112.5 \times 10^6 \times 645}{5.4881 \times 10^9} = 13.22 \quad (\text{MPa})$$

疲劳应力幅：

$$\Delta \sigma = \sigma_{max} - \sigma_{min} = 144.78 - 13.22 = 131.56 \quad (\text{MPa})$$

略大于 130.7 MPa（可）。

② 梁端剪应力：

$$\tau = \frac{3}{2} \cdot \frac{Q}{\delta h} = \frac{3}{2} \times \frac{803.6 \times 10^3}{12 \times 1242} = 80.88 \quad (\text{MPa}) < 1.25 \times 120 = 150 \quad (\text{MPa}) \quad (可)$$

③ 换算应力：

如图 5.46 所示，A 点处的弯曲正应力：

$$\sigma = \frac{645 - 24}{645} \times 177.08 = 170.5 \quad (\text{MPa})$$

A 点以外部分面积对中性轴的面积矩：

$$S = 240 \times 24 \times (645 - 12) = 3.6461 \times 10^6 \quad (\text{mm}^3)$$

A 点处的剪应力：

$$\tau = \frac{QS}{I_m \delta} = \frac{803.6 \times 10^3 \times 3.6461 \times 10^6}{6.5318 \times 10^9 \times 12} = 37.38 \quad (\text{MPa})$$

换算应力：

$$\sqrt{\sigma^2 + 3\tau^2} = \sqrt{170.5^2 + 3 \times 37.38^2}$$

$$= 182.37 \quad (\text{MPa}) < 1.1 \times 200 \quad (\text{MPa}) \quad (可)$$

(3) 横梁的梁端连接计算：选用 2—∠125 mm×125 mm×12 mm 作为连接角钢。

横梁梁端连接角钢与横梁腹板连接的螺栓数：

$$n_1 = 1.1 \frac{Q}{N_v^b} = 1.1 \times \frac{803.6}{105.88} = 8.4 \quad (个)（双抗滑面）$$

实际采用 14 个。

横梁梁端连接角钢与主桁连接的螺栓数：

$$n_1 = 1.2 \frac{Q}{N_v^b} = 1.2 \times \frac{803.6}{52.94} = 18.2 \quad (个)（单抗滑面）$$

实际采用 26 个。

5.7 联结系

本节所讨论的联结系包括主桁架之间的平纵联及横联，另外，也讨论制动联接系。

5.7.1 平纵联

平纵联是水平面内连接主桁上弦节点及下弦节点的平面杆系结构，分为上平纵联和下平纵联。它的组成包括主桁弦杆（有时也称为平纵联的弦杆）及其间的腹杆（斜杆和横撑）。平纵联的腹杆体系很多，图 5.2 所示的是常用的交叉式腹杆体系，其优点是当弦杆伸长或缩短时只是使斜杆和横撑产生拉力或压力，而不使弦杆受到侧向弯曲，且结构较为简单。

平纵联的受力较为复杂。一方面，在横向附加力作用下，平纵联的弦杆和腹杆都将产生内力；另一方面，由于主桁弦杆与平纵联的共同作用，当主桁弦杆变形时也会在平纵联的腹杆中产生内力。平纵联杆件的计算内力要考虑这两种内力的最不利组合，其中第一种情况已在 5.3.3 节中讨论过，以下只讨论第二种情况及其他应注意的问题。

1. 由于主桁弦杆与平纵联共同作用所引起的平纵联杆件内力的计算

当主桁在竖向荷载作用下受力而变形时，平纵联与弦杆一起变形，共同受力，使平纵联的斜杆和横撑产生内力，我们将这种内力称为由于共同作用而产生的内力或简称为"共同作用力"，这种共同作用力在其他原因所引起的内力中所占的比重较大，故《桥规》规定必须计算。

对具有交叉式腹杆体系的平纵联，《桥规》给出的斜杆内力计算公式为：

$$N_d = \frac{N_s}{A_s} \cdot \frac{A_d \cos^2 \alpha}{1 + 2\frac{A_d}{A_p}\sin^3 \alpha + \frac{A_d}{A_s}\cos^3 \alpha} \tag{5.59}$$

当桥面系横梁兼作平纵联横撑时，平纵联斜杆的内力按下式计算：

$$N_d = \frac{A_d\left(\frac{N_s}{A_s} \cdot \cos^2 \alpha + 0.6\sigma_b \sin^2 \alpha\right)}{1 + 4\frac{A_d}{A_b}\sin^3 \alpha + \frac{A_d}{A_s}\cos^3 \alpha} \tag{5.60}$$

平纵联横撑的内力：

$$N_p = -(N_d^{左} + N_d^{右})\sin\alpha \tag{5.61}$$

式中 N_s、A_s——弦杆的内力、毛截面面积；

N_d、A_d——平纵联斜杆的内力、毛截面面积；

N_p、A_p——平纵联横撑的内力、毛截面面积；

A_b——横梁的毛截面面积；

σ_b——横梁按竖向荷载和毛截面面积计算的最大纤维应力；

α——平纵联斜杆与弦杆的夹角。

2. 平纵联杆件的内力组合

前已述及，平纵联杆件的内力包括由于横向附加力产生的内力和共同作用力两部分，内力组合时还应考虑桥上无车与桥上有车的情况。

归纳起来，平纵联杆件的内力组合为：

组合 1：桥上有车时恒载+活载作用下的共同作用力，按主力计算，容许应力为[σ]；

组合 2：恒载作用下的共同作用力+桥上无车时风力所产生的内力，按主力+附加力计算，容许应力为 1.2[σ]；

组合 3：恒载+活载作用下的共同作用力+桥上有车时风力（或摇摆力）所产生的内力，按主力+附加力计算，容许应力为 1.2[σ]。

另外，对于制动联结系所在节间的平纵联杆件，除按上述 3 种内力组合外，还应检算有车风力、共同作用力、自重力等与制动力的组合，制动力按布满全跨静活载的 7% 计算，容许应力为 1.25[σ]。

3. 关于平纵联杆件计算的其他问题的概述

平纵联杆件除了按计算内力进行强度检算外，还应考虑其整体稳定性、刚度以及计算截面的确定等问题。

为保证平纵联杆件的整体稳定性，对受压弦杆平面内的平纵联斜杆，以两弦杆内力之和的 3% 作为节间剪力来计算平纵联斜杆的内力，再用以检算其整体稳定性。

对于平纵联杆件的刚度问题，由于平纵联杆件的截面往往由最大容许长细比来控制，因此，应设法减小杆件的几何长度并加大杆件截面的回转半径。如交叉式斜杆在平纵联平面内的几何长度为其对角线全长的一半，对下平纵联，还可将斜杆交点和纵梁跨中的横向联接系用杆件连接起来以减小杆件在平纵联平面外的几何长度。根据《桥规》，平纵联杆件的容许长细比为[λ] = 130。

平纵联杆件常用的截面形式为 T 形、槽形或工形，其计算截面按下述规定采用：当用 T 形截面仅用翼缘连接时，或用槽形截面仅用腹板连接时，计算截面均减小 10% 以考虑偏心连接的影响。

例 5.4 计算如图 5.48 所示的上平纵联杆件 $A_1 - AA_2$。

解：1）上平纵联斜杆 $A_1 - AA_2$ 的计算内力

上平纵联杆件在横向风力作用下将产生内力，另外，由于主桁弦杆与平纵联的共同作用也会在平纵联的腹杆中产生内力，平纵联杆件的内力计算要考虑这两种内力的组合。

① 横向风力作用下产生的内力：

桥上无车时，由式（5.11a）可知作用在上平纵联上的横向风力分布集度为：

$$w_上 = 1.250 \times [0.5 \times 0.4 \times 11 + 0.2 \times 1.69 \times 0.6] = 3.004 \quad (kN/m)$$

桥上有车时，由式（5.16）可知作用在上平纵联上的横向风力分布集度为：

$$w_上 = 0.8 \times 1.250 \times [0.5 \times 0.4 \times 11 + 0.2 \times (1.69 + 3.0) \times 0.6]$$
$$= 2.763 \quad (kN/m)$$

上平纵联斜杆 $A_1 - AA_2$ 的内力影响线，如图 5.48 所示。

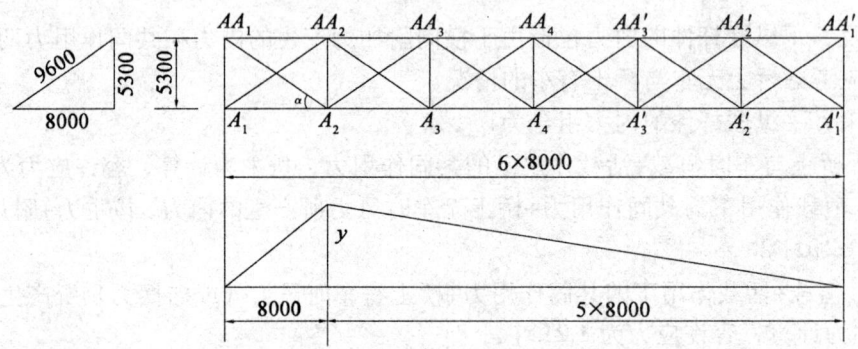

图 5.48 上平纵联斜杆内力的计算图式及内力影响线

影响线最大纵距：

$$y = \frac{1}{2\sin\alpha} \times \frac{40}{48} = 0.754\,7$$

影响线面积：

$$\varOmega = \frac{1}{2} \times 48 \times 0.754\,7 = 18.11 \quad (m)$$

桥上无车时，横向风力所产生的斜杆 $A_1 - AA_2$ 的内力：

$$N'_w = \pm 3.00 \times 18.11 = \pm 54.33 \quad (kN)$$

桥上有车时，横向风力所产生的斜杆 $A_1 - AA_2$ 的内力：

$$N_w = \pm 2.763 \times 18.11 = \pm 50.04 \quad (kN)$$

② 由于主桁弦杆与平纵联的共同作用所引起的平纵联斜杆内力：

$$N_d = \frac{N_s}{A_s} \cdot \frac{A_d \cos^2\alpha}{1 + 2\frac{A_d}{A_p}\sin^3\alpha + \frac{A_d}{A_s}\cos^3\alpha}$$

弦杆 $A_1 - A_3$ 的内力 N_s：-628.36 kN（恒载），$-2\,700.16$ kN（恒载+活载）
弦杆 $A_1 - A_3$ 的毛截面面积 $A_s = 23\,440$ mm²，
事先拟定斜杆及横撑的截面：
斜杆：T 形截面组成：2—□240 mm×12 mm，截面面积 $A_d = 5\,760$ mm²。
横撑：T 形截面组成：2—∠100 mm×100 mm×10 mm，截面面积 $A_p = 3\,850$ mm²。

$$\sin\alpha = \frac{530}{960} = 0.552, \quad \cos\alpha = \frac{800}{960} = 0.834$$

所以，平纵联斜杆内力为：

恒载内力：

$$N_d = \frac{-628.36}{23\,440} \times \frac{5\,760 \times 0.834^2}{1 + 2 \times \frac{5\,760}{3\,850} \times 0.552^3 + \frac{5\,760}{23\,440} \times 0.834^3} = -65.26 \quad (\text{kN})$$

恒载+活载内力：

$$N_d = \frac{-2\,700.16}{23\,440} \times \frac{5\,760 \times 0.834^2}{1 + 2 \times \frac{5\,760}{3\,850} \times 0.552^3 + \frac{5\,760}{23\,440} \times 0.834^3} = -280.42 \quad (\text{kN})$$

③ 平纵联斜杆内力组合及计算内力的确定。

组合1：桥上有车时恒载+活载作用下的共同作用力 $N_1 = -280.42$ kN，按主力计算，容许应力为 $[\sigma]$；

组合2：恒载作用下的共同作用力+桥上无车时风力所产生的内力 $N_2 = -65.26 - 54.33 = -119.6$ kN，按主力+附加力计算，容许应力为 $1.20[\sigma]$；

组合3：恒载+活载作用下的共同作用力+桥上有车时风力所产生的内力 $N_3 = -280.42 - 50.04 = -330.5$ kN，按主力+附加力计算，容许应力为 $1.20[\sigma]$。

由于 $N_3' = \frac{330.5}{1.2} = 275.4$ kN < 280.42 kN，故为主力控制。

另外，《桥规》还规定，以两弦杆内力之和的3%作为节间剪力计算斜杆内力，每根斜杆的内力 $= \pm \frac{2N_s}{2\sin\alpha} \times 3\% = \pm \frac{2\,700.16}{0.552} \times 3\% = \pm 146.75$ (kN)，小于 -280.42 kN，所以，平纵联斜杆的计算内力为 -280.42 kN。

2) 上平纵联斜杆 $A_1 - AA_2$ 的检算

上平纵联斜杆的截面为T形截面，由 2—□240 mm×12 mm 组成，如图5.49所示，截面面积 $A_d = 5\,760$ mm²，中性轴位置：

$$e = \frac{240 \times 12 \times 6 + 240 \times 12 \times (120 + 12)}{5\,760} = 69 \quad (\text{mm})$$

$$I_x = \frac{1}{12} \times 12 \times 240^3 + 240 \times 12 \times 63^2 + 240 \times 12 \times 63^2$$

$$= 3.668\,5 \times 10^7 \quad (\text{mm}^4)$$

$$I_y = \frac{1}{12} \times 12 \times 240^3 = 1.382\,4 \times 10^7 \quad (\text{mm}^4)$$

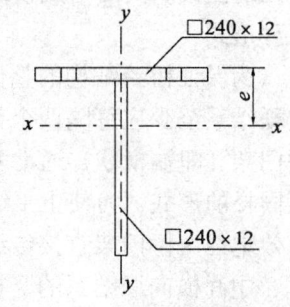

图5.49 上平纵联斜杆截面

回转半径：

$$r_x = \sqrt{\frac{3.668\,5 \times 10^7}{5\,760}} = 79.8 \quad (\text{mm})$$

$$r_y = \sqrt{\frac{1.382\,4 \times 10^7}{5\,760}} = 49.0 \quad (\text{mm})$$

① 刚度检算：

杆件计算长度：$l_x = 9.60$ （m） （平纵联平面外）

$l_y = 0.5 \times 9.60 = 4.8$ （m） （平纵联平面内）

所以，$\lambda_x = \dfrac{9\,600}{79.8} = 120.3 < [\lambda] = 130$

$\lambda_y = \dfrac{4\,800}{49.0} = 98.0 < [\lambda] = 130$ （可）

② 整体稳定检算：由 $\lambda = 120.3$ 查表得 $\varphi_1 = 0.345$，则：

$$\dfrac{N}{\varphi_1 A_m} = \dfrac{280.42 \times 10^3}{0.345 \times 5\,760} = 141.1 \text{（MPa）} < 200 \text{（MPa）} \quad \text{（可）}$$

③ 局部稳定检算：当杆件的长细比 $\lambda > 50$ 时，《桥规》要求板件的宽厚比 $\dfrac{b}{t} \leq 0.14\lambda + 5$，

竖板：$\dfrac{b}{t} = \dfrac{240}{12} = 20 < 0.14 \times 120.3 + 5 = 21.8$ （可）

水平板：$\dfrac{b}{t} = \dfrac{120}{12} = 10 < 0.14 \times 120.3 + 5 = 21.8$ （可）

5.7.2 横向联结系及桥门架

横向联结系及桥门架的作用已在 5.1 节和 5.3 节中讨论过，横向联结系的几何图式随桁架高度的不同可以有不同的形式，如图 5.50 所示的是可用于下承式桁架桥的几种几何图式，我国单线铁路桁架桥常用第 2 种形式。

为保证桥跨结构的整体作用，中间横向联结系至少应每隔两个节间设置一个。桥门架（即端横联）通常采用和横向联结系同样的形式。为使上平纵联所受的风力

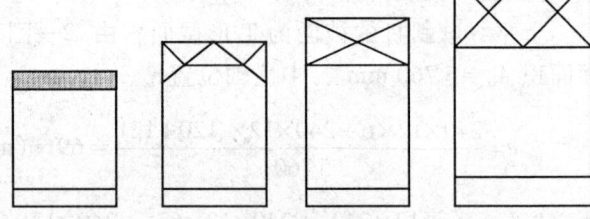

图 5.50 下承式桁架桥横向联结系的几何图式

有效地经由桥门架直接传给支座，下承式桁架桥的桥门架一般设在端斜杆平面内。

中间横向联结系的竖杆内力计算及桥门架的腿杆内力计算已在 5.3 节中讨论过，它们的楣杆内力一般较小，多由容许长细比控制。如需计算，则易由结构力学中的截面法求得。

5.7.3 制动联结系

由列车制动（或牵引）引起的纵向水平制动力作用在纵梁上，纵梁将该制动力传给横梁。因为横梁在水平方向的抗弯刚度很小，所以，水平制动力易使横梁产生过大的水平弯曲变形。为了减小这种变形，需要设置制动联结系（或称制动撑架）。制动联结系通常由四

根短杆组成，设置在与桥面系相邻的平纵联的中部，如图 5.2 所示。如有纵梁断开，则设置在纵梁断开点与桥梁支点间的中部。因为在该处横梁在弦杆变形时不发生弯曲，其相邻节间的纵梁与纵向联结系斜杆的纵向相对位移也较小，在该处设置制动联结系可以减少制动联结系参与桥面系和弦杆的共同作用。设置制动联结系后，作用于纵梁上的纵向水平制动力通过制动联结系传至主桁架，从而减小了横梁的水平弯曲变形。对跨度不超过 48 m 的桥，允许不设制动撑架。

制动力作用下制动联结系的杆件内力已在 5.3 节中求得。另外，由于主桁弦杆与平纵联的共同作用，在制动联结系所在的节间，弦杆变形也会在制动联结系中产生很大的内力。此项内力在《桥规》中未予说明，但实际计算表明，此项内力不宜忽略。制动联结系所在节间内有关各杆的内力按如下公式计算：

$$N'_t = \left(\frac{m^2}{K} \cdot \frac{A_t}{A_d} \mu\right) N_d, \quad N'_d = \mu N_d, \quad N''_d = \frac{\mu}{K} N_d$$

$$N'_p = \frac{1+\mu}{2} N_p, \quad N''_p = \frac{\mu}{K} N_p, \quad N'''_p = \frac{G\mu}{K} N_p \tag{5.62}$$

式中　N'_t、N'_d、N''_d、N'_p、N''_p、N'''_p——弦杆变形在制动联结系有关各杆中所引起的内力；

N_d、N_p——无制动联结系时弦杆变形在纵联斜杆与横撑中所引起的内力；

A_t、A_d——制动联结系杆件与纵联斜杆的毛截面积，如图 5.51 所示。

其他有关系数：

$$m = \frac{\cos\beta}{\cos\alpha}, \quad n = \frac{\sin\beta}{\sin\alpha}, \quad K = 1 + m^3 \frac{A_t}{A_d},$$

$$G = 1 + m^2 n \frac{A_t}{A_d}, \quad \mu = \frac{2}{1 + \frac{1}{K}}$$

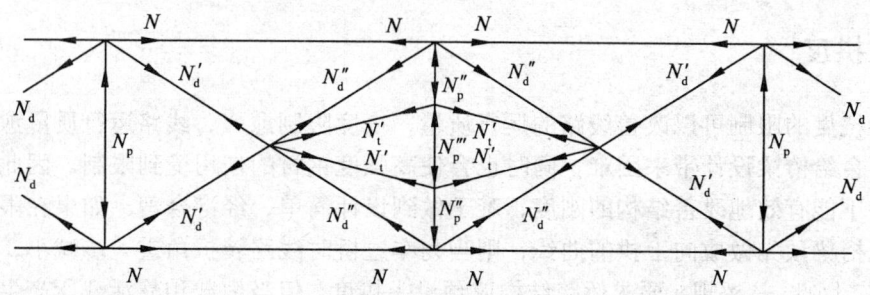

图 5.51　由于主桁弦杆与平纵联的共同作用所产生的内力

对于制动联结系杆件，应考虑以下几种内力组合：

（1）制动力单独作用，按主力计算，制动力按布满全跨静活载的 10% 计算，容许应力为 $[\sigma]$；

（2）单独检算共同作用力，按主力计算，容许应力为 $[\sigma]$；

（3）共同作用力+制动力，按主力+附加力计算，制动力按布满全跨静活载的 7% 计算，容许应力为 $1.25[\sigma]$。

5.8 钢桁架桥的挠度、上拱度及横向刚度

5.8.1 挠度

钢桁梁在竖向荷载作用下会产生挠度,挠度是衡量钢梁竖向刚度的指标。挠度愈小,则竖向刚度愈大。桥梁必须具有一定的竖向刚度,以保证行车的安全平稳。挠度过大,即刚度过小,会对桥跨结构产生不利影响。具体表现为:

(1) 线路在相邻桥跨衔接处形成很大折角,引起列车振动,影响行车安全和乘车舒适感;
(2) 高速行车时会加大活载的动力作用;
(3) 相邻桥跨衔接处的钢轨会产生很大的弯曲应力;
(4) 增大钢桁梁杆件节点的刚性次应力。

为了减轻上述不利影响,必须限制钢桁梁的挠度,《桥规》规定:简支桁梁桥由静活载(不计冲力)所引起的竖向最大挠度 f_k 不得超过计算跨度 L 的 1/900,即:

$$f_k \leq \frac{1}{900} L \tag{5.63}$$

简支桁架每片主桁在换算均布静活载 $k_{0.5}$ 作用下的跨中挠度可用下式确定:

$$f_k = k_{0.5} f_1 \tag{5.64}$$

式中 $f_1 = \sum \dfrac{N_1 N_0 l}{EA}$ ——沿全跨有 1.0 kN/m 的均布荷载时在跨中所产生的挠度。

N_1 ——单位集中荷载作用在跨中时使各杆件所产生的内力;

N_0 ——沿全跨有 1.0 kN/m 的均布荷载时,使各杆件所产生的内力;

l、A ——桁架中各杆的长度和毛截面面积;

E ——钢材的弹性模量。

5.8.2 上拱度

对桁梁挠度的限制可以改善线路的运行质量,挠度限制愈严,线路运行质量愈高,但挠度限制过严会给桁梁设计带来困难,同时也会使高强度钢材的使用受到限制。因此,一味地限制挠度并不能有效地改善结构的刚度,难于做到设计简单,经济合理。如果在限制挠度的同时,再把桁梁预先做成向上拱的曲线,则当列车过桥时线路转折角进一步减小,使桥上线路更为平顺。因此,《桥规》要求桥跨结构应预设上拱度。但当恒载和静活载所产生的挠度之和不超过跨度 L 的 1/1 600 时,可不设上拱度。

对简支桁架桥而言,《桥规》规定上拱度曲线应与恒载和一半静活载所生的挠度曲线基本相同,而方向相反。

设 f_p 为恒载所产生的挠度,f_k 为静活载所产生的挠度,则跨中预设上拱度为(见图 5.52):

$$f = f_p + \frac{1}{2} f_k = \left(p + \frac{1}{2} k_{0.5} \right) f_1 \tag{5.65}$$

式中 p ——每片桁架所受的恒载强度。

其余符号定义同前。

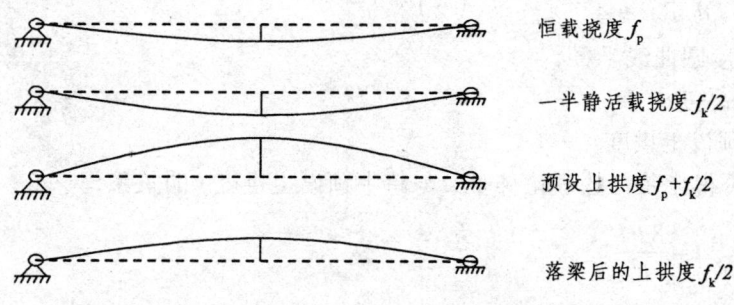

图 5.52 上拱度曲线

上拱度按上述规定设置的理由是：钢梁架设后，恒载上拱度将因恒载的作用而消除。这样，当桥上无车时，线路向上拱起 $1/2f_k$，当桥上有车时，线路向下挠曲 $1/2f_k$，线路向上、向下的挠曲值相等，如图 5.53 所示。当列车从一孔进入另一孔时，相邻桥跨衔接处的线路没有转角。即使相邻孔都有列车时，其衔接处的转角比不设上拱度也减少一半，从而提高了线路的运行质量。

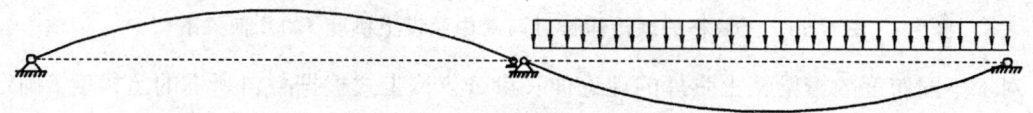

图 5.53 一孔有车时钢梁的线形

上拱度可做成圆弧曲线。在下承式栓焊梁标准设计中，为了简化计算和制造工作，并照顾到不同跨度的桁架桥需设的理论上拱度值，设计时是让下弦杆和腹杆的长度保持不变，而只让上弦杆的理论长度每两个节间长 $2d = 16$ m 均伸长 2Δ，即让上弦节点板第一排螺栓孔的起线至竖杆中线的距离较未设上拱度时增大 Δ。未设上拱度时，弦杆、斜杆、竖杆的中线相交于 O 点 [图 5.54 (a)]，弦杆端部第一排栓孔与竖杆中线的距离为 a；设上拱度后，其距离增大为 $a+\Delta$ [图 5.54 (b)]，此时两斜杆中线不相交于 O 点。

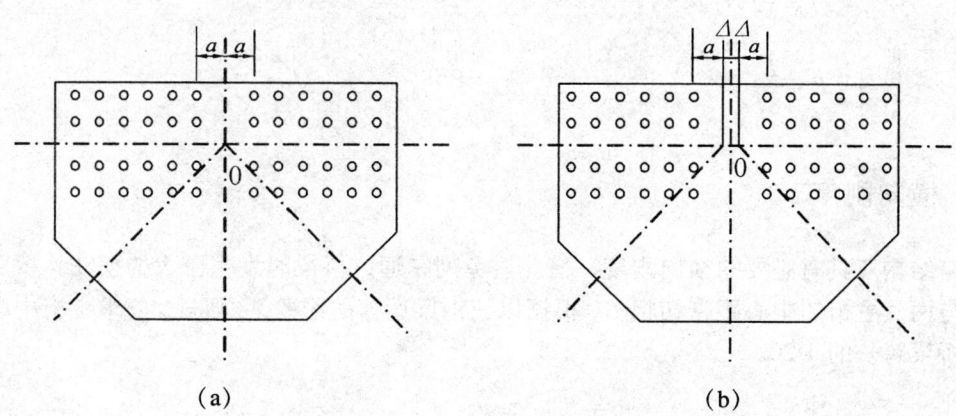

(a)   (b)

图 5.54 设上拱度时上弦节点板螺栓孔的位置

由图 5.55 所示的几何关系可知：

$$\frac{R}{d} = \frac{R+H}{d+\Delta}, \qquad R^2 = \left(\frac{L}{2}\right)^2 + (R-f)^2 \tag{5.66}$$

式中 R——上拱度圆曲线半径；

H——主桁高度；

f——跨中预设上拱度。

由以上两式可得上弦杆的理论伸长 Δ 与跨中预设上拱度 f 的关系：

$$\Delta = \frac{8dH}{L^2} f \tag{5.67}$$

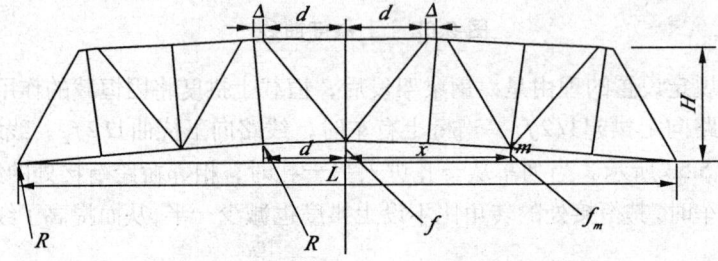

图 5.55 上弦杆的理论伸长 Δ 与跨中预设上拱度 f 的几何关系

对于不同跨度的桁梁，上弦杆的理论伸长量 Δ 应按上式根据各自所需的上拱度 f 确定，大小有所差异。我国跨度 $L=48$ m、64 m，80 m 的标准桁梁计算所需的 Δ 值相差不大，其平均值为 8 mm 左右。为了使不同跨度桁梁的上弦节点板能用同一块机器样板制造，我国跨度 $L=48$ m、64 m、80 m 桁梁的上弦节点板上一律采用 $\Delta=8$ mm。这样，就可由 $\Delta=8$ mm 按下式计算不同跨度桁架桥跨中的实设上拱度：

$$f = \frac{L^2}{8dH} \Delta \tag{5.68}$$

下弦其他任一节点 m 处的上拱度为：

$$f_m = f - \left(R - \sqrt{R^2 - x^2}\right) \tag{5.69}$$

其中 $R = \dfrac{L^2}{8f}$

5.8.3 横向刚度

桥跨结构应具有必要的横向刚度，借此避免列车通过桥梁时发生巨大的摆动。桥跨的横向刚度与两片主桁的中心距密切相关，根据以往钢梁运营的经验，《桥规》要求主桁中心距应不小于桥梁跨长的 1/20。

本 章 小 结

（1）下承式简支栓焊钢桁架桥由主桁架、联结系、桥面系、制动联结系、桥面、支座及墩台等几个主要部分组成。主桁架是钢桁架桥的主要承重结构，主要承受竖向荷载。联结系将两片主桁架联结在一起使桥跨结构成为稳定的空间结构。纵向联结系的主要作用是承受作用于桥跨结构上的横向水平荷载，也可减小弦杆在主桁平面外的计算长度。中间横联的作用是增加钢桁架桥的抗扭刚度，而端横联主要承受由上平纵联传来的横向荷载，因而所受的力要比中间横联大得多。桥面系由纵梁、横梁及纵梁之间的联结系组成，主要承受并传递竖向荷载和纵向荷载。制动联结系的作用是使作用于纵梁上的纵向水平制动力通过制动联结系传至主桁架，从而减小纵向荷载对桥面系杆件特别是横梁的不利影响。

（2）主桁架最常见的几何图式是三角形腹杆体系，斜杆与弦杆构成等腰三角形，可带竖杆或不带竖杆。三角形腹杆体系的主要优点是构造简单、杆件类型少，有利于设计标准化，便于制造和安装。对于大跨度的桁架桥，主桁几何图式有再分式或米字形。主桁的基本尺寸主要有主桁高度、节间长度、斜杆倾角及主桁中心距等。

（3）钢桁架桥的内力计算目前《桥规》中仍推荐使用简化的计算方法，即将桥跨结构划分为若干个平面系统分别计算，但应考虑各个平面系统间的共同作用和相互影响。这些平面系统包括主桁架、平纵联、横联、桥门架（端横联）、纵梁、横梁等。

（4）作用在桥梁上的荷载可分为主力和附加力：主力包括恒载和活载；附加力包括横向附加力（如横向风力，列车摇摆力，曲线桥上的离心力等）、纵向附加力（如列车制动力或牵引力）以及由桁架桥各个平面系统间的共同作用和节点的刚性连接所引起的附加力。

（5）主桁杆件的内力计算采用结构力学中的影响线面积法。将主力单独作用、主力+横向附加力以及主力+纵向制动力等三种内力并考虑各自的容许应力提高系数分别进行组合，取其中最大者作为主桁杆件的设计计算内力。

（6）主桁杆件的截面设计，应首先选择杆件的截面形式，然后根据构造及受力要求确定其外轮廓尺寸（指高度和宽度）和细部尺寸（厚度）。简支下承式桁架桥的下弦杆一般是疲劳强度控制设计；上弦杆一般是由整体稳定控制设计，两者都要验算刚度。

（7）主桁节点的设计要考虑受力、制造和安装等方面的要求，必须保证其强度。

（8）桥面系是指由纵梁、横梁及纵梁之间的联结系组成的结构。纵、横梁的连接，在纵梁腹板上设一对连接角钢与横梁腹板相连，在纵梁上下翼缘上各设一块鱼形板与横梁及相邻的纵梁翼缘相连。这种连接构造简单，传力较好。中间横梁梁端用一对连接角钢与主桁节点相连。端横梁梁端除用一对连接角钢与内侧端节点板相连外，还设有一块盖板，将横梁上翼缘与主桁端节点板相连以承受梁端弯矩。

（9）为了减少横梁由于共同作用所产生的水平弯矩，《桥规》规定：跨度大于80 m的简支桁架桥应在跨中的一个节间内设有纵梁断开。

（10）计算纵、横梁的内力时，近似地将其简化为简支梁计算。内力包括弯矩和剪力。纵梁梁端既传递剪力又传递弯矩。在计算时为了简化，假设剪力全部由连接角钢承受，而弯矩则由鱼形板传递。

（11）为了保证钢桁梁具有一定的竖向刚度，就必须限制钢桁梁的挠度。《桥规》规定：简支桁梁桥由静活载（不计冲力）所引起的竖向最大挠度 f_k 不得超过计算跨度 L 的1/900。但挠度限制过严会给桁梁设计带来困难，同时也会使高强度钢材的使用受到限制。因此，在限制挠度的同时，再把桁梁预先做成向上拱的曲线，则当列车过桥时线路转折角进一步减小，使桥上线路更为平顺。因此，《桥规》要求桥跨结构应预设上拱度。对简支桁架桥而言，按《桥规》规定，上拱度曲线应与恒载和一半静活载所生的挠度曲线基本相同，而方向相反。

（12）桥跨结构应具有必要的横向刚度，桥跨的横向刚度与两片主桁的中心距密切相关。《桥规》要求主桁中心距应不小于桥梁跨长的 1/20。

思 考 题

1. 下承式简支栓焊桁架桥由哪几个部分组成？
2. 说明下承式简支栓焊桁架桥竖向荷载的传力路线。
3. 水平纵向联结系和横向联结系的作用是什么？
4. 选取主桁高度时应注意些什么因素？
5. 节间过长会有什么不利影响？
6. 由于桥跨结构的空间作用和节点的刚性连接对桥梁杆件内力的影响主要表现在哪几个方面？
7. 什么是桁架桥的横向框架效应？
8. 试解释活载发展均衡系数 η 的含义。
9. 桁架桥所受的横向风力由哪些构造来承受？试说明横向风力的传递路线。
10. 什么是桥门架效应？
11. 试说明平纵联弦杆内力的计算方法。
12. 纵向水平制动力（或牵引力）对桥跨结构的哪个构件有什么不利的影响？为了消除这种不利影响，工程上采取了什么构造措施？
13. 试分析说明水平制动力对桁架端节点的影响。
14. 主桁杆件内力的计算需考虑哪几种内力组合？分别给出其组合内力及对应的设计容许应力。
15. 试给出下弦杆 E_0E_1（即端下弦杆）的检算项目？
16. 设计节点板时，一般检算哪些内容？
17. 桥面系由哪几个部分组成？
18. 制动联结系的作用是什么？
19. 为什么跨度大于 80 m 的简支桁架桥应设有纵梁断开？
20. 挠度过大会对桥跨结构产生什么不利影响？

第6章 连续钢桁架桥

6.1 概 述

在铁路桥梁中,连续桁架桥得到了越来越广泛的采用。在我国,除著名的武汉和南京长江大桥采用了大跨度连续桁架桥外,在其他铁路线上也修建了许多这种类型的桥梁。如白沙沱长江大桥（4×80 m）、汉江大桥（4×128 m）、嘉陵江大桥（96 m+144 m+964 m）、金沙江大桥（112 m+176 m+112 m）、枝城长江大桥（4×160 m+5×128 m）、官山河大桥（3×64 m）、连地黄河大桥（4×80 m+4×80 m+3×80 m）、淮河大桥（5×80 m）等均为连续钢桁梁桥。1999年建成的长（垣）东（明）黄河二桥,正桥部分由9孔96 m的简支钢桁梁和一联4×108 m、一联3×108 m的连续钢桁梁桥组成,钢桁梁采用整体焊接节点新结构,使我国钢桥技术迈进了世界钢梁向少栓多焊结构发展的先进行列。2000年建成的芜湖长江大桥,正桥钢梁共5联,除第4联为180 m+312 m+180 m的钢斜拉桥外,其余4联均为跨度不等的连续钢桁梁。

6.1.1 连续桁架桥的优缺点

和简支桁架桥相比,连续桁架桥具有下列优点:

(1) 便于采用伸臂法架设钢梁。这是连续桁架桥的一个显著优点,因为在恒载和活载作用下,连续桁架桥的杆件内力和安装钢梁时的杆件内力较为相似,这就使桁架杆件不会因采用伸臂法架梁而过多地加大截面或采用临时加固措施。

(2) 具有较大的竖向刚度和横向刚度。与同等跨度的简支桁梁相比,连续桁梁具有较小的挠度,因而其竖向刚度较大;同时,由于连续桁梁的上、下平纵联的横向支撑在各支点处的桥门架上,相当于水平方向的连续桁梁,具有较小的横向挠度,因而也具有较大的横向刚度。另外,连续桁梁的挠度曲线匀顺连续,列车的冲击作用小,有利于高速行车。

(3) 采用大跨度连续桁架桥,在用钢量方面,可比同跨度的简支桁架桥稍有节省,当跨度大于100 m时,大致可省4%~7%左右。

(4) 从抢修要求出发,连续桁架桥因具有多余约束,当桁梁遭到局部破坏时,不易全部坍塌,较易修复。

连续桁架桥也有它的缺点,主要是:

(1) 连续桁梁是外部超静定结构,若因地质不良,基础发生沉陷时,桁梁的杆件产生附加内力。不过,根据研究分析,这种附加内力对基础沉陷并不敏感,当3×100 m的连续桁梁中间两支点同时沉落1.0 cm时,杆件的附加应力最大约2.1 MPa,仅为16Mnq钢基本容许应力的1.05%。若出现的不均匀沉陷较大,可用调整支座高度的方法来消除其影响。

（2）连续桁架桥的固定支座通常设在中间支点上，使几跨的制动力集中在一个桥墩上，故"制动墩"（设有固定支座的桥墩）受力很大，增加了桥墩及基础的建设费用。

（3）连续桁架桥的杆件、节点类型多，设计不宜标准化。另外，中间支点承受负反力，使支座的设计复杂化。

6.1.2 连续桁架桥的几何图式和主要尺寸

在拟定连续桁架桥的几何图式和主要尺寸时，应从节约钢料、保证桥梁具有必需的竖向和横向刚度、结构构造合理、便于制造和安装以及养护、运营等方面的问题作综合的考虑。

1. 几何图式

和简支桁架桥一样，连续桁架桥最简单的几何图式是平行弦桁式。图6.1所示武汉长江大桥采用的三跨连续桁梁的几何图式即为平行弦桁式。由于连续梁内，中间支点附近的弯矩值变化急剧，若采用桁高相等的平行弦桁架，则该处弦杆内力变化很大。为此，可以让中间支点附近的桁高局部加大（这种图式称为曲线弦桁式）或加设第三弦，从而使弦杆内力变化比较均匀。如图6.2所示，在中间支承处加大桁高的两跨连续桁架桥，但是，这样会使杆件长度变化较多，也使架梁时架桥机难于在上弦行走。较好的方法是在下弦设第三弦杆，如图6.3所示，南京长江大桥就采用这个方法。

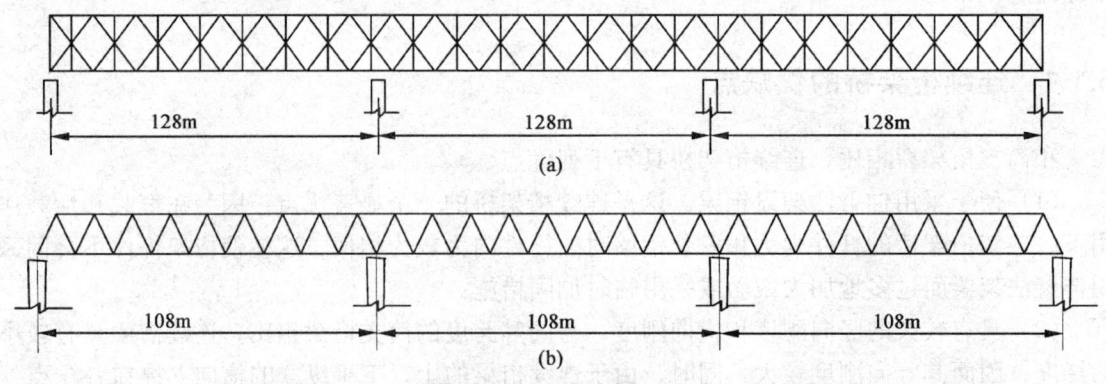

图6.1 连续桁架桥的几何图式——平行弦桁式

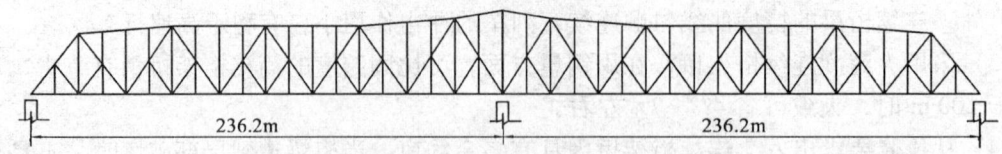

图6.2 连续桁架桥的几何图式——曲线弦桁式

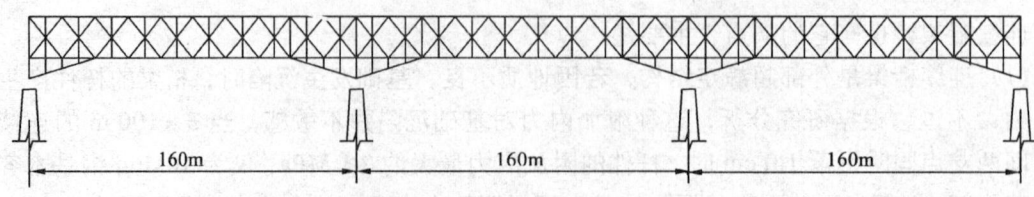

图6.3 连续桁架桥的几何图式——加劲弦桁式

连续桁架桥和简支桁架桥的腹杆体系并无不同，根据不同的跨度、桁高和节间长度可分别采用三角形、米字形、再分式以及其他形式。

2. 跨联布置

连续桁架桥的每一联，一般包括两跨或三跨。当采用两跨连续时，一般做成两跨相等；当采用三跨连续时，从用料经济方面考虑，可让边跨的长度等于中间跨长的 0.75～0.8 倍左右，使边跨所受的弯矩和中跨所受的弯矩大致相近；当全桥有多联的三跨连续梁时，为使桥梁从总体上看比较匀称美观，也可使三跨相等。

考虑到用伸臂法架梁的方便和减少水中桥墩圬工数量，连续桁架桥也有做成四跨连续或五跨连续的。但随着连续跨度数目的增加，梁端因温度变化而引起的水平位移将加大，这就使梁端伸缩处的构造比较复杂；同时，固定支座所传递的制动力也大大增加，因而使制动墩的工程数量增大。用钢量方面，四跨或五跨连续与三跨连续相比，差别很小。

3. 主要尺寸

桁高：从省料和刚度要求考虑，连续桁架桥的桁高可比简支桁梁小些。对下承式连续桁梁，大致可取跨长的 (1/7～1/8) 左右。

主桁中心距：前已指出，连续桁架桥不仅具有较大的竖向刚度，而且具有较大的横向刚度。因此，在其他条件相同的情况下，下承式连续桁架桥的主桁中心距可较简支桁架桥稍小些。

主桁节间长度：我国设计的连续桁架桥主桁节间长度一般均采用 8 m。考虑到大跨度连续桁架桥的杆件截面大，若仍用 8 m 的节间长度，则因节点刚性所生的次应力较高。而且，由于主桁的高度较大，为了维持适当的斜杆倾角，采用较大的节间长度也有必要。因此，对于大跨度的连续桁架桥，如钢厂供料无问题，可考虑采用大于 8 m 的节间长度。图 6.4 所示的三角形桁式的双线铁路连续桁架桥，桁高 15 m，节间长度为 9.5 m。前面图 6.1（b）中所示的无竖杆三角形桁式，节间长度及桁高均为 12 m。

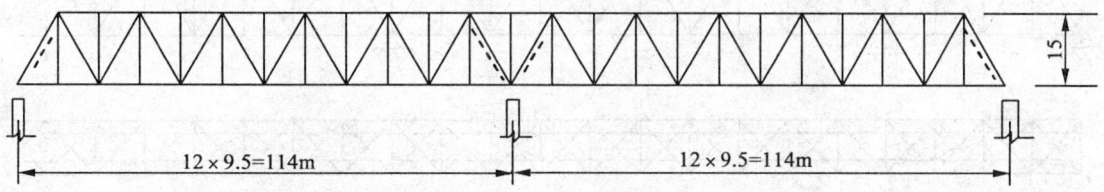

图 6.4 连续桁架桥的三角形主桁几何图式

为使连续桁架桥具有较大的横向刚度，其平纵联也必须是连续的。为此，在端支承及中间支承处均需设置桥门架，以传递横向水平力。如图 6.4 中所示虚线表示，在该斜杆平面设有斜桥门架。

连续桁架桥主桁杆件的截面形式和截面选择所应注意的问题与简支桁架桥相同，但在大跨度桁架桥中，由于主桁杆件截面大，所用焊接的板厚大，目前所采用的钢材（如 Q345q、Q370q 等）可焊接的板厚达 50 mm。

6.2 连续桁架桥的构造特点

6.2.1 桥门架、纵梁断开及制动撑架的布置

1. 桥门架

在下承式连续桁架桥中，除设置端桥门架外，还应在中间支点处设置中间桥门架。这样，作用在上平纵联的横向水平力，不仅通过端桥门架，而且也通过中间桥门架传递到墩台上去。由于在中间支点处增设了桥门架，也为上平纵联提供了中间支承，从而使它成为一个连续的平面桁架，加强了它的横向刚度。中间桥门架的结构图式，与下承式简支桁架桥的横向联结系相似，它是用主桁杆件作为它的腿杆，并在腿杆上部增设楣杆。中间桥门架的布置有两种方法：一种是利用竖杆作为腿杆，在支点处形成一个竖直的中间桥门架，这种布置方法构造较简单，便于制造与架设，但为此必须增大支点处竖杆的截面以承受因"桥门架效应"而产生的附加内力；另一种是利用支点处左右两斜杆作为腿杆，在支点处形成左右两个斜向的中间桥门架，由于在主力作用下两斜杆受力很大，因而所设计的截面也较大，通常无需因设置桥门架而增大其截面。

2. 纵梁断开及制动撑架的布置

我们已经知道，对于简支桁梁，当跨度大于 80 m 时，应将纵梁断开。对于下承式连续桁梁来说，在恒载及活载作用下，同一跨间内中间支点附近的下弦杆受压，因而，连续桁梁的纵向变形量小于同跨长的简支桁梁。因此，跨度稍大于 80 m 的连续桁梁也可不设纵梁断开。当连续桁梁受拉区的长度大于 80 m 时，要在跨中设置纵梁断开。纵梁不断开的连续桁梁，其制动撑架设在跨中；当纵梁需断开时，由于断开点设在跨中，这时，制动撑架就设置在支点与纵梁断开点间的中部，如图 6.5 所示。

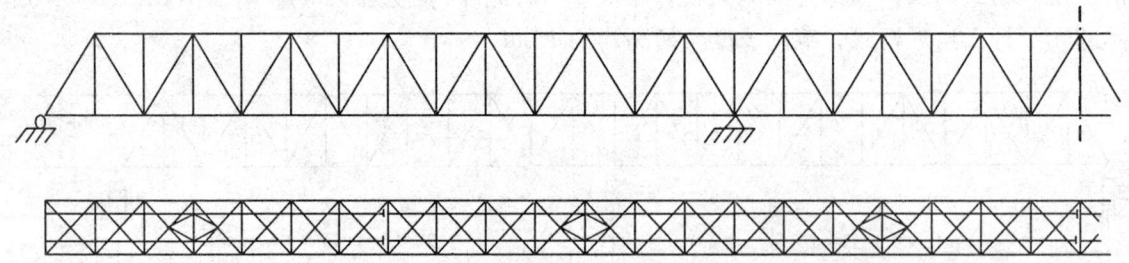

图 6.5 纵梁断开时制动撑架的位置

6.2.2 支座的布置

连续桁梁的几个支点中只有一个支点设置固定支座，而作用在梁上的制动力却较同跨度的简支桁梁大几倍。制动力的绝大部分是通过固定支座传递到墩、台上去的。因此，最好将固定支座布置在高度较低而基础较好的墩、台之上，以使墩、台及基础的用料可以得到节省。

1. 将固定支座布置在端支点或桥台处的利与弊

从下部结构的受力来看，可平衡桥台后的土压力，这是有利的一面。但从上部结构来看，这样的布置却带来一些不利的影响，表现为：

（1）使端节点的弦杆和斜杆受力不利。由于制动力大，它对支承节点所产生的附加弯矩也大。当桁梁为三角形腹杆体系时，则只有两根杆件分担此附加弯矩。因此，端下弦杆及端斜杆将承受很大的弯矩。

（2）使桁梁另一端由于活载及温度变化产生的总伸缩量较大，从而使梁端连接及线路构造变得复杂。

（3）对固定支座受力不利。如图 6.6 所示，当三孔均有活载，而第四孔无活载时，若列车在桥上紧急制动，则端支点处的固定支座承受压力小而纵向水平力大，故支座底面与支承垫石间的摩擦力小，大部分纵向水平力将由锚栓承受。当水平力过大时，锚栓将产生弯曲变形。在这种情况下，设计时应考虑添设某些措施，以分担锚栓所受的水平力。

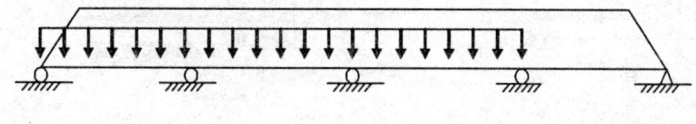 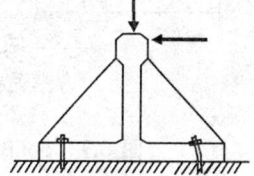

图 6.6 受力不利的固定支座布置

2. 将固定支座布置在中间支点上的利与弊

与上相反，将固定支座布置在中间支点上，其有利的方面是：

（1）制动力对支承节点所产生的附加弯矩可由五根杆（带竖杆时）或四根杆（不带竖杆时）分担，对交汇于该支承节点上的杆件受力有利；

（2）使桁梁活动端的总伸缩量变小，对线路及桥跨连接有利。

不利的方面表现为：制动墩的圬工量大，特别要尽量避免将固定支座布置在高墩上。

综上所述，连续桁梁的固定支座的布置，不仅影响桥梁下部结构，而且影响上部结构。在处理这个问题时，应从各个方面综合考虑。

6.2.3 主桁中间支承节点的构造特点

图 6.7 所示为 3×80 m 单线铁路下承式连续桁梁中间支点处主桁节点的示意图。该节点有 5 根杆件在此交汇，水平面内连接有横梁及平纵联斜杆，平纵联斜杆的截面通常采用工字形。因此，它有上下两块节点板，主桁节点板下缘磨光并与平纵联的下节点板顶紧。在平纵联的下节点板之下设有座板，它是 1—□730 mm×20 mm×800 mm 的钢板，直接支承在支座的上摆顶面上。支座反力通过座板传到节点板上，再通过节点板与各杆件的内力平衡。在主荷载作用下，支座反力相当大，为了加强传递支座反力的板束刚度，在节点中央处弦杆内加设横隔板。

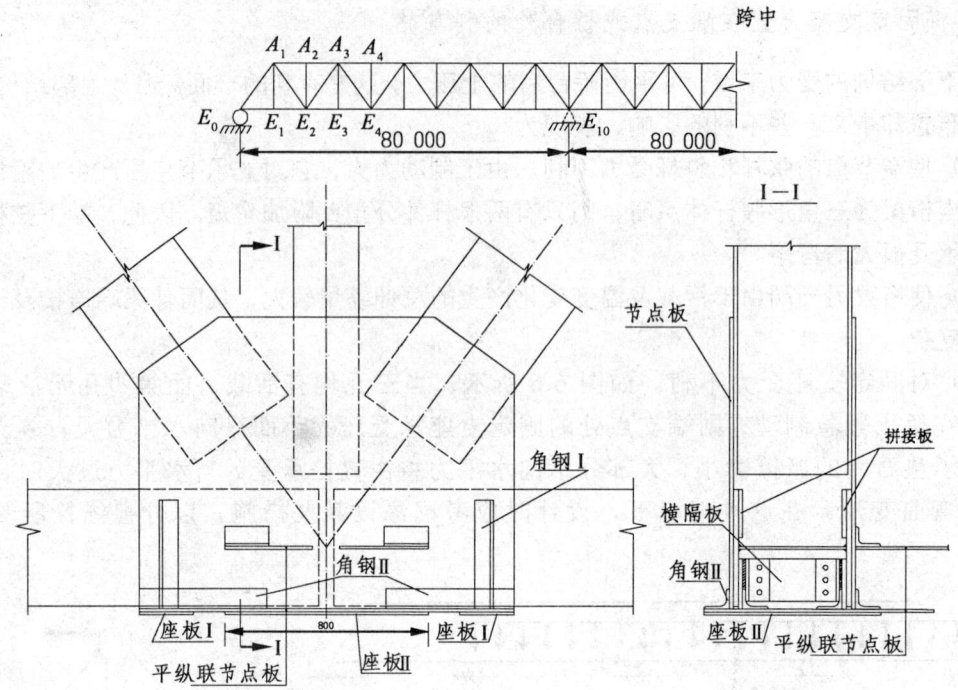

图 6.7 3×80 m 单线铁路下承式连续桁梁中间支点处主桁节点示意图

为了安装和维修时顶、落梁的需要，中间支点处的主桁节点应考虑设置千斤顶的需要。3×80 m 连续桁梁的中间支点安装反力达 4 390 kN，若起顶横梁的截面用普通横梁的截面尺寸，则它只能承受 1 500 kN 左右的起顶反力。因此，必须在节点板下支座两旁各安装一个千斤顶。为了传递千斤顶作用力，千斤顶布置处各设一块座板，与主桁节点板顶紧并用连接角钢Ⅱ连接；同时在主桁节点板外侧加设角钢Ⅰ，其下端与角钢Ⅱ顶紧。这样，每侧主桁共布置三个千斤顶，每个顶点的控制起顶力按 1 500 kN 计，即可满足起顶要求。

6.2.4 整体焊接节点的构造

近年来，整体焊接节点新结构在连续桁架桥和简支桁架桥中都得到了广泛的应用，推动了我国钢桥向整体、轻型、大跨方向的发展。如图 6.8 所示。这种节点的特点是节点板与一侧弦杆直接焊连，其余杆件在节点外拼接，增强了节点的整体性，减少了工地连接螺栓，也减轻了桥跨自重。如图 6.9 所示为某连续桁架桥的下弦节点图。

图 6.8 整体焊接节点的构造示意图

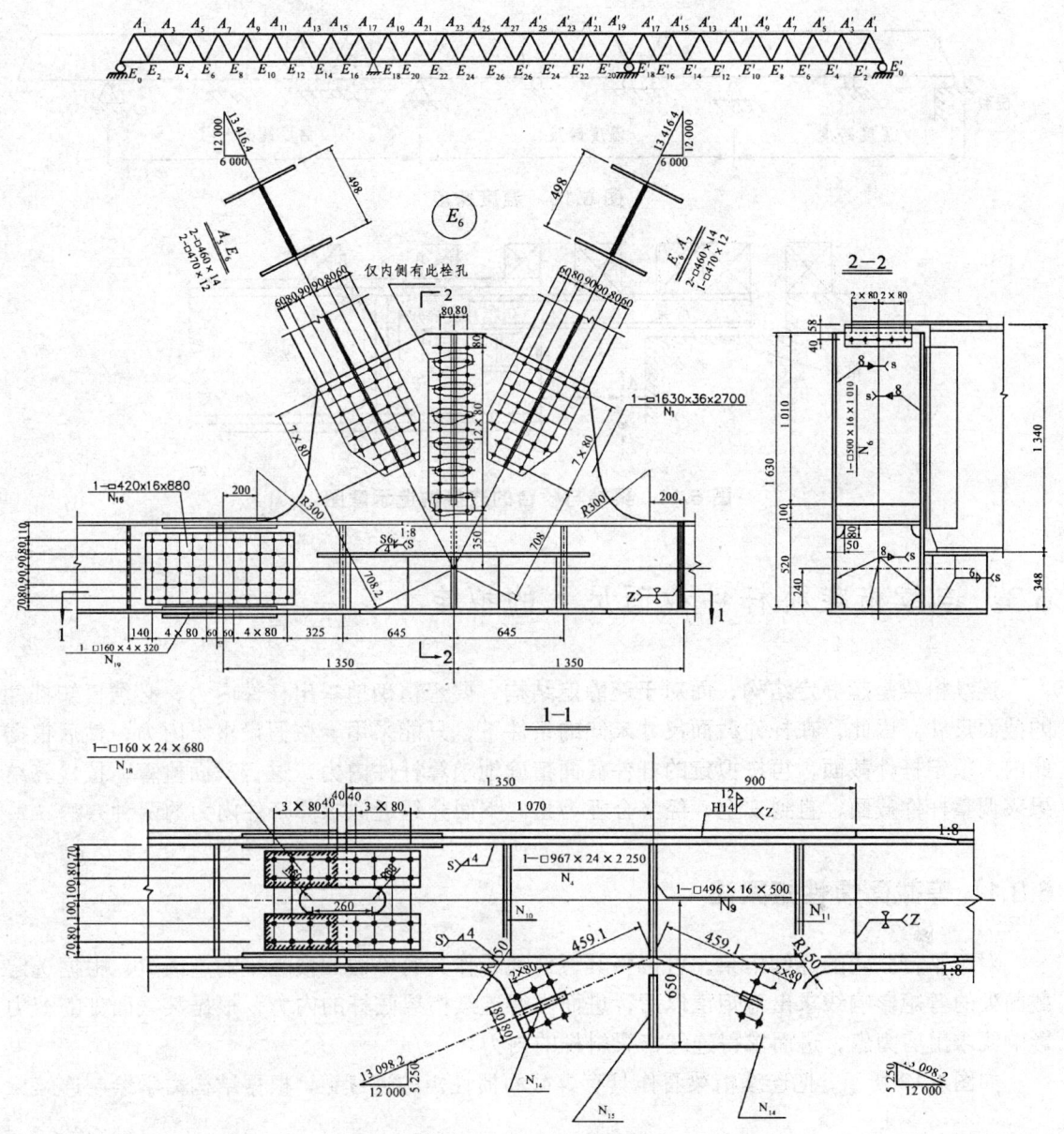

图 6.9 连续桁梁下弦整体节点构造图（单位：mm）

6.2.5 桁梁活动端与桥台及相邻桥跨的连接构造

桁梁活动端的伸缩是由于活载及温度变化而产生的，其中由温差产生的伸缩量占主要部分。相邻两梁端之间或梁端与桥台挡碴墙之间的伸缩量，与"温度跨度"的长度成正比。所谓温度跨度是指相邻两联桁梁固定支座之间的距离或与桥台毗邻的桁梁的固定支座至桥台挡碴墙的距离，如图 6.10 所示。

连续桁梁的温度跨度往往较大，相邻两梁端之间或梁端与桥台挡碴墙之间需留有较大的净距。若净距过大时，在此处应加设小滑梁，如图 6.11 所示。

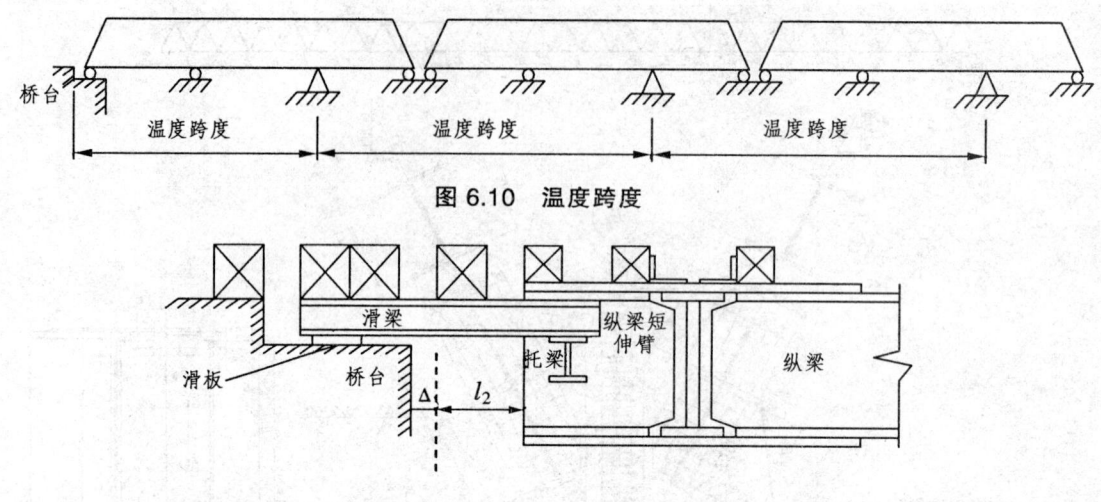

图 6.10 温度跨度

图 6.11 梁端与桥台的连接构造示意图

6.3 连续桁架桥杆件截面尺寸的拟定

连续桁梁是超静定结构,而对于超静定结构,要想精确地求出杆件内力,必须已知杆件的截面尺寸。因此,在杆件截面尺寸未知的条件下,只能采用一些假设求出内力,然后根据此内力拟定杆件截面,再按拟定的杆件截面精确地求算杆件内力,进行截面检算,按检算结果来调整杆件截面,直到安全、经济合理为止。下面介绍近似求算杆件内力的两种方法。

6.3.1 等截面惯性矩梁法

对于平行弦式的连续桁梁,可以将其近似地看作具有等截面惯性矩的连续梁。根据选定截面处的弯矩影响线求出弯矩值以后,进而求得连续桁梁弦杆的内力;根据某截面处的剪力影响线求出剪力值,进而求得连续桁梁斜杆的内力。

如图 6.12 所示,把连续桁梁看作具有等截面惯性矩的连续梁。根据结构力学绘制连续梁

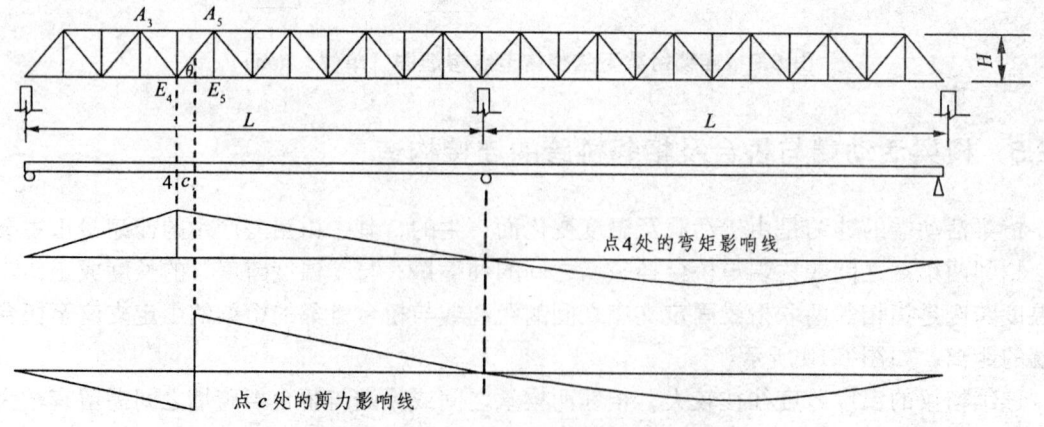

图 6.12 等截面惯性矩连续梁的计算图式

内力影响线的方法画出点 4 截面处的弯矩影响线，又根据结构力学影响线面积法求得该截面处的弯矩值 M_4（恒载弯矩＋活载弯矩），则弦杆 A_3A_5 的内力为 M_4/H。又由等截面惯性矩连续梁 C 点处的剪力影响线求得的剪力（恒载剪力＋活载剪力）当做节间 E_4E_5 的剪力 Q_{4-5}，则斜杆 E_4A_5 的内力为 $Q_{4-5}/\sin\theta$。

求得杆件内力后，即可按结构设计原理的方法拟定杆件的截面尺寸，然后按拟定的杆件截面精确地求算杆件内力，进行截面检算。由于此法是把连续桁梁近似看作具有等截面惯性矩的连续梁，因此，它只适用于平行弦的连续桁梁。

6.3.2 设桁梁杆件的 I/A 为常数

此法是把连续桁梁的杆件长度与其毛截面面积 A 的比值视为常数，然后根据结构力学解超静定结构的方法计算杆件内力。以两跨连续桁梁为例加以说明，如图 6.13 所示。

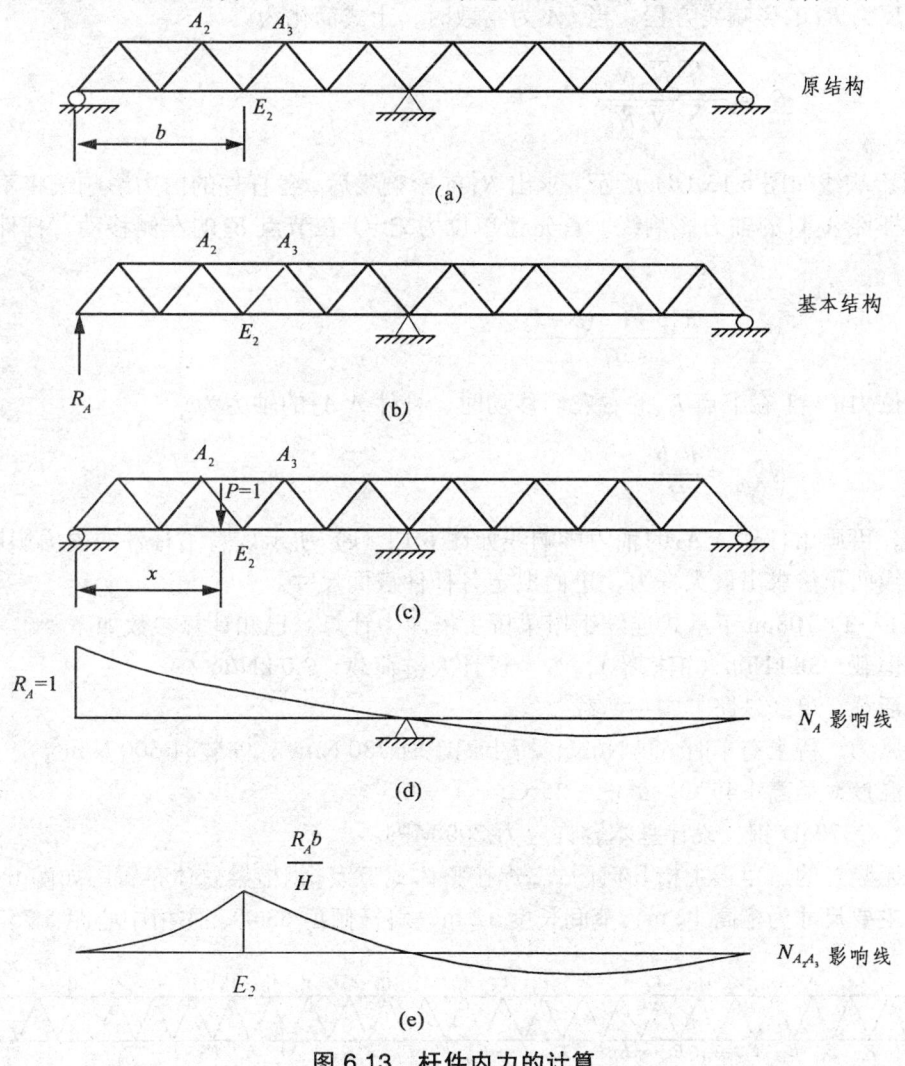

图 6.13 杆件内力的计算

为了求弦杆 A_2A_3 的内力，先求出在竖向荷载作用下所产生的弯矩 M_2，再除以桁高 h 即

得弦杆 A_2A_3 的内力。为了求弯矩 M_2，先作出 M_2 的影响线，利用影响线面积法求解。为此，须先将多余力的影响线求出。

多余力的影响线求法：

取 A 点反力 R_A 为多余反力，基本结构如图 6.13（b）所示，根据支点 A 的竖向变位等于零的条件得：

$$\delta_{A1}R_A + \Delta_{AP} = 0 \tag{6.1}$$

$$R_A = -\frac{\Delta_{AP}}{\delta_{A1}} = -\frac{\sum \frac{\overline{N}_A N_P}{E} \cdot \frac{l}{A}}{\sum \frac{\overline{N}_A \overline{N}_A}{E} \cdot \frac{l}{A}} \tag{6.2}$$

由于 P 是沿梁移动的，故当 $P=1$ 时，Δ_{AP} 即代表基本结构 A 点的变位影响线，上式(6.2)就是多余反力 R_A 的影响线方程。当 l/A 为常数时，上式简化为

$$R_A = -\frac{\sum \overline{N}_A N_P}{\sum \overline{N}_A \overline{N}_A} \tag{6.3}$$

R_A 的影响线如图 6.13（d）所示。求出 R_A 的影响线后，各杆件的内力影响线将不难求出。如为了求杆件 A_2A_3 的轴力影响线，首先让单位力 $P=1$ 在节点 E_2 的左侧移动，杆件 A_2A_3 的轴力为：

$$N_{A_2A_3} = \frac{R_A b - 1 \cdot (b-x)}{H} \tag{6.4}$$

当单位力 $P=1$ 在节点 E_2 的右左侧移动时，杆件 A_2A_3 的轴力为：

$$N_{A_2A_3} = \frac{R_A b}{H} \tag{6.5}$$

据此，可画出杆件 A_2A_3 的轴力影响线如图 6.13（e）所示。有了杆件的内力影响线，即可按影响线面积法求出最大杆力，进而拟定各杆件截面尺寸。

例 6.1 3×108 m 下承式连续钢桁梁桥主桁内力计算。已知计算参数如下：

设计恒载：38 kN/m（钢桁梁）； 设计人群荷载：3.0 kN/m²；

设计活载：单线铁路"中—活载"；

设计风力：桥上有车时 624 N/m²；桥上无车时 780 N/m²；安装时 500 N/m²；

设计温度：最高 $+45$°C，最低 -25°C；

材料：Q370qD 钢，设计基本容许应力 200 MPa。

采用无竖杆的三角形主桁几何图式，焊接整体式节点，钢桁梁总体布置图如图 6.14 所示。钢桁梁各主要尺寸为桁高 12 m，节间长度 12 m，斜杆倾角 63.4°，主桁中心距 5.75 m。

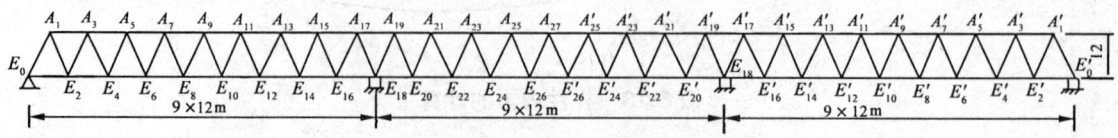

图 6.14 钢桁梁总体布置图

主桁所受的荷载包括主力、附加力和特殊荷载。主力有恒载和活载。这里，恒载只考虑结构自重，活载只考虑列车竖向荷载，并计入冲击效应。附加力有横向风力、列车摇摆力和制动力等。为简单计，主桁所受的荷载不考虑特殊荷载，如地震力、船只撞击力等，并按等截面惯性矩连续梁计算杆件内力。

1) 主力作用下主桁杆件内力计算

主力作用下连续桁梁主桁杆件的内力计算仍采用平面铰接桁梁计算模型。首先计算等截面惯性矩连续梁指定截面处的弯矩值及剪力值，再求得连续桁梁相应位置的弦杆内力和斜杆内力。

(1) 等截面惯性矩连续梁指定截面处的弯矩、剪力影响线。如图 6.15 所示，根据结构力学知识，求等截面惯性矩连续梁指定截面处的弯矩和剪力影响线时，先求出连续梁与指定截面相邻的中间支座处的弯矩影响线，然后就可按叠加原理求出指定截面处的弯矩和剪力影响线。现在，要求截面 5 的弯矩影响线和截面 C 的剪力影响线，可先求出支座 1 的弯矩影响线。首先解除支座 1 处与弯矩 M_1 相应的约束（即将支座 1 处改为铰接），并以 M_1 代替其作用，这样，就得到了如图 6.15（c）所示的基本结构（仍为超静定结构）。其力法

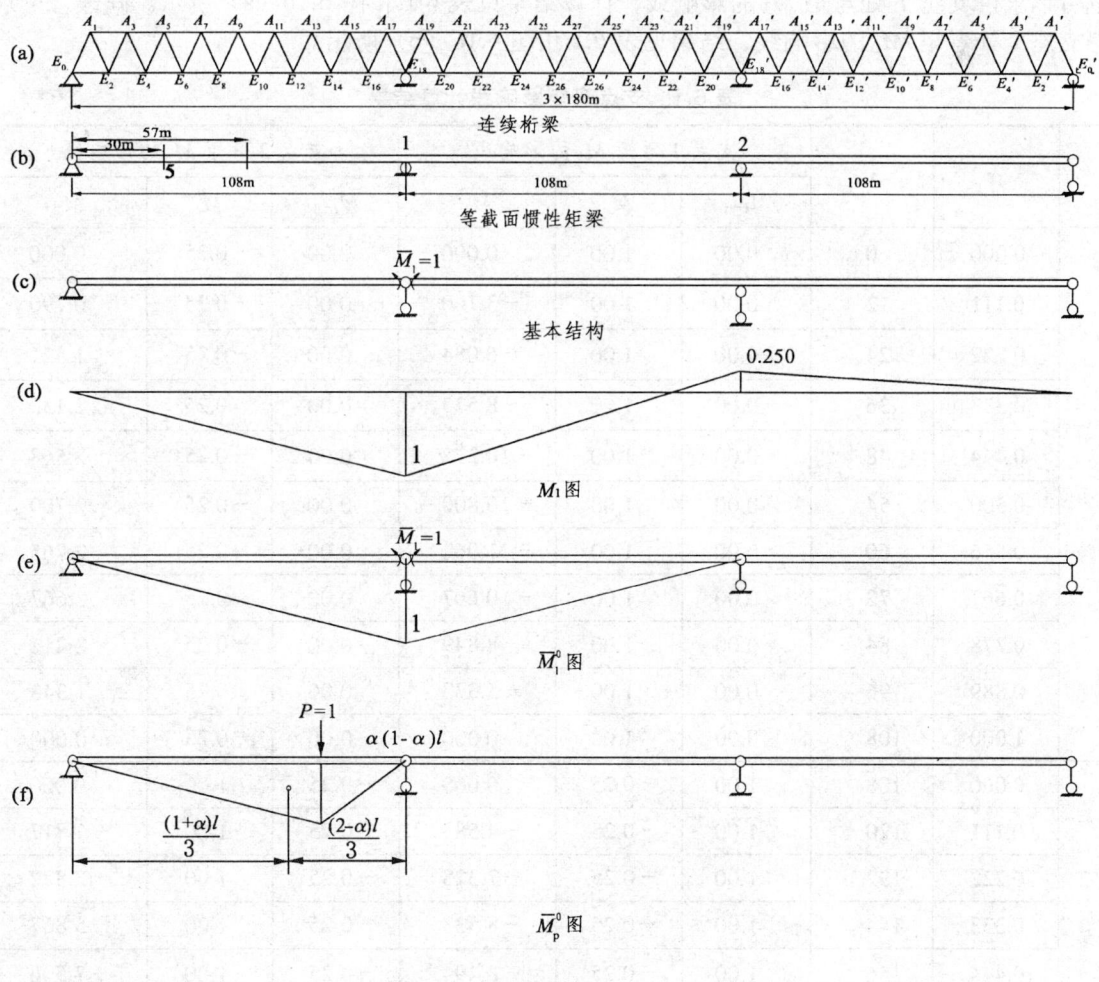

图 6.15

典型方程如下：

$$\delta_{11}M_1 + \delta_{1P} = 0 \tag{6.6}$$

则：

$$M_1 = -\frac{\delta_{1P}}{\delta_{11}} = -\frac{\delta_{P1}}{\delta_{11}} \tag{6.7}$$

式中　δ_{11}——基本结构上由于 $\overline{M}_1=1$ 的作用引起的沿 M_1 方向的位移；

　　　δ_{1P}——基本结构上由于 $P=1$ 的作用引起的沿 M_1 方向的位移，根据位移互等定理，它等于基本结构上由于 $\overline{M}_1=1$ 的作用引起的竖向位移 δ_{P1}。

式（6.7）即为求解支座 1 处弯矩 M_1 影响线的公式。由于基本结构仍为超静定结构，因此，计算 δ_{11} 时要按求超静定结构位移的方法进行计算。即先求出基本结构在 $\overline{M}_1=1$ 作用下结构的弯矩图，即 $\overline{M}_1$ 图 [见图 6.15 (d)]，再选取一个静定的基本结构并在这个静定的基本结构上将一对单位力偶加在与 $\overline{M}_1$ 作用的相应位置上求出相应的弯矩图，即 $\overline{M}_1^0$ 图 [见图 6.15 (e)]，然后利用图乘法计算出 δ_{11}。同理，在静定的基本结构上任意位置加一个单位力，求出相应的弯矩图，即 $\overline{M}_P^0$ 图 [见图 6.15 (f)]，然后利用图乘法计算出 δ_{1P}。这样，根据公式（6.7）就可以求得支座 1 处弯矩 M_1 的影响线，计算结果见表 6.1 和图 6.16 (a) 所示。同理，可求得支座 2 处弯矩 M_2 的影响线，结果见表 6.1 和图 6.16 (b) 所示。

表 6.1　支点弯矩影响线计算结果

	α	x	支点 1 弯矩 M_1 的影响线			支点 2 弯矩 M_2 的影响线		
			M_{i-1}	M_i	M_1	M_{i-1}	M_i	M_2
	0.000	0	0.00	1.00	0.000	0.00	-0.25	0.000
	0.111	12	0.00	1.00	-3.160	0.00	-0.25	0.790
	0.222	24	0.00	1.00	-6.084	0.00	-0.25	1.521
	0.333	36	0.00	1.00	-8.533	0.00	-0.25	2.133
第	0.444	48	0.00	1.00	-10.272	0.00	-0.25	2.568
1	0.500	54	0.00	1.00	-10.800	0.00	-0.25	2.700
跨	0.556	60	0.00	1.00	-11.062	0.00	-0.25	2.765
	0.667	72	0.00	1.00	-10.667	0.00	-0.25	2.667
	0.778	84	0.00	1.00	-8.849	0.00	-0.25	2.212
	0.889	96	0.00	1.00	-5.373	0.00	-0.25	1.343
	1.000	108	0.00	1.00	0.000	0.00	-0.25	0.000
第	0.000	108	1.00	-0.25	0.000	-0.25	1.00	0.000
2	0.111	120	1.00	-0.25	-4.583	-0.25	1.00	-1.817
跨	0.222	132	1.00	-0.25	-7.328	-0.25	1.00	-3.872
	0.333	144	1.00	-0.25	-8.533	-0.25	1.00	-5.867
	0.444	156	1.00	-0.25	-8.494	-0.25	1.00	-7.506

续表 6.1

	α	x	支点 1 弯矩 M_1 的影响线			支点 2 弯矩 M_2 的影响线		
			M_{i-1}	M_i	M_1	M_{i-1}	M_i	M_2
第2跨	0.500	162	1.00	−0.25	−8.100	−0.25	1.00	−8.100
	0.556	168	1.00	−0.25	−7.506	−0.25	1.00	−8.494
	0.667	180	1.00	−0.25	−5.867	−0.25	1.00	−8.533
	0.778	192	1.00	−0.25	−3.872	−0.25	1.00	−7.328
	0.889	204	1.00	−0.25	−1.817	−0.25	1.00	−4.583
	1.000	216	1.00	−0.25	0.000	−0.25	1.00	0.000
第3跨	0.000	216	−0.25	0.00	0.000	1.00	0.00	0.000
	0.111	228	−0.25	0.00	1.343	1.00	0.00	−5.373
	0.222	240	−0.25	0.00	2.212	1.00	0.00	−8.849
	0.333	252	−0.25	0.00	2.667	1.00	0.00	−10.667
	0.444	264	−0.25	0.00	2.765	1.00	0.00	−11.062
	0.500	270	−0.25	0.00	2.700	1.00	0.00	−10.800
	0.556	276	−0.25	0.00	2.568	1.00	0.00	−10.272
	0.667	288	−0.25	0.00	2.133	1.00	0.00	−8.533
	0.778	300	−0.25	0.00	1.521	1.00	0.00	−6.084
	0.889	312	−0.25	0.00	0.790	1.00	0.00	−3.160
	1.000	324	−0.25	0.00	0.000	1.00	0.00	0.000

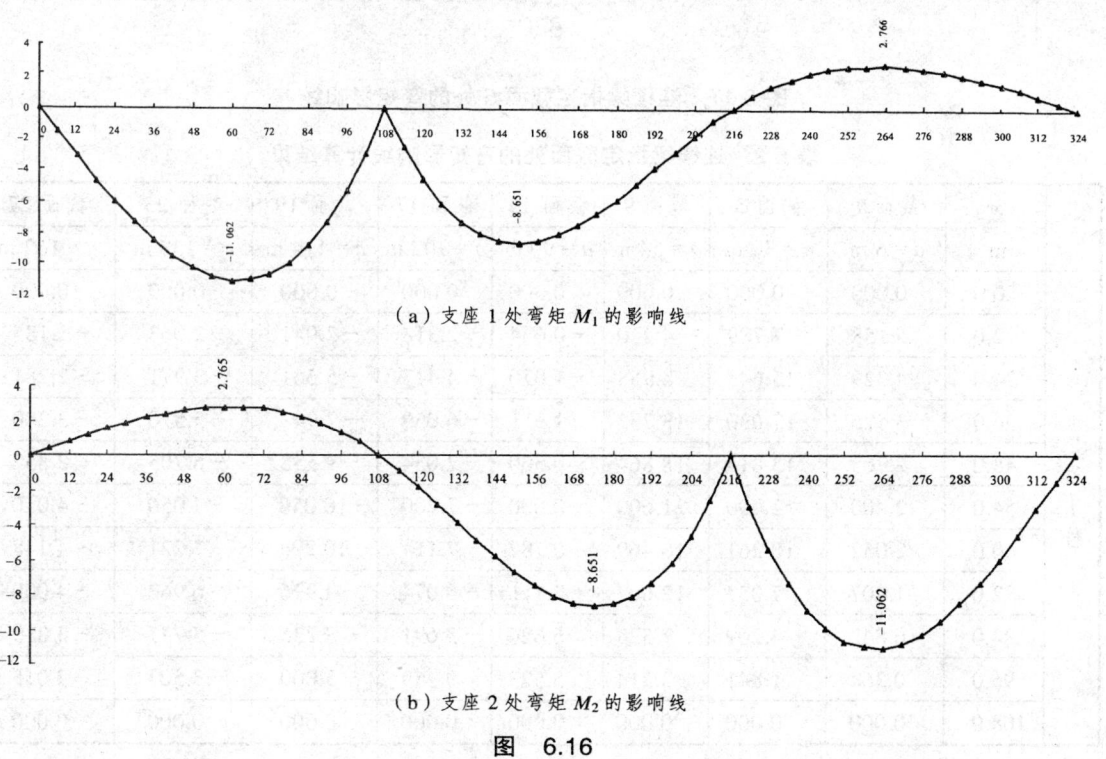

(a) 支座 1 处弯矩 M_1 的影响线

(b) 支座 2 处弯矩 M_2 的影响线

图 6.16

为了求连续梁指定截面 5 处的弯矩影响线，选取该截面所在跨为简支梁，按叠加原理，截面 5 处的弯矩影响线，按下式计算：

$$M_5 = M_5^0 + \frac{l-a}{l}M_0 + \frac{a}{l}M_1 \tag{6.8}$$

式中，M_5^0 为相应简支梁在单位移动荷载作用下在截面 5 处产生的弯矩，按下式计算：

$$\left. \begin{array}{l} M_5^0 = (l-a)\alpha \quad 当 \alpha l \leqslant a 时 \\ M_5^0 = (1-\alpha)a \quad 当 \alpha l < a 时 \end{array} \right\} \tag{6.9}$$

其中 $l = 108$ m，为指定截面 5 所在跨的跨长；M_0、M_1 为截面 5 所在跨的支座弯矩影响线，这里 $M_0 = 0$；$a = 30$ m；αl 为单位移动荷载的作用位置。图 6.17 所示为截面 5 的弯矩影响线，同理，可求得其他截面上的弯矩影响线。现将部分计算结果列入表 6.2 中。

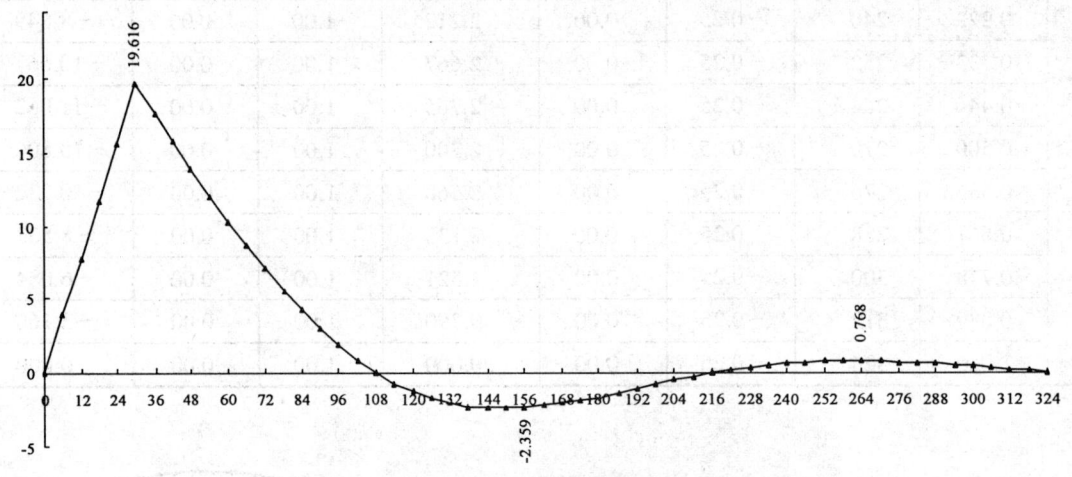

图 6.17 连续梁指定截面 5 处的弯矩影响线

表 6.2 连续梁指定截面处的弯矩影响线计算结果

	x	截面 1	截面 5	截面 9	截面 15	截面 17	截面 19	截面 23	截面 27
	m	$a = 6$ m	$a = 30$ m	$a = 54$ m	$a = 90$ m	$a = 102$ m	$a = 114$ m	$a = 138$ m	$a = 162$ m
第1跨	0.0	0.000	0.000	0.000	0.000	0.000	0.000	0.000	0.000
	12.0	5.158	7.789	4.420	-0.634	-2.318	-2.941	-2.063	-1.185
	24.0	4.329	15.643	8.958	-1.070	-4.413	-5.661	-3.971	-2.281
	36.0	3.526	17.630	13.733	-1.111	-6.059	-7.941	-5.570	-3.200
	48.0	2.763	13.813	18.864	-0.560	-7.034	-9.558	-6.705	-3.852
	54.0	2.400	12.000	21.600	0.000	-7.200	-10.050	-7.050	-4.050
	60.0	2.052	10.261	18.469	0.782	-7.114	-10.294	-7.221	-4.148
	72.0	1.407	7.037	12.667	3.111	-6.074	-9.926	-6.963	-4.000
	84.0	0.842	4.209	7.575	6.626	-3.691	-8.235	-5.777	-3.319
	96.0	0.368	1.841	3.314	5.523	0.259	-5.000	-3.507	-2.015
	108.0	0.000	0.000	0.000	0.000	0.000	0.000	0.000	0.000

续表 6.2

	x	截面 1	截面 5	截面 9	截面 15	截面 17	截面 19	截面 23	截面 27
	m	$a=6$ m	$a=30$ m	$a=54$ m	$a=90$ m	$a=102$ m	$a=114$ m	$a=138$ m	$a=162$ m
	108.0	0.000	0.000	0.000	0.000	0.000	0.000	0.000	0.000
	120.0	-0.255	-1.273	-2.291	-3.819	-4.328	0.904	4.852	2.800
	132.0	-0.407	-2.036	-3.664	-6.107	-6.921	-2.470	10.965	6.400
	144.0	-0.474	-2.370	-4.267	-7.111	-8.059	-4.385	12.207	10.800
第 2 跨	156.0	-0.472	-2.359	-4.247	-7.078	-8.022	-5.106	8.447	16.000
	162.0	-0.450	-2.250	-4.050	-6.750	-7.650	-5.100	6.900	18.900
	168.0	-0.417	-2.085	-3.753	-6.255	-7.089	-4.894	5.553	16.000
	180.0	-0.326	-1.630	-2.933	-4.889	-5.541	-4.015	3.393	10.800
	192.0	-0.215	-1.075	-1.936	-3.226	-3.657	-2.730	1.835	6.400
	204.0	-0.101	-0.505	-0.909	-1.514	-1.716	-1.304	0.748	2.800
	216.0	0.000	0.000	0.000	0.000	0.000	0.000	0.000	0.000
	216.0	0.000	0.000	0.000	0.000	0.000	0.000	0.000	0.000
	228.0	0.075	0.373	0.672	1.119	1.269	0.970	-0.522	-2.015
	240.0	0.123	0.615	1.106	1.844	2.089	1.598	-0.860	-3.319
	252.0	0.148	0.741	1.333	2.222	2.519	1.926	-1.037	-4.000
	264.0	0.154	0.768	1.383	2.305	2.612	1.997	-1.075	-4.148
第 3 跨	270.0	0.150	0.750	1.350	2.250	2.550	1.950	-1.050	-4.050
	276.0	0.143	0.713	1.284	2.140	2.425	1.855	-0.999	-3.852
	288.0	0.119	0.593	1.067	1.778	2.015	1.541	-0.830	-3.200
	300.0	0.084	0.422	0.760	1.267	1.436	1.098	-0.591	-2.281
	312.0	0.044	0.219	0.395	0.658	0.746	0.571	-0.307	-1.185
	324.0	0.000	0.000	0.000	0.000	0.000	0.000	0.000	0.000

为了求连续梁指定截面 c 处（对应斜杆 A_9E_{10}）的剪力影响线，同样选取该截面所在跨为简支梁，按叠加原理，截面 c 处的剪力影响线按下式计算：

$$Q_c = Q_c^0 + \frac{M_1 - M_0}{l} \tag{6.10}$$

式中　Q_c^0——相应简支梁在单位移动荷载作用下在截面 c 处产生的剪力。它可按下式计算：

$$\left. \begin{array}{l} Q_c^0 = -\alpha \quad 当 \alpha l \leqslant a 时 \\ Q_c^0 = 1-\alpha \quad 当 \alpha l \geqslant a 时 \end{array} \right\} \tag{6.11}$$

M_0、M_1——截面 c 所在跨的支座弯矩影响线，这里 $M_0 = 0$；$a = 57$ m；αl 为单位移动荷载的作用位置，$l = 108$ m，计算结果见图 6.18 和表 6.3 所示。其他各截面的剪力影响线都可用相同的办法求得，表 6.3 中也列入了部分计算结果。

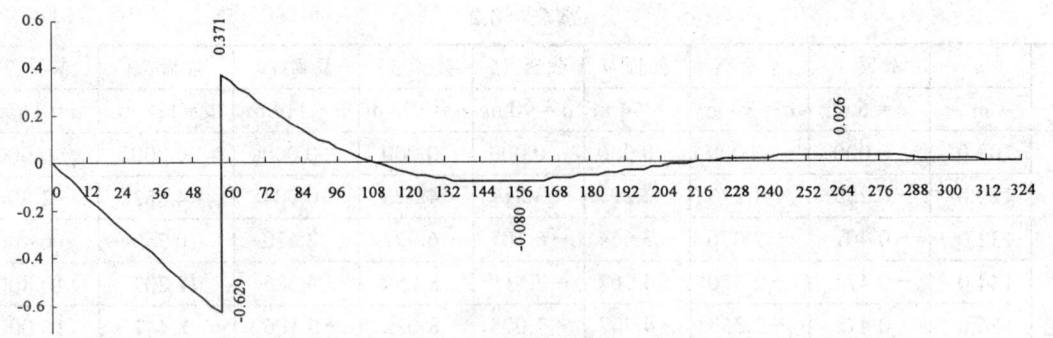

图 6.18 连续梁指定截面 c 处的剪力影响线

表 6.3 连续梁指定截面处的剪力影响线计算结果

	x	截面 0－1 a = 3 m	截面 4－5 a = 27 m	截面 8－9 a = 51 m	截面 9－10 a = 57 m	截面 19－20 a = 117 m	截面 24－25 a = 147 m	截面 25－26 a = 153 m	截面 26－27 a = 159 m
第1跨	0.0	0.000	0.000	0.000	0.000	0.000	0.000	0.000	0.000
	3.0	－0.035	－0.035	－0.035	－0.035	0.009	0.009	0.009	0.009
	3.0	0.965	－0.035	－0.035	－0.035	0.009	0.009	0.009	0.009
	27.0	0.688	－0.313	－0.313	－0.313	0.078	0.078	0.078	0.078
	27.0	0.688	0.688	－0.313	－0.313	0.078	0.078	0.078	0.078
	51.0	0.430	0.430	－0.570	－0.570	0.122	0.122	0.122	0.122
	51.0	0.430	0.430	0.430	－0.570	0.122	0.122	0.122	0.122
	57.0	0.371	0.371	0.371	－0.629	0.127	0.127	0.127	0.127
	57.0	0.371	0.371	0.371	0.371	0.127	0.127	0.127	0.127
	108.0	0.000	0.000	0.000	0.000	0.000	0.000	0.000	0.000
第2跨	108.0	0.000	0.000	0.000	0.000	0.000	0.000	0.000	0.000
	117.0	－0.034	－0.034	－0.034	－0.034	－0.062	－0.062	－0.062	－0.062
	117.0	－0.034	－0.034	－0.034	－0.034	0.938	－0.062	－0.062	－0.062
	147.0	－0.0799	－0.080	－0.080	－0.080	0.660	－0.340	－0.340	－0.340
	147.0	－0.0799	－0.080	－0.080	－0.080	0.660	0.660	－0.340	－0.340
	153.0	－0.0797	－0.080	－0.080	－0.080	0.597	0.597	－0.403	－0.403
	153.0	－0.0797	－0.080	－0.080	－0.080	0.597	0.597	0.597	－0.403
	159.0	－0.0771	－0.077	－0.077	－0.077	0.532	0.532	0.532	－0.468
	159.0	－0.077	－0.077	－0.077	－0.077	0.532	0.532	0.532	0.532
	162.0	－0.075	－0.075	－0.075	－0.075	0.500	0.500	0.500	0.500
	186.0	－0.045	－0.045	－0.045	－0.045	0.248	0.248	0.248	0.248
	210.0	－0.008	－0.008	－0.008	－0.008	0.040	0.040	0.040	0.040
	216.0	0.000	0.000	0.000	0.000	0.000	0.000	0.000	0.000

续表 6.3

	x	截面0-1 $a=3$ m	截面4-5 $a=27$ m	截面8-9 $a=51$ m	截面9-10 $a=57$ m	截面19-20 $a=117$ m	截面24-25 $a=147$ m	截面25-26 $a=153$ m	截面26-27 $a=159$ m
第3跨	216.0	0.000	0.000	0.000	0.000	0.000	0.000	0.000	0.000
	228.0	0.012	0.012	0.012	0.012	-0.062	-0.062	-0.062	-0.062
	240.0	0.020	0.020	0.020	0.020	-0.102	-0.102	-0.102	-0.102
	252.0	0.0247	0.025	0.025	0.025	-0.123	-0.123	-0.123	-0.123
	264.0	0.0256	0.026	0.026	0.026	-0.128	-0.128	-0.128	-0.128
	276.0	0.0238	0.024	0.024	0.024	-0.119	-0.119	-0.119	-0.119
	288.0	0.0198	0.020	0.020	0.020	-0.099	-0.099	-0.099	-0.099
	300.0	0.014	0.014	0.014	0.014	-0.070	-0.070	-0.070	-0.070
	312.0	0.007	0.007	0.007	0.007	-0.037	-0.037	-0.037	-0.037
	324.0	0.000	0.000	0.000	0.000	0.000	0.000	0.000	0.000

(2) 主力作用下主桁杆件内力计算结果：上面已经求得了相应于连续桁梁的等截面惯性矩梁不同指定截面处的弯矩影响线和剪力影响线，根据影响线面积法，等截面惯性矩梁的弯矩和剪力可按下面的公式求得：

恒载弯矩：
$$M_p = p\sum \Omega_M \tag{6.12}$$

静活载弯矩：
$$M_k^+ = k_1\sum \Omega_M^+, \quad M_k^- = k_2\sum \Omega_M^- \tag{6.13}$$

恒载剪力：
$$Q_p = p\sum \Omega_Q \tag{6.14}$$

静活载剪力：
$$Q_k^+ = k_1\sum \Omega_Q^+, \quad Q_k^- = k_2\sum \Omega_Q^- \tag{6.15}$$

式中 p——恒载集度；

$\sum \Omega_M$——弯矩影响线面积的代数和；

M_k^+——最大静活载弯矩；

M_k^-——最小静活载弯矩；

$\sum \Omega_M^+$——弯矩影响线正面积部分之和；

$\sum \Omega_M^-$——弯矩影响线负面积部分之和；

$\sum \Omega_Q$——剪力影响线面积的代数和；

Q_k^+——最大静活载剪力；

Q_k^-——最小静活载剪力；

$\sum \Omega_Q^+$——剪力影响线正面积部分之和；

$\sum \Omega_Q^-$——剪力影响线负面积部分之和；

k_1、k_2——换算均布静活载，依影响线加载长度和最大纵坐标位置求得，或按规范取值。

从而，连续桁梁的弦杆内力计算公式为：

恒载内力：

$$N_p = \pm \frac{M_p}{H} \tag{6.16}$$

静活载内力：

$$N_k^+ = \pm \frac{M_k^+}{H}, \quad N_k^- = \pm \frac{M_k^-}{H} \tag{6.17}$$

其中，H 为主桁高度，±号表示对受拉杆取正号，对受压杆取负号。

斜杆内力的计算公式为：

恒载内力：

$$N_p = \pm \frac{Q_p}{\sin \theta} \tag{6.18}$$

静活载内力：

$$N_k^+ = \pm \frac{Q_k^+}{\sin \theta}, \quad N_k^- = \pm \frac{Q_k^-}{\sin \theta} \tag{6.19}$$

其中，θ 为斜杆倾角，±号表示对受拉杆取正号，对受压杆取负号。

考虑到活载发展均衡系数 η 和动力系数 $1+\mu$，主力作用下连续桁梁主桁杆件的内力计算公式为：

$$N_1 = N_p + \eta(1+\mu)N_k \tag{6.20}$$

式中 η——活载发展均衡系数，按下式计算：

$$\eta = 1 + \frac{1}{6}(a_{\max} - a) \tag{6.21}$$

其中，$a = \dfrac{N_p}{(1+\mu)N_k}$，$a_{\max}$ 为 a 的最大值。

动力系数 $1+\mu$ 按下式计算：

$$1+\mu = 1 + \frac{28}{40+L} \tag{6.22}$$

其中 L——影响线加载长度。

主桁杆件常常需要验算疲劳强度，验算疲劳时，不考虑活载发展均衡系数，且按下式的动力运营系数 $1+\mu_f$ 计算：

$$1+\mu_f = 1 + \frac{18}{40+L} \tag{6.23}$$

计算结果见表 6.4 所列。

表 6.4（a） 杆件内力计算结果（下弦杆）

杆件	影响线面积		影响线性质				静活载内力 N_k (kN)	最大活载内力 N_k (kN)	最小活载内力 N_k (kN)	恒载内力 (kN)	$a=N_p/N_k$	$\eta=$ $1+(a_{max}-a)/6$	最大内力 (kN)	最小内力 (kN)	$1+\mu$	疲劳计算最大内力 (kN)	疲劳计算最小内力 (kN)
	Ω	$\Sigma\Omega$	L (m)	α	k（每片主桁）	$1+\mu$											
E_0E_2	262.93		108	0.056	46.04	1.19	1008.82										
	−32.30	241.40	108	0.389	42.98	1.19	−115.68	1242.36	−137.56	764.43	0.62	1.01	2016.04	625.85	1.12	1936.20	634.69
	10.77		108	0.444	40.00	1.19	35.89								1.12		
E_4E_6	954.67		108	0.278	43.55	1.19	3464.45								1.12		
	−161.50	847.00	108	0.389	42.98	1.19	−578.39	4333.27	−687.82	2682.17	0.62	1.01	7045.07	1989.65	1.12	6769.23	2033.43
	53.83		108	0.444	40.00	1.19	179.44								1.12		
E_8E_{10}	1070.40		108	0.500	42.39	1.19	3781.19								1.12		
	−290.70	876.60	108	0.389	42.98	1.19	−1041.11	4880.66	−1238.07	2775.90	0.57	1.02	7730.78	1519.00	1.12	7379.25	1608.17
	96.90		108	0.444	40.00	1.19	323.00								1.12		
$E_{12}E_{14}$	610.13		108	0.278	43.55	1.19	2214.15								1.12		
	−419.90	330.20	108	0.389	42.98	1.19	−1503.82	3187.86	−1788.33	1045.63	0.33	1.06	4409.89	−841.65	1.12	4052.37	−641.08
	139.97		108	0.444	40.00	1.19	466.56								1.12		
$E_{16}E_{18}$	−444.26		96	0.438	40.0	1.21	−1480.87								1.12		
	18.13	−792.20	12	0.500	0.00	1.54	0.00	774.21	−4124.33	−2508.63	0.61	1.01	−1727.74	−6647.97	1.12	−1778.41	−6375.31
	−549.10		108	0.389	42.98	1.19	−1966.53								1.12		
	183.03		108	0.444	42.98	1.19	651.04								1.12		
$E_{18}E_{20}$	−721.37		108	0.444	42.68	1.19	−2565.87								1.12		
	22.04	−856.80	15	0.400	40.00	1.51	73.45	702.89	−4251.48	−2713.20	0.64	1.00	−2007.75	−7133.66	1.12	−2072.41	−6703.17
	−297.44		93	0.333	40.00	1.21	−991.45								1.12		
	139.97		108	0.444	42.68	1.19	497.86								1.12		
$E_{22}E_{24}$	−506.03		108	0.444	42.68	1.19	−1799.94								1.12		
	588.60	7.20	108	0.278	43.55	1.19	2136.13	2540.26	−2439.22	22.80	0.01	1.11	2838.69	−2681.08	1.12	2418.73	−2277.83
	−75.37		108	0.444	40.00	1.19	−251.22								1.12		
$E_{24}E_{26}$	−398.37		108	0.444	42.68	1.19	−1416.97								1.12		
	804.60	223.20	108	0.389	42.98	1.19	2881.81	3427.02	−2410.59	706.80	0.21	1.08	4392.99	−1886.09	1.12	3939.10	−1566.82
	−183.03		108	0.444	40.00	1.19	−610.11								1.12		
$E_{26}E_{26'}$	−290.70		108	0.444	42.68	1.19	−1034.01								1.12		
	876.60	295.20	108	0.500	42.39	1.19	3096.59	3682.43	−2381.96	934.80	0.25	1.07	4866.50	−1608.39	1.12		−1311.82
	−290.70		108	0.444	40.00	1.19	−969.00								1.12		

表 6.4 (b) 杆件内力计算结果（上弦杆）

杆件	影响线面积 (m²)		影响线性质					静活载内力 N_k (kN)	最大活载内力 N_k (kN)	最小活载内力 N_k (kN)	恒载内力 (kN)	$a = N_p/N_k$	$\eta = 1+(a_{max}-a)/6$	最大内力 (kN)	最小内力 (kN)	$1+\mu'$	疲劳计算最大内力 (kN)	疲劳计算最小内力 (kN)
	Ω	$\Sigma\Omega$	L (m)	α	k (每片主桁)	$1+\mu$												
A_1A_3	-489.87	-446.80	108	0.111	44.91	1.19	-1833.33	275.15	-2265.53	-1414.87	0.62	1.01	-1138.09	-3693.79	1.12	-1155.35	-3551.67
	64.60		108	0.389	42.98	1.19	231.38								1.12		
	-21.53		108		40.00	1.19	-71.78								1.12		
A_5A_7	-1037.60	-908.40	108	0.333	43.26	1.19	-3740.55	825.38	-4704.29	-2876.60	0.61	1.01	-2044.54	-7618.93	1.12	-2098.12	-7313.60
	193.80		108	0.389	42.98	1.19	694.07								1.12		
	-64.60		108		40.00	1.19	-215.33								1.12		
A_7A_9	-1095.47	-923.20	108	0.444	42.68	1.19	-3896.53	1100.51	-4975.14	-2923.47	0.59	1.01	-1809.68	-7958.63	1.12	-1885.49	-7615.93
	258.40		108	0.389	42.98	1.19	925.43								1.12		
	-86.13		108		40.00	1.19	-287.11								1.12		
A_9A_{11}	-1009.33	-794.00	108	0.444	42.68	1.19	-3590.16	1375.64	-4696.16	-2514.33	0.54	1.02	-1110.13	-7308.02	1.12	-1216.86	-6943.67
	323.00		108	0.389	42.98	1.19	1156.78								1.12		
	-107.67		108		40.00	1.19	-358.89								1.12		
$A_{13}A_{15}$	-405.07	-103.60	108	0.389	42.98	1.19	-1450.70	1967.27	-2322.65	-328.07	0.14	1.09	1809.30	-2851.53	1.12	1527.43	-2518.75
	452.20		108	0.222	43.90	1.19	1654.30								1.12		
	-150.73		108		40.00	1.19	-502.44								1.12		
$A_{15}A_{17}$	193.90	457.60	78	0.385	40.00	1.24	646.33	3000.71	-1105.88	1449.07	0.48	1.03	4538.34	310.54	1.12	4249.96	459.59
	-80.83		30	0.400	40.00	1.40	-269.44								1.12		
	516.8		108	0.389	42.98	1.19	1850.85								1.12		
	-172.27		108		40.00	1.19	-612.75								1.12		
$A_{17}A_{19}$	775.20	1162.80	108	0.444	42.68	1.19	2757.35	5583.66	-819.75	3682.20	0.66	1.00	9266.37	2862.37	1.12	8948.61	2909.02
	581.40		108	0.389	42.98	1.19	1938.00								1.12		
	-193.80		108		40.00	1.19	-689.34								1.12		
$A_{19}A_{21}$	667.53	586.80	108	0.444	42.68	1.19	2374.39	3265.20	-915.51	1858.20	0.57	1.02	5172.87	928.81	1.12	4917.62	1065.62
	-100.59		36	0.333	50.05	1.37	-419.52								1.12		
	105.99		72	0.417	40.00	1.25	353.28								1.12		
	-86.13		108	0.444	40.00	1.19	-287.11								1.12		
$A_{23}A_{25}$	452.20	-133.20	108	0.333	42.86	1.19	1615.11	2432.81	-3063.51	-421.80	0.14	1.09	2222.80	-3752.00	1.12	1872.78	-3311.25
	-714.60		108	0.444	43.26	1.19	-2576.13								1.12		
	129.20		108	0.444	40.00	1.19	430.67								1.12		
$A_{25}A_{27}$	344.53	-277.20	108	0.444	42.68	1.19	1225.49	2396.27	-3631.79	-877.80	0.24	1.07	1685.53	-4762.79	1.12	1382.32	-4303.24
	-858.60		108	0.444	42.68	1.19	-3054.00								1.12		
	236.87		108		40.00	1.19	789.56								1.12		

表 6.4（c） 杆件内力计算结果（斜杆）

杆件	影响线面积 (m²) Ω	影响线面积 (m²) $\Sigma\Omega$	影响线性质 L(m)	影响线性质 α	k(每片主桁)	$1+\mu$	静活载内力 N_k(kN)	最大活载内力 N_k(kN)	最小活载内力 N_k(kN)	恒载内力 (kN)	$a=N_p/N_k$	$\eta=\dfrac{1+(a_{max}-a)/6}$	最大内力 (kN)	最小内力 (kN)	$1+\mu_f$	疲劳计算最大内力 (kN)	疲劳计算最小内力 (kN)
E_0A_1	-0.05	40.21	3.00	0.000	125	1.651	-7.4	320.52	-2867.28	-1708.26	0.60	1.01	-1384.31	-4606.23	1.4186	-1406.98	-4409.89
	43.86		105.00	0.000	47.38	1.193	2323.0								1.1241		
	-5.40		108.00	0.389	42.98	1.189	-259.3								1.1216		
	1.80		108.00	0.417	40	1.189	80.4								1.1216		
A_1E_2	-0.47	34.21	9	0.000	82.75	1.571	-43.9	2552.49	-377.34	1453.35	0.57	1.02	4044.39	1070.31	1.3673	3853.29	1102.49
	38.28		99.00	0.000	47.78	1.201	2044.9								1.1295		
	-5.40		108.00	0.389	42.98	1.189	-259.3								1.1216		
	1.80		108.00	0.417	40	1.189	80.4								1.1216		
A_3E_4	-2.58	22.21	21	0.000	63.99	1.459	-184.3	1981.66	-577.19	943.53	0.48	1.03	2985.91	348.65	1.2951	2798.07	414.07
	28.38		87.00	0.000	48.7	1.220	1545.3								1.1417		
	-5.40		108.00	0.389	42.98	1.189	-259.3								1.1216		
	1.80		108.00	0.417	40	1.189	80.4								1.1216		
A_5E_6	-6.32	8.71	33	0.000	57.78	1.384	-408.5	1386.68	-873.46	369.98	0.27	1.07	1847.52	-560.73	1.2466	1660.94	-430.01
	18.63		75.00	0.000	49.85	1.243	1038.2								1.1565		
	-5.40		108.00	0.389	42.98	1.189	-259.3								1.1216		
	1.80		108.00	0.417	40	1.189	80.4								1.1216		
A_7E_8	-11.66	-1.79	45	0.000	54.6	1.329	-711.6	1078.66	-1254.35	-76.12	0.06	1.10	1110.29	-1455.76	1.2118	922.07	-1229.23
	13.46		63.00	0.000	51.35	1.272	772.9								1.1748		
	-5.40		108.00	0.389	42.98	1.189	-259.3								1.1216		
	1.80		108.00	0.417	40	1.189	80.4								1.1216		
E_8A_9	-14.89	-7.79	51	0.000	53.38	1.308	-888.9	1449.31	-902.31	331.03	0.23	1.07	1884.59	-636.19	1.1978	1666.36	-501.31
	10.70		57.00	0.000	52.33	1.289	626.0								1.1856		
	-5.40		108.00	0.389	40	1.189	-241.3								1.1216		
	1.80		108.00	0.417	40	1.189	80.4								1.1216		

续表 6.4（c）

杆件	影响线面积（m²）		影响线性质				静活载内力 N_k（kN）	最大活载内力 N_k（kN）	最小活载内力 N_k（kN）	恒载内力（kN）	$\alpha = N_p/N_k$	$\eta = 1 + (\alpha_{max} - \alpha)/6$	最大内力（kN）	最小内力（kN）	$1 + \mu$	疲劳计算最大内力（kN）	疲劳计算最小内力（kN）
	Ωl	$\Sigma \Omega$	L（m）	α	k（每片主桁）	$1+\mu$											
A_9E_{10}	−18.49	−13.79	57	0.000	52.33	1.289	−1081.9	743.27	−1681.21	−585.94	0.35	1.05	195.92	−2354.43	1.1856	97.47	−2139.31
	8.30		51.00	0.000	53.38	1.308	495.2								1.1978		
	−5.40		108.00	0.389	40	1.189	−241.3								1.1216		
	1.80		108.00	0.417	40	1.189	80.4								1.1216		
$E_{10}A_{11}$	−22.44	−19.79	63	0.000	51.35	1.272	−1288.3	1925.44	−602.46	840.85	0.44	1.04	2837.95	215.98	1.1748	2624.92	288.68
	6.24		45.00	0.000	54.6	1.329	381.2								1.2118		
	−5.40		108.00	0.389	40	1.189	−241.3								1.1216		
	1.80		108.00	0.417	40	1.189	80.4								1.1216		
$A_{11}E_{12}$	−26.72	−25.7917	69	0.000	50.53	1.257	−1509.4	479.70	−2184.08	−1095.77	0.50	1.03	−603.41	−3337.47	1.1651	−657.39	−3125.07
	4.52		39.00	0.000	56.07	1.354	283.5								1.2278		
	−5.40		108.00	0.389	40	1.189	−241.3								1.1216		
	1.80		108.00	0.417	40	1.189	80.4								1.1216		
$A_{13}E_{14}$	−36.19	−42.68	81	0.000	49.22	1.231	−1991.7	−193.12	−2739.59	−1813.12	0.66	1.00	−2006.18	−4551.87	1.1488	−1981.28	−4371.80
	−2.89		27.00	0.000	63.13	1.418	−203.7								1.2687		
	−5.40		108.00	0.389	40	1.189	−241.3								1.1216		
	1.80		108.00	0.417	40	1.189	80.4								1.1216		
$E_{14}A_{15}$	−41.35	−43.79	87	0.000	48.7	1.220	−2251.5	3034.82	−216.34	1860.50	0.61	1.01	4919.06	1642.47	1.1417	4701.73	1663.16
	1.16		21.00	0.000	63.99	1.459	82.7								1.2951		
	−5.40		108.00	0.389	40	1.189	−241.3								1.1216		
	1.80		108.00	0.417	40	1.189	80.4								1.1216		
$A_{15}E_{16}$	−46.76	−49.79	93	0.000	48.23	1.211	−2521.2	162.27	−3338.99	−2115.41	0.63	1.00	−1952.43	−5469.12	1.1353	−1966.60	−5248.53
	0.56		15.00	0.000	70.25	1.509	44.1								1.3273		
	−5.40		108.00	0.389	40	1.189	−241.3								1.1216		
	1.80		108.00	0.417	40	1.189	80.4								1.1216		
$E_{16}A_{17}$	−52.39	−55.79	99	0.000	47.78	1.201	−2798.5	3649.16	−123.60	2370.32	0.65	1.00	6025.84	2246.51	1.1295	5801.85	2255.79
	0.19		9.00	0.000	82.75	1.571	17.8								1.3673		
	−5.40		108.00	0.389	40	1.189	−241.3								1.1216		
	1.80		108.00	0.417	40	1.189	80.4								1.1216		

续表 6.4（c）

杆件	影响线面积（m²）		影响线性质			$1+\mu$	静活载内力 N_k (kN)	最大活载内力 N_k (kN)	最小活载内力 N_k (kN)	恒载内力 (kN)	$a=N_p/N_k$	$\eta=\dfrac{1}{1+(a_{max}-a)/6}$	最大内力 (kN)	最小内力 (kN)	$1+\mu_f$	疲劳计算最大内力 (kN)	疲劳计算最小内力 (kN)
	ΩI	$\Sigma\Omega$	L (m)	α	k（每片主桁）												
$E_{18}A_{19}$	8.99	51.00	108	0.417	40	1.189	402.2	514.24	−3527.76	−2166.75	0.61	1.01	−1648.58	−5721.44	1.1216	−1681.90	−5491.06
	−0.03		3.00	0.000	40	1.651	−1.3								1.4186		
	51.03		105.00	0.000	44.8	1.193	2555.9								1.1241		
	−8.99		108.00	0.417	42.83	1.189	−430.6								1.1216		
$A_{19}E_{20}$	8.99	45.00	108	0.417	40	1.189	402.2	3383.78	−531.15	1911.84	0.56	1.02	5349.20	1372.27	1.1216	5094.46	1412.25
	−0.27		9.00	0.000	40	1.571	−12.1								1.3673		
	45.27		99.00	0.000	47.78	1.201	2418.4								1.1295		
	−8.99		108.00	0.417	42.83	1.189	−430.6								1.1216		
$E_{20}A_{21}$	8.99	39.00	108	0.417	40	1.189	402.2	565.14	−3075.29	−1656.93	0.54	1.02	−1080.36	−4794.34	1.1216	−1127.27	−4543.73
	−0.79		15.00	0.000	40	1.509	−35.1								1.3273		
	39.79		93.00	0.000	48.23	1.211	2145.4								1.1353		
	−8.99		108.00	0.417	42.83	1.189	−430.6								1.1216		
$A_{21}E_{22}$	8.99	27.00	108	0.417	40	1.189	402.2	686.16	−2493.89	−1147.10	0.46	1.03	−438.07	−3724.13	1.1216	−508.36	−3478.54
	−2.74		27.00	0.000	40	1.418	−122.8								1.2687		
	29.74		81.00	0.000	49.22	1.231	1636.8								1.1488		
	−8.99		108.00	0.417	42.83	1.189	−430.6								1.1216		
$A_{23}E_{24}$	8.99	21.00	108	0.417	40	1.189	402.2	2227.10	−774.10	892.19	0.40	1.04	3215.57	84.63	1.1216	2969.82	173.13
	−4.23		33.00	0.000	40	1.384	−189.4								1.2466		
	25.23		75.00	0.000	49.85	1.243	1406.4								1.1565		
	−8.99		108.00	0.417	42.83	1.189	−430.6								1.1216		
$A_{25}E_{26}$	8.99	9.00	108	0.417	40	1.189	402.2	1742.58	−1006.46	382.37	0.22	1.07	2252.90	−698.00	1.1216	2001.26	−551.25
	−8.32		45.00	0.000	40	1.329	−371.9								1.2118		
	17.32		63.00	0.000	51.35	1.272	994.1								1.1748		
	−8.99		108.00	0.417	42.83	1.189	−430.6								1.1216		
$E_{26}A_{27}$	8.99	3.00	108	0.417	40	1.189	402.2	1331.06	−1528.30	−127.46	0.08	1.10	1331.52	−1802.63	1.1216	1104.77	−1544.58
	−10.93		51.00	0.000	53.38	1.308	−652.1								1.1978		
	13.93		57.00	0.000	52.33	1.289	814.8								1.1856		
	−8.99		108.00	0.417	40	1.189	−402.2								1.1216		

2) 附加力作用下主桁杆件内力计算

(1) 横向附加力作用下主桁杆件内力计算。对于铁路钢桥，横向附加力主要考虑横向风力和列车摇摆力。

风荷强度：

$$W = K_1 K_2 K_3 W_0$$

式中 K_1——风载体型系数；
K_2——风压高度系数；
K_3——地形地理条件系数；
W_0——地区基本风压值，它们的值均可由《桥规》查得。

根据《桥规》规定，主桁所受的风力按一定的比例分配给上、下平纵联，上平纵联所受的风力分布集度为：

桥上无车时：

$$w_上 = W[0.5 \times 0.4 \times H + 0.2h(1-0.4)]$$
$$= 0.780 \times [0.2 \times 12 + 1.71 \times 0.12] = 2.03 \quad (kN/m)$$

桥上有车时：

$$w_上 = 0.8W[0.5 \times 0.4 \times H + 0.2(h+3.0)(1-0.4)]$$
$$= 0.8 \times 0.780 \times [0.2 \times 12 + 4.71 \times 0.12] = 1.85 \quad (kN/m)$$

下平纵联所受的风力分布集度为：

桥上无车时：

$$w_下 = W[0.5 \times 0.4 \times H + 1.0h(1-0.4)]$$
$$= 0.780 \times [0.2 \times 12 + 1.71 \times 0.6] = 2.67 \quad (kN/m)$$

桥上有车时：

$$w_下 = 0.8W[0.5 \times 0.4 \times H + 1.0(h+3.0)(1-0.4)]$$
$$= 0.8 \times 0.780 \times [0.2 \times 12 + 4.71 \times 0.6] = 3.26 \quad (kN/m)$$

列车的横向摇摆力作用在轨顶面处，大小按 5.5 kN/m 计算。

《桥规》规定，列车的横向摇摆力不与横向风力同时计算，而取其最大者进行计算。因此，横向力的计算值为，对上平纵联：2.03 kN/m，对下平纵联：5.50 kN/m。

计算横向附加力作用下平纵联弦杆内力时，将平纵联看成水平放置的连续桁架，两端支承在端桥门架上，中间支承在中间桥门架上。计算方法与主桁内力计算相同，故不再赘述。计算结果见表 6.5 所示。

由于桥门架效应所产生的主桁斜杆内力的计算方法与简支桁梁的相同，故作用在桥门架上的水平力大小可由结构力学中求超静定结构支座反力的方法求得。计算结果为：

作用在端桥门架上的水平力大小：76.59 kN；

作用在中间桥门架上的水平力大小：183.29 kN，56.80 kN。

(2) 纵向制动力作用下主桁杆件内力计算：制动力 T 的大小按布满全跨静活载的 10% 计算。

表 6.5 横向附加内力计算结果

下 弦 杆		上 弦 杆	
杆号	横向附加内力（kN）	杆号	横向附加内力（kN）
E_0E_2	230.90	A_1A_3	67.61
E_2E_4	589.41	A_3A_5	177.37
E_4E_6	810.17	A_5A_7	236.29
E_6E_8	893.20	A_7A_9	244.38
E_8E_{10}	838.49	A_9A_{11}	201.62
$E_{10}E_{12}$	646.03	$A_{11}A_{13}$	108.07
$E_{12}E_{14}$	315.84	$A_{13}A_{15}$	−36.36
$E_{14}E_{16}$	−152.09	$A_{15}A_{17}$	−231.63
$E_{16}E_{18}$	−757.76	$A_{17}A_{19}$	−287.84
$E_{18}E_{20}$	−819.55	$A_{19}A_{21}$	−144.71
$E_{20}E_{22}$	−337.46	$A_{21}A_{23}$	7.80
$E_{22}E_{24}$	6.89	$A_{23}A_{25}$	109.55
$E_{24}E_{26}$	213.50	$A_{25}A_{27}$	160.32
$E_{26}E_{26}$	282.37		

6.4 连续桁架桥上拱度的设置

连续桁架桥各点的理论拱度应等于恒载和一半静活载所产生的挠度，即 $f_p+f_k/2$，但方向相反。求恒载所产生的挠度 f_p 时要全跨加载，求静活载所产生的挠度 f_k 时要在本跨加载，如图 6.19 所示。

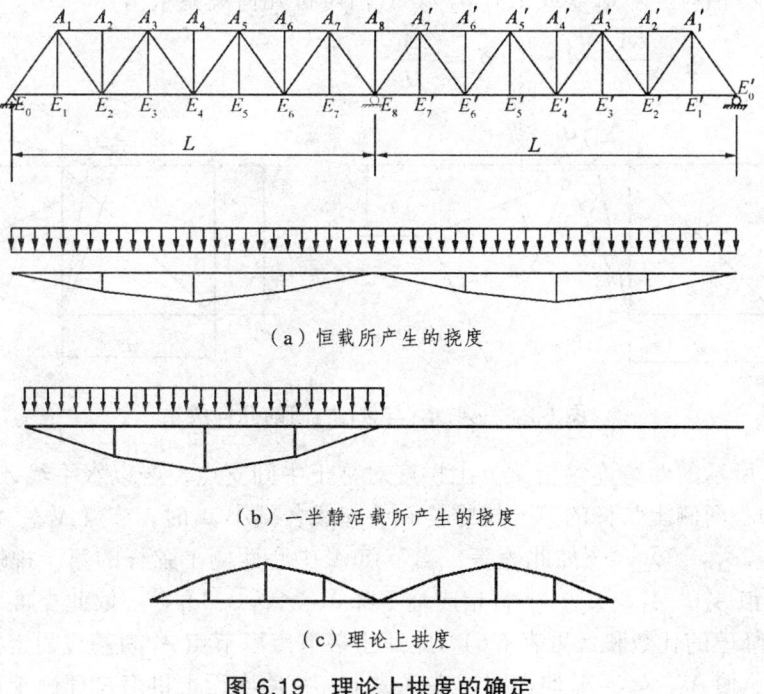

（a）恒载所产生的挠度

（b）一半静活载所产生的挠度

（c）理论上拱度

图 6.19 理论上拱度的确定

对下承式连续栓焊梁，上拱度的做法仍是让下弦杆和腹杆的长度保持不变，而只让上弦杆的理论长度伸长或缩短。在凸曲线部分，让上弦杆的理论长度伸长，实际是让上弦节点板第一排螺栓孔的起线至竖杆中线的距离较未设上拱度时增大 Δ_1；在凹曲线部分，让上弦杆的理论长度缩短，实际是让上弦节点板第一排螺栓孔的起线至竖杆中线的距离较未设上拱度时减小 Δ_2，如图 6.20 所示。Δ_1 与 Δ_2 的取值通过试算、调整，最后与理论上拱度曲线相近。

由于设置上拱度，弦杆在实际上将有一微小的倾斜角度。对大跨度连续桁梁，弦杆截面较大，其抗弯刚度相应增大，不易弯曲。为避免长大的节点板上螺栓孔线和上拱度不一致，在绘制节点细节图时可考虑让一侧弦杆和斜杆与另一侧的弦杆和斜杆相对有一微小的转角，而同侧弦杆和斜杆的夹角不变，即将节点板的螺栓群中心线按实际拱度的需要做成倾斜的，节点处所有拼接板的螺栓群中心线也按其倾角布置。

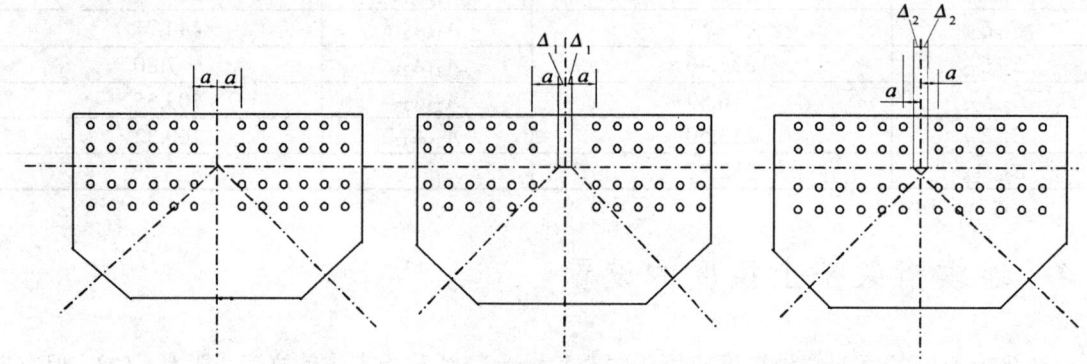

图 6.20 设置上拱度时上弦节点板螺栓孔位置

如图 6.21 所示，当节点中心两侧上弦杆的第一排螺栓孔的起线各增大 Δ_1（或减小 Δ_2）时，则杆端 D 将相对下降 δ_1（或上升 δ_2）。其值可按几何关系求出：

$$\delta_1 = \frac{2\Delta_1}{H} \cdot d, \qquad \delta_2 = \frac{2\Delta_2}{H} \cdot d \tag{6.24}$$

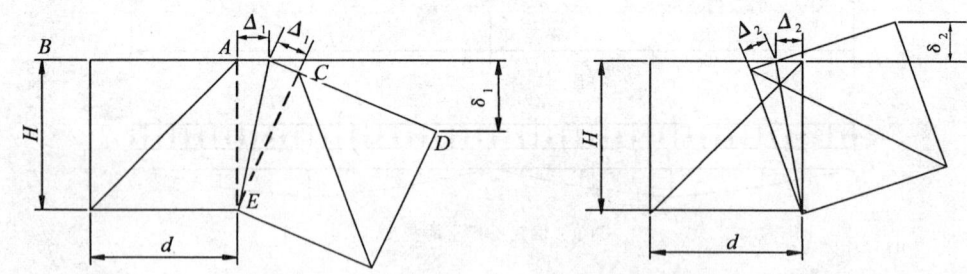

图 6.21 $\Delta_1(\Delta_2)$ 与 $\delta_1(\delta_2)$ 间的几何关系

如图 6.22 所示的两跨连续桁梁，上拱度对称于中间支点，若以水平线 $A_7 - A_7'$ 为基线，则当节点 A_7' 中心两侧上弦杆的第一排螺栓孔的起线各减小 Δ_2 时，节点 A_6'、A_5'、A_4'、…将相应地上升 δ_2、$2\delta_2$、$3\delta_2$、…如此等等；当节点 A_5' 中心两侧上弦杆的第一排螺栓孔的起线各增大 Δ_1 时，节点 A_4'、A_3'、A_2'、…将相应地下降 δ_1、$2\delta_1$、$3\delta_1$、…依此类推，然后求出各节点的上升及下降值的代数和（见表 6.6），此即为各节点以节点 A_7' 为基线的上拱度初步值。最后还要作调整，使 A_0、A_8、A_0' 均在同一水平线上，并使实设上拱度与理论上拱度相近。实际计算时一般只计算大节点处的拱度值。为使实设上拱度与理论上拱度相近，设计时也可让某些节点既不伸长，也不缩短。

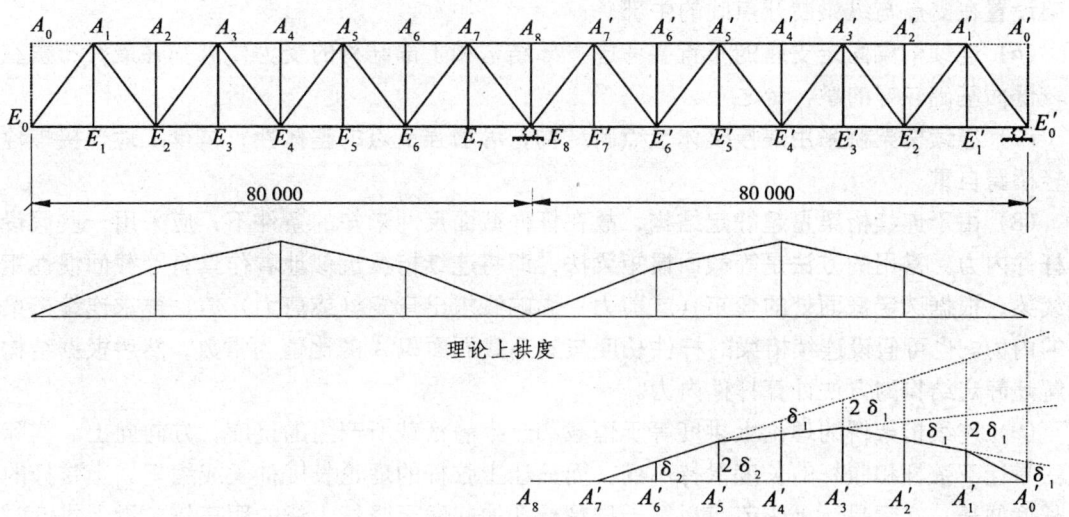

图 6.22 实设上拱度示意图

表 6.6 节点实设上拱度的计算

节点	A'_7	A'_6	A'_5	A'_4	A'_3	A'_2	A'_1	A'_0	注
节点上升或下降值	0	$+\delta_2$	$+2\delta_2$	$+3\delta_2$	$+4\delta_2$	$+5\delta_2$	$+6\delta_2$	$+7\delta_2$	表中的计算是按节点A'_7缩短$2\Delta_2$，A'_5、A'_3、A'_1各伸长$2\Delta_1$进行的
			0	$-\delta_1$	$-2\delta_1$	$-3\delta_1$	$-4\delta_1$	$-5\delta_1$	
					0	$-\delta_1$	$-2\delta_1$	$-3\delta_1$	
							0	$-\delta_1$	
总计	0	$+\delta_2$	$+2\delta_2$	$+3\delta_2$ $-\delta_1$	$+4\delta_2$ $-2\delta_1$	$+5\delta_2$ $-4\delta_1$	$+6\delta_2$ $-6\delta_1$	$-5\delta_1$ $-9\delta_1$	

本 章 小 结

（1）和简支桁架桥相比，连续桁架桥便于采用伸臂法架设，竖向刚度和横向刚度较大，挠曲线匀顺，更有利于高速行车；连续桁架桥的缺点是当基础发生沉陷时，会产生附加内力，同时，"制动墩"及基础的建设费用较高。

（2）连续桁架桥最常用的几何图式是平行弦桁式，为了减小中间支点附近的内力，也可采用曲线弦桁式或加设第三弦。但曲线弦桁式使杆件长度变化较多，也使架桥机难于在上弦行走。在下弦设第三弦杆是较好的方法。连续桁架桥的腹杆体系和简支桁架桥基本相同。

（3）连续桁架桥常用两跨或三跨一联，也有采用多跨（四跨或五跨）一联的，根据用钢量和总体美观效果，可采用等跨或不等跨布置。

（4）连续桁架桥的主要尺寸包括主桁高度、主桁中心距及主桁节间长度等。选择主要尺寸时要考虑用钢量、刚度、建筑限界等要求。

（5）在下承式连续桁架桥中，除设置端桥门架外，还应在中间支点处设置中间桥门架。

跨度稍大于 80 m 的连续桁梁可不设纵梁断开，当连续桁梁受拉区的长度大于 80 m 时，要在跨中设置纵梁断开。纵梁不断开的连续桁梁，其制动撑架设在跨中；当纵梁需断开时，制动撑架设置在支点与纵梁断开点间的中部。

(6) 连续桁梁固定支座的布置要考虑下部结构和上部结构的受力要求，并最好布置在高度较低而基础较好的墩、台之上。

(7) 连续桁架桥采用焊接整体节点新结构，可增强节点的整体性，减少工地连接螺栓，减轻桥跨自重。

(8) 由于连续桁梁是超静定结构，故在杆件截面尺寸未知的条件下，应采用一些假设求出杆件内力。常用的方法是等截面惯矩梁法，即将连续桁梁近似地看作具有等截面惯性矩的连续梁，根据选定截面处的弯矩（或剪力）影响线求出弯矩（或剪力）值，再求连续桁梁杆件的内力。也可假设连续桁梁的杆件长度与其毛截面面积 A 的比值为常数，然后根据结构力学解超静定结构的方法计算杆件内力。

(9) 连续桁架桥的理论上拱度等于恒载和一半静活载所产生的挠度，方向向上。实际的做法是让下弦杆和腹杆的长度保持不变，而只让上弦杆的理论长度伸长或缩短。上弦杆的理论长度伸长，实际是让上弦节点板第一排螺栓孔的起线至竖杆中线的距离较未设上拱度时增大 Δ_1；上弦杆的理论长度缩短，实际是让上弦节点板第一排螺栓孔的起线至竖杆中线的距离较未设上拱度时减小 Δ_2。Δ_1 与 Δ_2 的取值通过试算、调整，直至与理论上拱度曲线相近。

思 考 题

1. 试解释为什么连续桁架桥的竖向刚度和横向刚度大？
2. 对连续桁架桥的制动墩有何要求？
3. 试说明将连续桁架桥的固定支座布置在跨端（或桥台）上的利与弊。
4. 什么是连续桁架桥的温度跨度？
5. 简要说明用等截面惯性矩梁法确定杆件的截面面积的方法。
6. 简述连续桁架桥上拱度的设置方法。

第7章 钢斜拉桥

7.1 概 述

斜拉桥是一种由梁、索、塔等组成的组合体系桥梁。现代斜拉桥常采用密索体系（索多而间距小），主梁以受压为主，斜拉索受拉，主塔亦以受压为主。主塔常采用混凝土桥塔。一般把采用预应力钢筋混凝土作为主梁的斜拉桥叫混凝土斜拉桥，采用钢梁（钢板梁、结合梁、钢桁梁、钢箱梁等）作为主梁的则称为钢斜拉桥。与预应力混凝土斜拉桥相比，钢斜拉桥的跨越能力更大，设计计算与实际更加接近，构件制作精度高，结构细节通过栓或焊及挖补容易处理。另外，钢斜拉桥还具有施工工期短、抗震性能好的优点。但是钢斜拉桥必须经常检查并定期更新防护用的涂层，因而养护费用高。

在现代斜拉桥中出现最早的是钢斜拉桥。早在20世纪50年代中建成的如瑞典的Stromsund桥、德国的Theodor–Heuss桥和Severin桥，以及20世纪60年代中建成的世界著名桥梁，如德国的Leverkussen桥、Friedrich–Ebert桥、Knie桥、英国的Wye桥、日本的摩耶桥与尾道桥等无一不是钢斜拉桥。目前，世界上最大跨度的钢斜拉桥是日本的多多罗桥（1998年建），主跨890 m。理论研究表明，钢斜拉桥的最大跨径可达1 300 m；混凝土斜拉桥的最大跨径可达700 m；结合梁斜拉桥（主梁为钢–混凝土结合梁）的最大跨径可达1 000 m。

我国在20世纪80年代以前，由于钢产量较低，很少建造钢斜拉桥。改革开放后，钢斜拉桥得到了发展，1987年在山东东营建造了第一座公路钢斜拉桥，主跨288 m，扇形双索面，主梁采用带正交异性板的双箱钢梁；1993年建成杨浦公路斜拉桥，主跨602 m，主梁采用结合梁；1999年建成汕头礐石公路斜拉桥，主跨518 m；2000年建成主跨为628 m的南京长江二桥，主梁为扁平钢箱梁的公路钢斜拉桥；同年又建成主跨为312 m的芜湖公铁两用钢斜拉桥；2001建成福州闽州大桥，主跨605 m为结合梁斜拉桥。随着工业现代化进程的加快，为适应大跨径结构的需要，我国将建造更多的钢斜拉桥和结合梁斜拉桥。如江苏苏通大桥（主跨1 088 m）、香港昂船洲桥（主跨1 018 m），分别于2003年6月及2004年5月动工兴建，两座桥均计划在2008年建成。斜拉桥的跨径还在继续增大，世界上还有多座大跨径斜拉桥正在规划中。

7.2 斜拉桥的组成形式及总体布置

斜拉桥结构体系的选择范围宽广。梁、索、塔的不同变化和相互组合可以构成具有各自结构性能且力学特点和美学效果突出的斜拉桥。

7.2.1 斜拉桥的组成形式

从斜拉桥跨径布置方式上看，常见的有独塔双跨式和双塔三跨式，如图 7.1 所示。但在特殊情况下也可布置成独塔单跨式、双塔单跨式、多塔多跨式以及塔跨混合式，如图 7.2 所示。

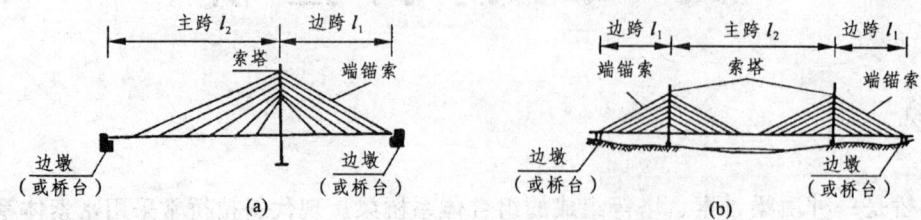

图 7.1 斜拉桥常用的跨径布置方式

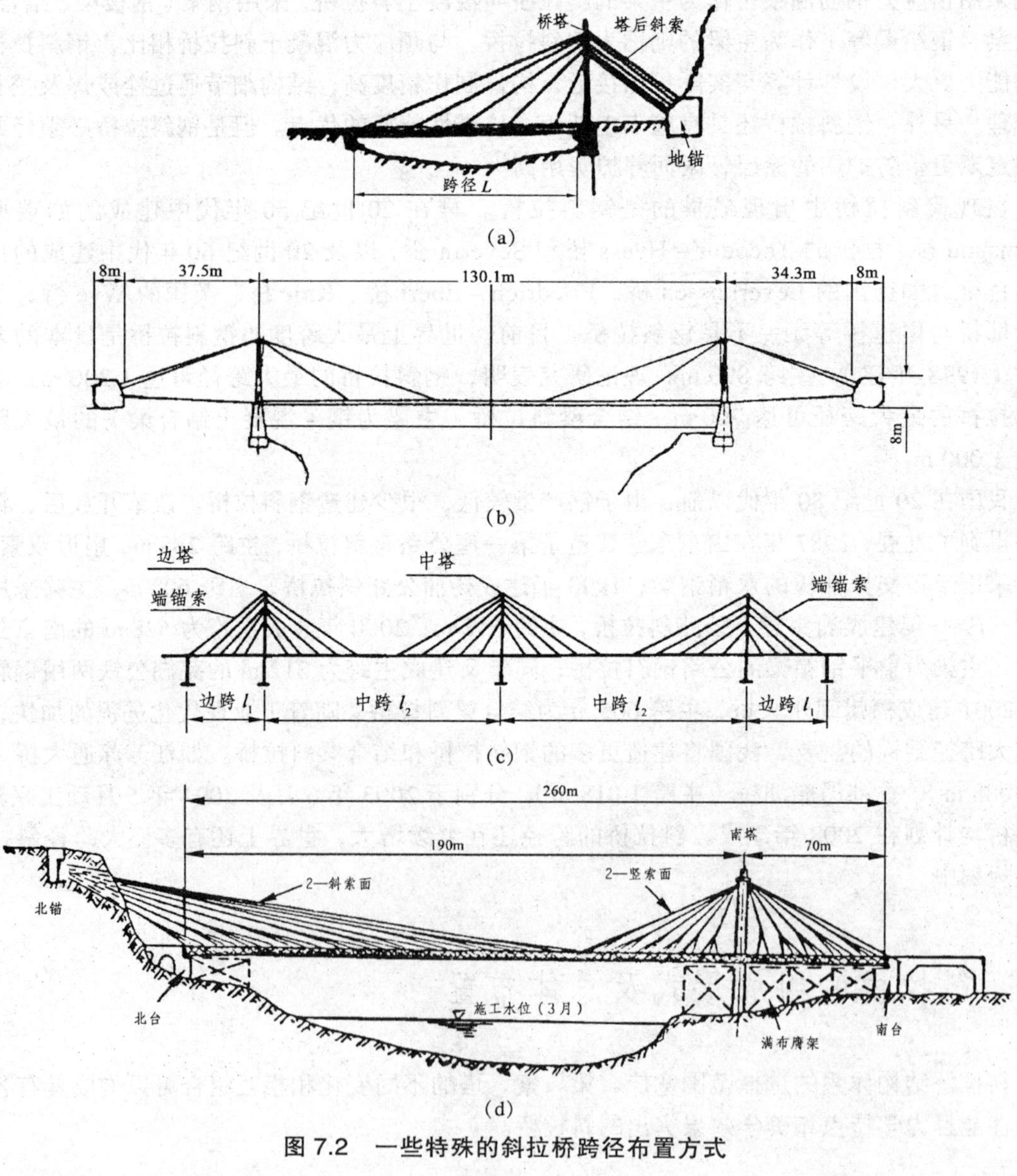

图 7.2 一些特殊的斜拉桥跨径布置方式

从斜拉索在空间的布置形式上分有单索面斜拉桥和双索面（包括竖向双索面和斜向双索面）斜拉桥，如图 7.3 所示。索面形状又有放射形、扇形和竖琴形等三种，如图 7.4 所示。放射形材料比较省，但与塔的锚固构造比较复杂；竖琴形耗材较多，但塔与索的锚固比较简单；扇形则比较适中，又比较美观，因而扇形索面最为常用。

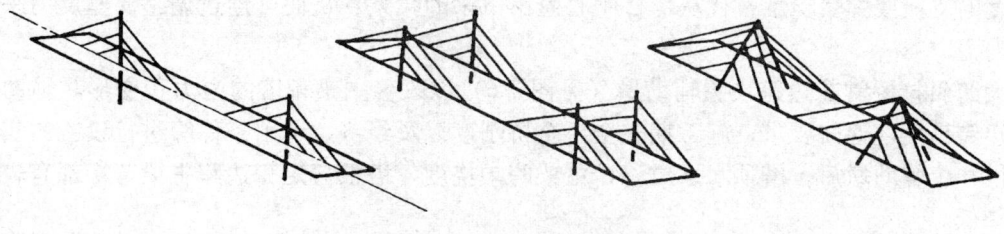

图 7.3 斜拉索在空间的布置形式

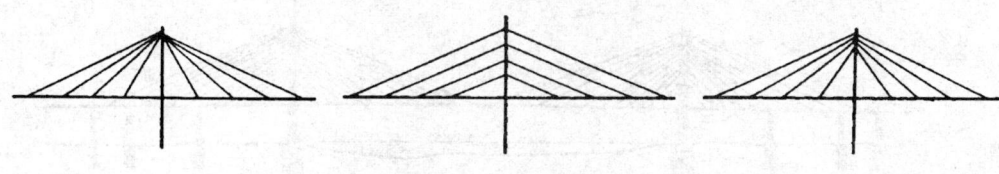

图 7.4 索面形状

根据斜拉索根数的多少，斜拉桥分为稀索斜拉桥和密索斜拉桥。早期斜拉桥采用稀索，梁上及塔上索距大，拉索索力也较大，拉索锚固构造复杂。稀索斜拉桥由于索距大，主梁的弯矩和剪力较大，因而需要较大的主梁高度。现代斜拉桥常采用密索型布置，特点是每根拉索索力较小，拉索锚固构造简单，张拉千斤顶可小型化、轻型化。密索斜拉桥由于索面内拉索根数多，使主梁以受轴向力为主，梁高降低，使斜拉桥的造型柔细轻巧。

斜拉桥由梁、索、塔、墩的不同结合构成的四种不同的结构体系：飘浮体系、支承体系、塔梁固结体系和刚构体系，如图 7.5 所示。在钢斜拉桥中常采用飘浮体系和支承体系。

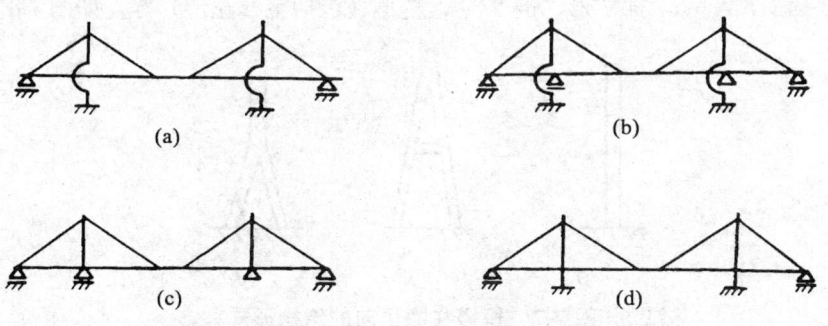

图 7.5 斜拉桥的结构体系

飘浮体系为墩塔固结、塔梁分离。主梁除两端有支承外，其余全部由拉索作为悬吊支承，可看成具有多点弹性支承的单跨梁[见图 7.5（a）]。飘浮体系的主要优点是满载时，塔柱处主梁不出现负弯矩峰值；在密索情况下，主梁各截面的变形和内力的变化较平缓，受力较均匀；地震时允许全梁纵向摆动，从而起抗震消能作用。缺点是悬臂施工时塔柱处主梁需临时固结，以抵抗施工中不平衡弯矩和纵向剪力的不利影响。为了抵抗横向水平力，一般在塔梁间设置橡胶支座。现代大跨径斜拉桥大多采用飘浮体系。

支承体系也是墩梁固结、塔梁分离，但主梁在塔墩上设置竖向支承，因而称为半飘浮体系，主梁可看成是具有多点弹性支承的三跨连续梁［见图7.5（b）］。支承体系的缺点是两跨布载时，塔柱处主梁有负弯矩峰值，故通常须加强支承区段的主梁截面，如在墩顶设置可调节高度的支座或弹簧支承替代从塔柱中心悬吊下来的拉索，从而可通过调整支座反力来调整主梁内力。

大跨斜拉桥常在边跨设置辅助墩（见图7.6）以改善主梁和塔的内力和变形。辅助墩应根据边跨高度、通航要求、施工期安全、全桥刚度以及经济、适用条件等进行设置。实践表明，设一个辅助墩后，塔顶水平位移、主梁跨中挠度、塔根弯矩和边跨主梁弯矩都有较大程度的降低。

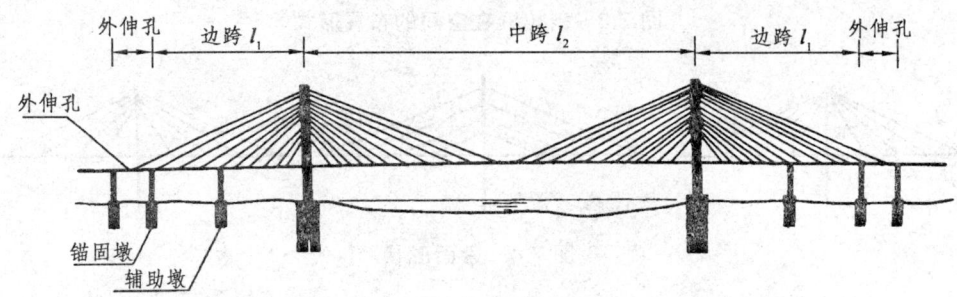

图7.6　斜拉桥辅助墩的设置

斜拉桥的桥塔（或索塔）大多采用混凝土桥塔，一般均为空心断面，根据需要也可采用预应力混凝土结构。桥塔的结构形式应根据斜拉索的布置、桥面宽度以及主梁跨度等因素决定。塔的类型在顺桥向有单柱型、A形及倒Y形等几种，如图7.7所示。单柱型桥塔构造简洁，轻盈美观，施工方便，是常用的塔型；A形和倒Y形在顺桥向的刚度大，有利于抵抗桥塔两侧拉索的不平衡力，抗振能力强，但施工复杂，这类索塔采用不多。桥塔在横桥向的型式有单柱型、双柱型、门形、H形、梯形、A形、倒V形、倒Y形、菱形（包括宝石花形）等，如图7.8所示。

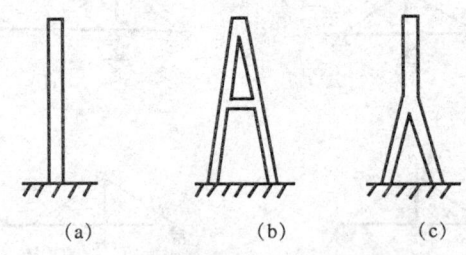

图7.7　桥塔在顺桥向的结构形式

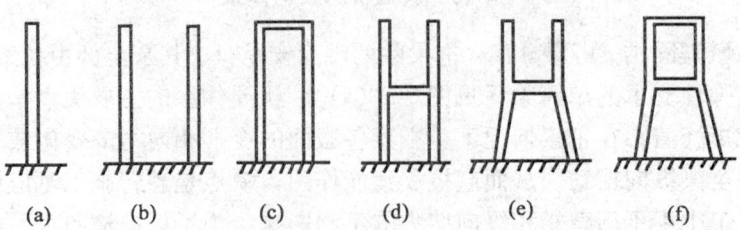

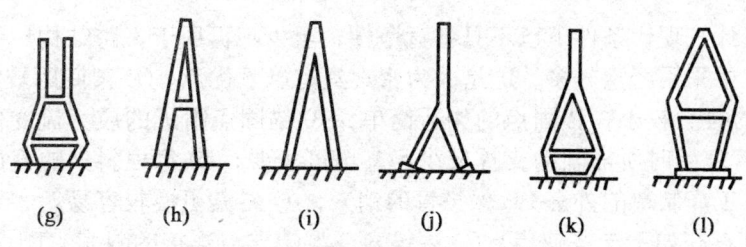

图 7.8 桥塔在横桥向的结构型式

7.2.2 斜拉桥的总体布置

设计斜拉桥时，首先根据桥位处的地形、地质、水文等条件，选定适合的结构体系，然后进行立面布置、平面布置、横向布置，再确定梁高、索距。

1. 立面布置

斜拉桥的立面布置就是确定桥梁边、中跨比例以及索塔高度与中跨的比例。根据几十年来的设计经验，对于双塔三跨式斜拉桥，通常边跨与中跨的比例 l_1/l_2 在 0.25～0.5，大都为 0.4 左右 [见图 7.1 (a)]；对于独塔双跨式斜拉桥，边跨与主跨的比例 l_1/l_2 可取 0.5～1.0；索塔高度与中跨的比例约在 0.25 左右。索形要根据设计总体构思、受力情况及美学要求等确定。

2. 平面布置

一般斜拉桥都按直线布置，但也有为配合路线将桥梁部分或全部设置在曲线上。这时可利用双索面的抗扭功能来减小对主梁抗扭刚度的要求。

3. 横向布置

横向布置主要是选择桥塔的形式，根据桥面宽度及美观要求，选择索面（单索面、双索面或多索面）。对于双索面斜拉桥，从提高抗扭刚度和保证拉索安全出发，拉索宜布置在人行道以外；当桥面较宽时，通常在人行道和机动车道之间设置非机动车道，为了减小横梁跨度，也可将双索面布置在人行道与非机动车道之间。

4. 主梁截面形式及高度选择

主梁截面形式应根据跨径、索距、桥宽等不同需要，综合考虑结构力学要求、抗风稳定性、施工方法等因素选定。主梁断面有闭口和开口两种类型。闭口形断面多用于单索面斜拉桥，开口形断面多用于双索面斜拉桥。对双索面钢斜拉桥，主梁也常采用闭口形以满足较高的抗风要求。斜拉桥的主梁高度与主梁自重有关，斜拉桥主梁自重应尽量减小。梁高与主跨比 h/L 变化范围，对早期稀索斜拉桥一般为 1/50～1/70；对近期密索体系的大跨径斜拉桥，高跨比一般为 1/70～1/150，个别也有小于 1/200 的。单索面的主梁高度要按抗扭刚度确定。

5. 索距的选择

早期的斜拉桥多采用稀索。如第一座现代斜拉桥——马拉开波桥采用少量的拉索（间距 30～73 m，桥面高 5 m）支撑刚性桥面。这种刚性桥面要求采用大量的材料和使用昂贵的安装设备。这种设计在现代条件下已不具备竞争性，至少不再用于大跨结构。

近期的斜拉桥采用密索较多，这是因为密索具有以下优点：① 索间距较短，主梁中的弯矩小；② 每索的拉力较小，锚固点的构造简单；③ 锚固点附近的应力流变化较小，补强范围也小；④ 伸臂施工时所需辅助支撑较少，甚至可不要；⑤ 每根斜索的截面较小，有可能每索只用一根在工厂制造的外套PE保护管的钢索；⑥ 斜索更换较容易。

但是密索也存在如下一些缺点：① 端锚索（与端支点连接的斜索）刚度较小；② 边跨主梁可能产生较大的负弯矩；③ 每根斜索的刚度较小，可能会产生风振问题。

斜拉桥采用稀索时主梁上的荷载比较直接地由锚索传递到端支点，而采用密索时则一部分内力经由主梁传递到端支点，因此边跨主梁变形及负弯矩均较大。为了克服密索的上述缺点，有时可采用增大端锚索刚度的做法，即将边跨斜索集中为一根端锚索或将边跨的一部分斜索集中为端锚索。总之，稀索也不是毫无优点，要根据具体条件来比较。但现代斜拉桥的趋势以采用密索较多。

一般来讲，钢主梁索距常采用 8～24 m。当采用密索体系的混凝土主梁时，索距常采用 4～12 m。索距的选择还取决于施工设备。

7.3 钢斜拉桥的构造特点

7.3.1 主梁的截面形式及构造

钢斜拉桥主梁的类型有实腹钢梁（包括钢板梁、结合梁、钢箱梁）和钢桁梁。前者构造简单，制造、架设和养护都较方便，特别是扁平钢箱梁，其风动力性能良好，近年来在公路钢斜拉桥中得到广泛应用；主梁采用钢桁梁，可以适应布置双层桥面的需要，因其抗弯刚度大，常用于大跨度公铁两用桥。

对双索面体系，主梁的横截面形式有多种。它们包括双主梁形式、单箱单室中的矩形、倒梯形梁，双箱单室中的矩形、倒梯形梁，单箱多室钢梁及扁平流线型钢箱梁等。

1. 双主梁

双主梁形式一般采用两根工字形钢主梁，钢主梁之间有钢横梁及钢桥面板连接，钢横梁及桥面板以伸臂托架的形式向主梁外侧延伸［见图 7.9 (a)］。采用这种形式的桥例有德国的 Knie 桥［见图 7.9 (b)］、路德维希港桥、英国的 Kessock 桥等。

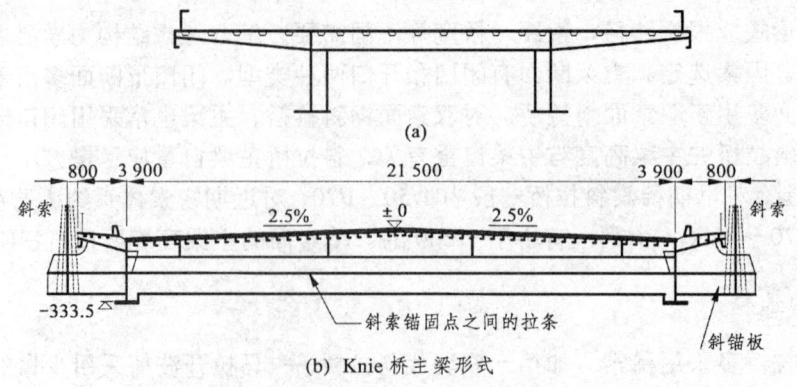

图 7.9 双主梁形式（单位：mm）

2. 单箱单室钢梁

单箱单室钢梁的截面形式有矩形钢箱梁与倒梯形钢箱梁,在其顶板、底板、腹板及伸臂桥面板上均带有纵横加劲肋,箱室内可设加劲斜杆与钢箱形成横向联结系。这类桥例有瑞典焦恩桥[见图7.10(a)]和原联邦德国的科尔勃兰特桥[见图7.10(b)]。也有无伸臂桥面板的钢箱梁,它们实际上是六边形,利用两侧上部的斜腹板锚固斜拉索。如图7.10(c)所示为主跨280 m的韩国突山大桥的钢箱梁截面。单箱单室钢梁截面的桥面宽度一般较小,均未超过20 m。

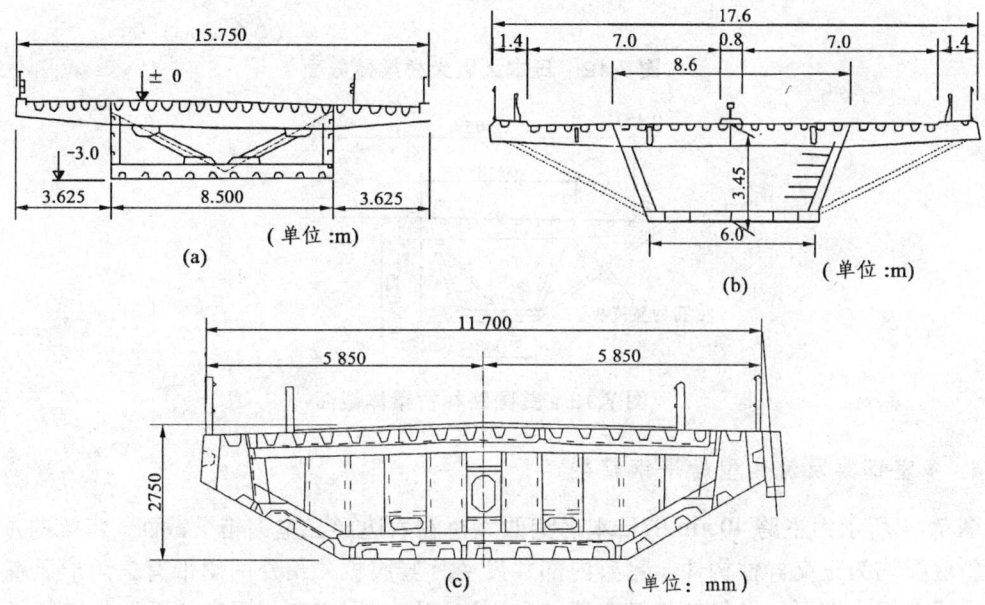

图 7.10 单箱单室钢梁的截面形式

3. 双箱单室钢梁

双箱单室钢梁的截面形式也有矩形钢箱梁与倒梯形钢箱梁。采用2个矩形钢箱梁的代表实例有图7.11所示的我国东营黄河大桥(主跨288 m)和图7.12所示的日本大黑大桥(主跨165.38 m)。其基本布置都是在2个箱梁内设置带人孔的横隔板,或设置斜杆式横向联结系。采用倒梯形(斜腹板)钢箱梁的代表实例有美国路林桥(见图7.13),主跨372.5 m。其全截面由两个倒梯形钢箱梁组成,两箱之间设有钢桥面板与钢横梁。钢横梁贯穿箱梁上部并向箱梁外侧伸臂梁外侧安装有整流板(仅主跨有)。采用双箱单室截面的钢梁,桥宽一般均可以超过20 m。

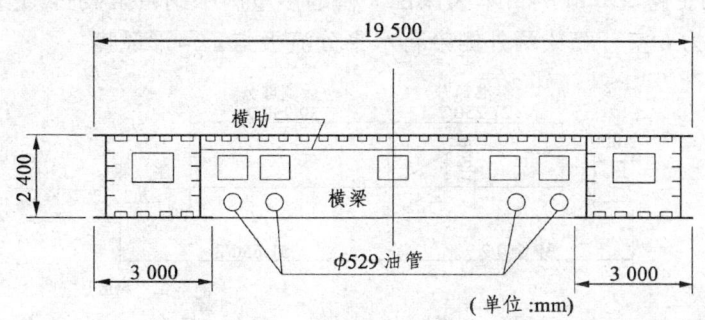

图 7.11 东营黄河大桥主梁截面

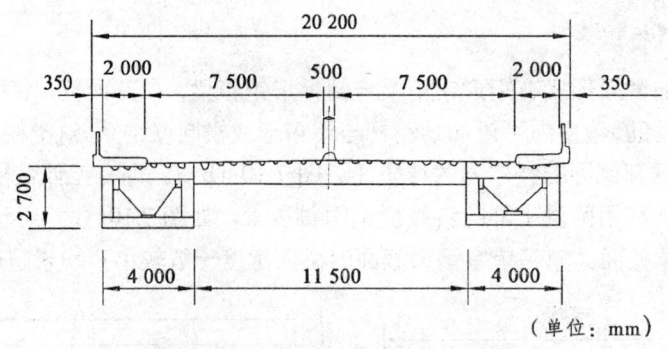

图 7.12 日本大黑大桥梁体截面

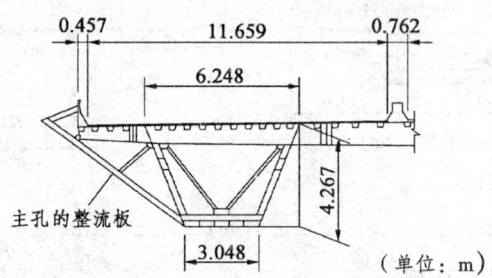

图 7.13 美国路林桥梁体截面

4. 多室钢梁及流线型扁平钢箱梁

图 7.14 所示为主跨 405 m 的日本名港西大桥的六边形三室钢箱梁截面。箱梁的顶板、底板及斜底板均为正交异性构件。箱梁内部共设 4 片竖腹板，箱外两侧带有三角形风嘴。箱内中室采用 3 组人字形加劲斜杆作横向联结系，边室则利用横向与竖向加劲肋作横隔板，并开有三角形人孔。

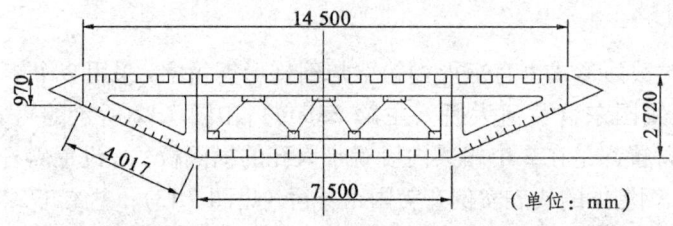

图 7.14 日本名港西大桥钢箱梁截面

图 7.15 所示为主跨 350 m 的日本天保山大桥的多室扁平钢箱梁截面。它的标准桥宽部分为 4 室，加宽部分为 6 室，箱梁两外侧带有水平分流板与三角形风嘴。

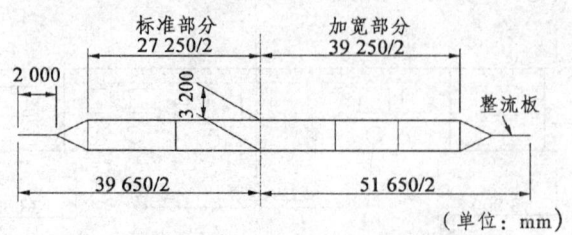

图 7.15 日本天保山大桥钢箱梁截面

图 7.16 所示为主跨 856 m 的法国诺曼底大桥钢箱梁部分的梁体截面。六角形扁平箱梁内部不设腹板，只有密布的横隔板加劲。横隔板的中部开有三角形人孔。箱梁两侧略带倾斜的厚腹板延伸到桥面以上，供斜索锚固用。图 7.17 所示为主跨 890 m 的日本多多罗大桥的钢箱梁截面。

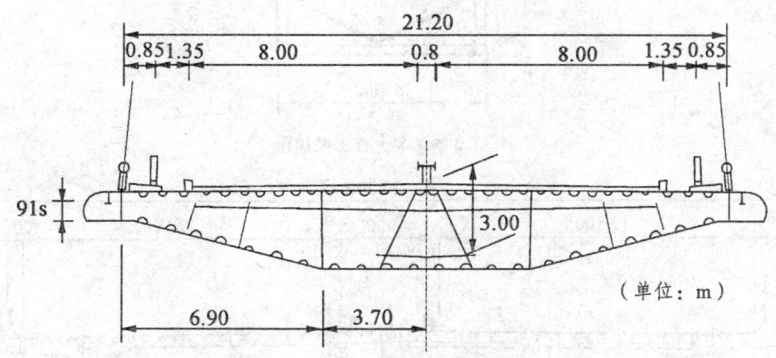

图 7.16　法国诺曼底大桥钢箱梁部分梁体截面

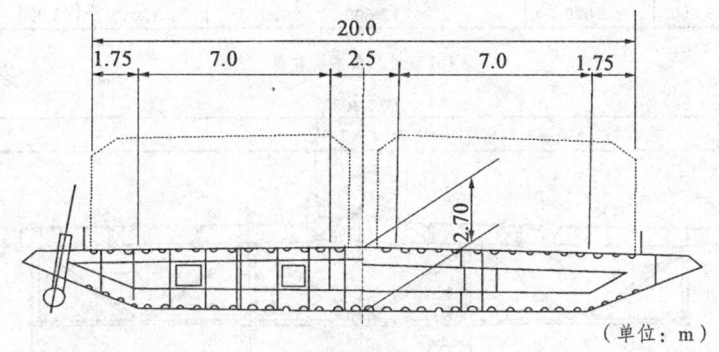

图 7.17　日本多多罗大桥钢箱梁截面

图 7.18 所示为大跨度双索面斜拉桥的建议标准截面形式。箱室内不设中间腹板，但架设时须分节段全截面整体起吊。

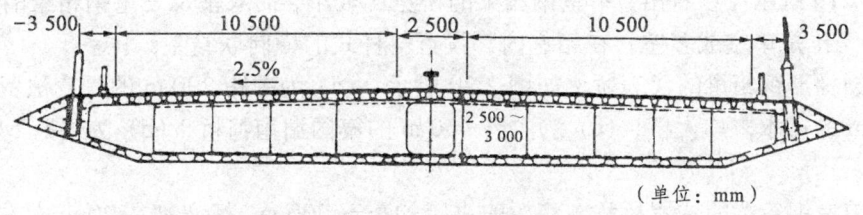

图 7.18　大跨度双索面斜拉桥标准截面的建议方案

对单索面体系，由于单索面斜拉桥的斜拉索对桥梁抗扭起不了作用，因此，其主梁的横截面形式绝大多数都采用抗扭刚度较大的钢箱梁。单索面斜拉桥中采用的钢箱梁，无论是单室或多室，既有矩形箱梁，也有倒梯形箱梁。从发展趋势来看，近期以倒梯形箱梁为主。单索面斜拉桥采用矩形钢箱梁的代表桥例如图 7.19 所示：（a）为主跨 139.3 m 的日本摩耶大桥；（b）为主跨 280 m 的原德国波恩北桥；（c）为主跨 215 m 的奥地利林茨桥。

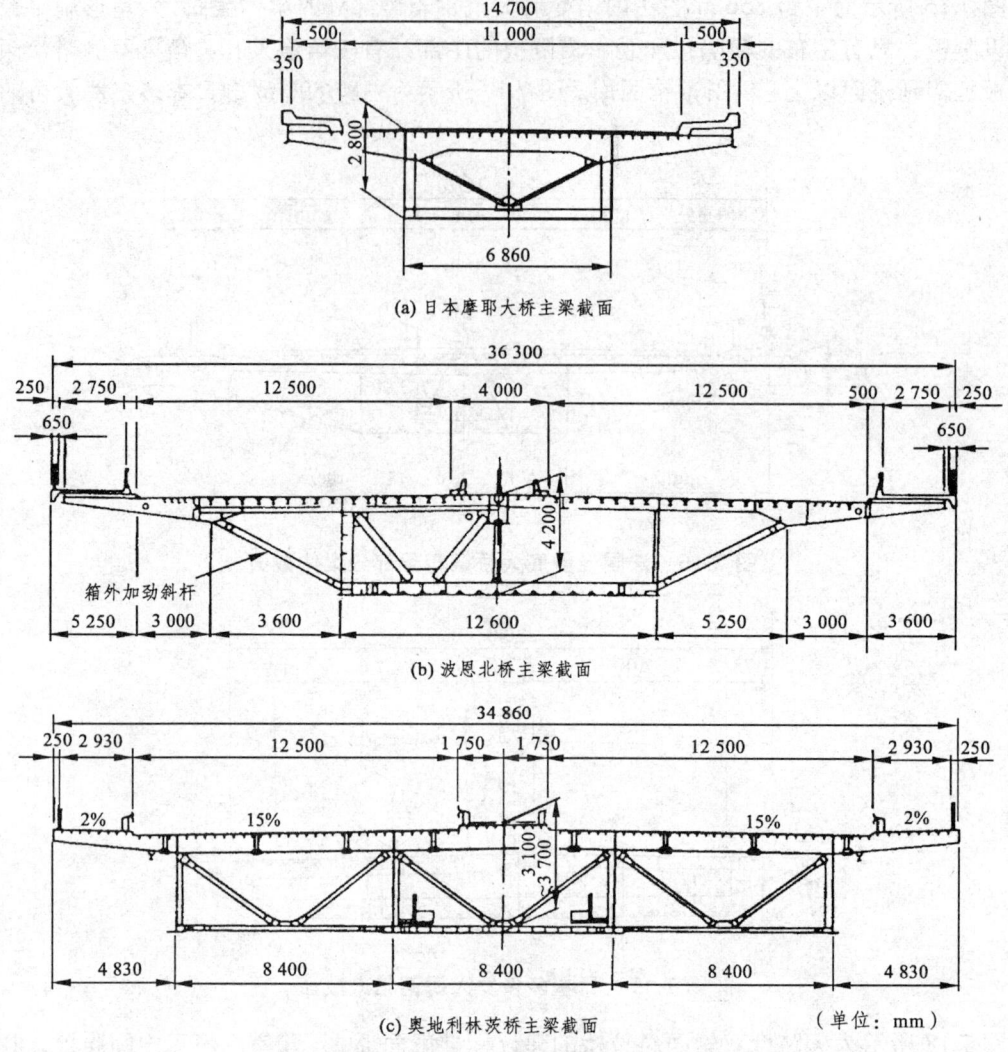

(a) 日本摩耶大桥主梁截面

(b) 波恩北桥主梁截面

(c) 奥地利林茨桥主梁截面

（单位：mm）

图 7.19 单索面斜拉桥的矩形钢箱梁

从图 7.19 所示可以看出，单室钢箱梁的桥宽比较小，而双室及三室钢箱梁的桥宽可以超过 30 m。无论是单室或多室，在箱室内都设置斜杆式的横向联结系。

采用倒梯形钢箱梁的代表桥例如图 7.20 所示：(a) 为主跨 290 m 的丹麦法罗桥；(b) 为主跨 250 m 的日本末广大桥；(c) 为主跨 450 m 的泰国湄南河桥；(d) 为主跨 510 m 的日本鹤见桥。

采用单室钢箱梁的法罗桥和末广桥的主跨均小于 300 m，桥宽都在 20 m 左右。采用多室钢箱梁的湄南河桥与鹤见桥的主跨均在 400 m 以上，桥宽也相应达 30 m 以上。后两桥名义上虽是三室钢箱梁，但实际上是五室钢箱梁。位于桥中线处的一个窄室专供单索面斜索的锚固用；其他箱室内或设横隔板，或设斜杆式横向联结系。

在公、铁两用钢斜拉桥中，主梁常采用钢桁梁以适应布置双层桥面的需要。典型的钢桁梁截面为主跨 420 m 的日本本州四国连络桥儿岛至坂出线上的岩黑岛与柜石岛桥的公铁两用双层桥面的主梁截面，如图 7.21 所示。

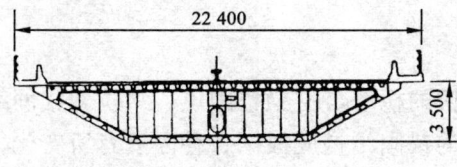
(a)法罗桥

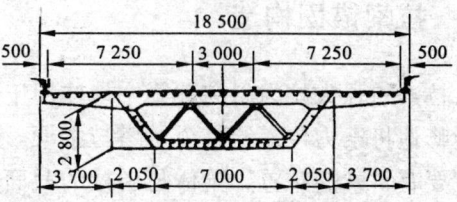
(b)末广桥

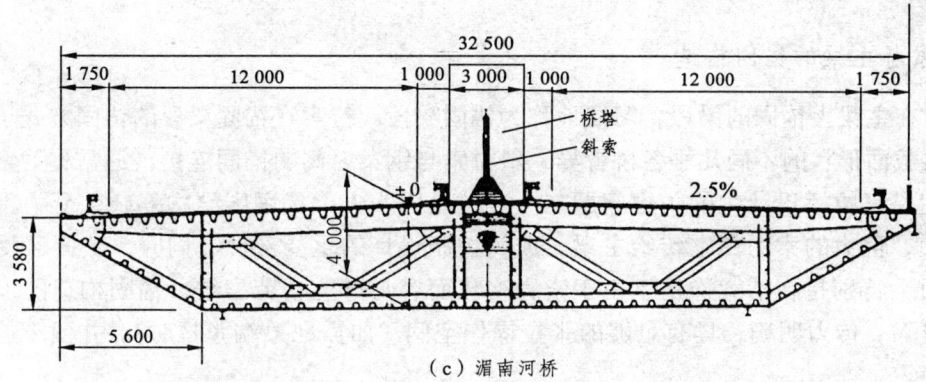
(c)湄南河桥

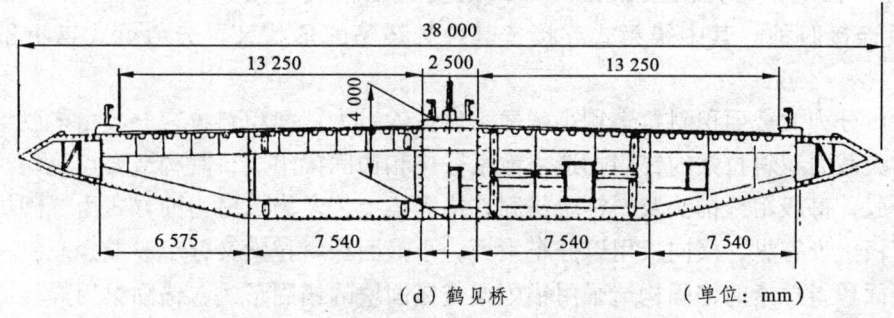
(d)鹤见桥　　　（单位：mm）

图 7.20　单索面斜拉桥倒梯形钢箱梁截面

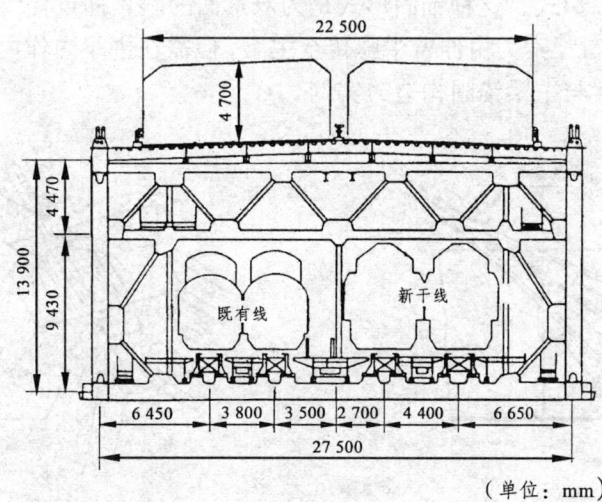
（单位：mm）

图 7.21　日本岩黑岛桥的主梁截面

7.3.2 拉索锚固构造

斜拉索的强大拉力斜向并集中地作用于斜拉桥的桥塔与主梁锚固点。斜拉索锚固结构必须能顺畅地将索力传递给整个桥塔与主梁。斜索的锚固结构应根据各种因素有所变化，这些因素主要有斜索的布置、梁体与塔柱的截面形状及横梁与隔板的布置、锚头的形状、索力的大小、张拉工具、张拉方法以及塔与梁的结构材料等。任何情况下，斜索锚固结构不仅要设计得易于安装，还要设计得方便养护与斜索更换。

1. 拉索与主梁的锚固构造

斜拉索在主梁上锚固的梁段，习惯地称为锚固梁段。拉索在锚固梁段的锚固方式，根据索面和主梁截面形状的不同几乎各桥皆异。斜拉索与钢梁之间的锚固连接（通常称为索梁锚固区）处理是斜拉桥设计中的关键问题之一。这是因为索梁锚固区结构复杂，受力集中，局部应力大，巨大的索力由它传给主梁，成为控制设计的重要部位。同时，锚固区受索力的直接作用，特别是在活载作用下由于索力变化而容易产生疲劳裂纹。锚固构造的设计要确保连接可靠，传力明确，具有足够的张拉操作空间（如需在梁端张拉时），并便于拉索的养护和更换。

大跨度斜拉桥中常见的索梁锚固形式主要有锚箱式连接、耳板式连接、锚管式连接、锚拉板连接四种。其中锚箱式连接按其外挂锚箱的形状又可分为梁式锚箱和柱式锚箱两种。

斜拉索可分为大截面积斜拉索和小截面积斜拉索。大截面积斜拉索一般由多股组成，常用于稀索。大截面积斜拉索的锚固构造由散索鞍座和锚固梁组成，其构造要点是斜拉索在散索鞍座上分股，每股用一锚头及一锚块锚固在锚固梁上，索力以剪力的方式由锚固梁传向主梁腹板，腹板上设有纵、横向板用以分布索力。小截面积斜拉索又分单股或少股斜索，用于密索。小截面积斜拉索的锚固构造采用锚固梁或锚固块的锚固形式，锚固梁用焊接或高强螺栓与主梁连结，斜索固定在锚固梁上，索力以剪力的方式由锚固梁传向主梁腹板。另外也可采用支架或牛腿的锚固形式，这种锚固形式是为双索面的斜索而设计的，主梁每侧伸出一个牛腿，斜索锚固在牛腿上，索力由伸臂牛腿传至主梁，但需在主梁内作内部补强处理。图7.22所示给出了几种斜拉索与主梁锚固构造的实例。

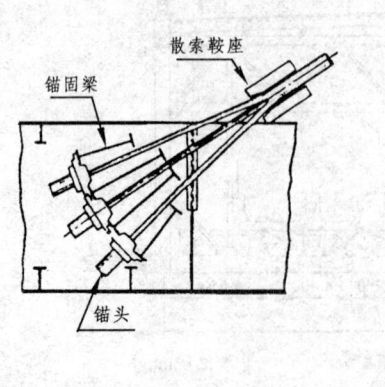
(a) 散索鞍座 + 锚固梁（末广桥）

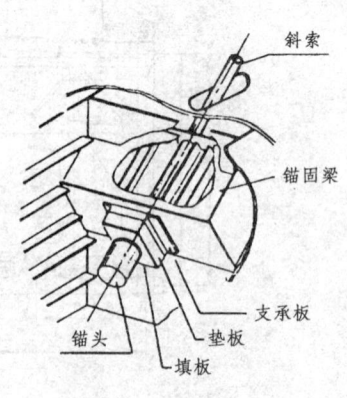
(b) 锚固梁（Sakitama 桥）

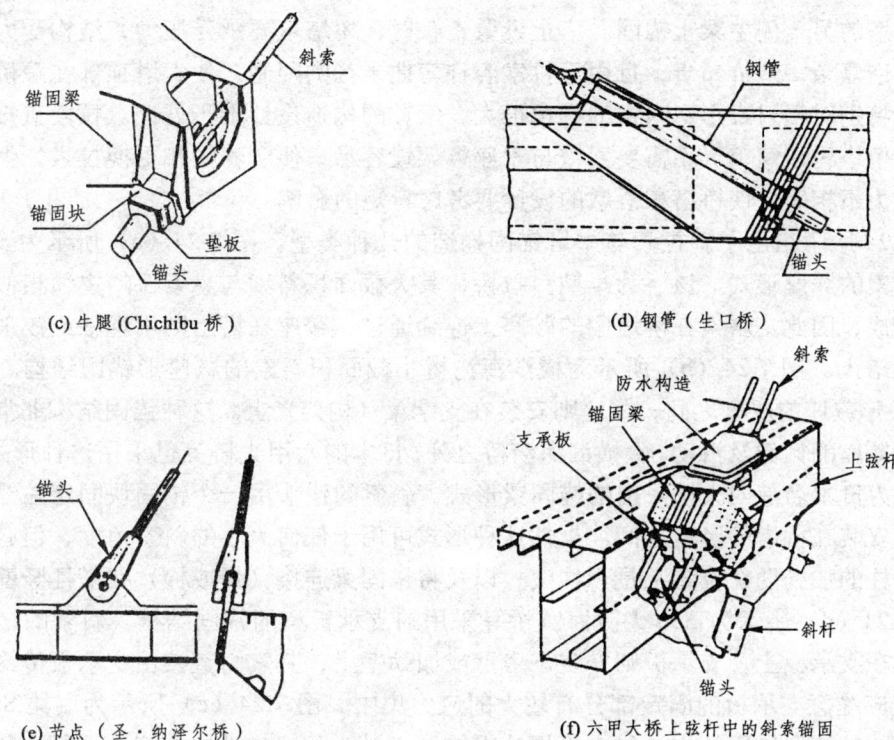

图 7.22 斜拉索与主梁锚固构造实例

我国的南京长江二桥、安庆长江大桥、苏通长江大桥均采用了柱式锚箱结构，其基本构造如图 7.23 所示。柱式锚箱由锚板、承压板及加劲肋组成。柱式锚箱通过焊接与主梁腹板连接。由于沿主梁腹板方向的尺寸小，主梁腹板和锚箱连接部位的弯矩较小，而在斜拉索方向由于有足够的连接焊缝长度，所以索力能流畅地传递给主梁。

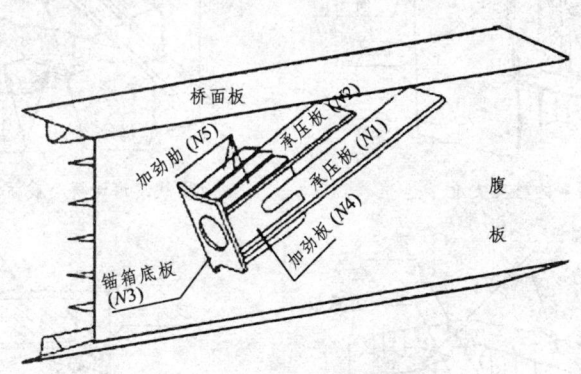

图 7.23 柱式锚箱的索梁锚固结构

2. 斜拉索与桥塔的锚固构造

桥塔的拉索锚固，是将一个拉索的局部集中力安全、均匀地传递到塔柱的重要受力构造。拉索锚固部位的构造与拉索的布置、拉索的根数和形状、塔形和构造及拉索的牵引和张拉等多种因素有关，故应从设计、施工、养护维修及拉索的更换等各个方面来综合考虑拉索锚固段的合理构造。拉索在桥塔上有两种联结方式：一种是直接锚固，另一种是通过塔顶索鞍而延伸到桥塔的另一侧主梁上锚固。塔上设置索鞍时，桥塔主要承受压力，结构受力简单，但索鞍的构造复杂，造价昂贵，且由于拉索容许弯曲半径的限制，使索塔顶部在顺桥方向的宽度增加，特别对辐射索形，内索的倾角很大，索鞍的构造设计难于处理。拉索直接锚固在桥塔上时，桥塔构造简单，不需要索鞍与索座，架设容易，便于养护和更换拉索，但由于桥塔两侧的索力不相等，使桥塔和桥墩的设计要考虑弯矩的影响。

图 7.24 所示给出了斜拉索与主塔锚固构造的几种类型。图 7.24（a）所示为 Suigo 桥大截面积斜索的鞍座形式。该桥为早期斜拉桥，其大截面积斜索与悬索桥的主缆相似，由若干股钢索组成，因此，斜索在桥塔中的鞍座上连续通过。鞍座在塔上则用辊轴或铰来支承，或者固定在塔上。图 7.24（b）所示为横滨海湾桥小截面积斜索的鞍座形锚固结构。斜索锚头固定在 U 形鞍座的双壁之间，鞍座则安装在支承梁（构架）上。这种锚固结构非常简单，但必须防止鞍座的倾倒及滑动。除横滨海湾桥之外，日本的六甲大桥等也采用这种形式。图 7.24（c）所示为日本名港西大桥采用的锚固梁形式。斜索的锚头用一个锚固块固定在锚固梁上，锚固梁则安装在桥塔的竖壁之间。虽然这种形式可用于任何大小的斜索角度，但必须研究锚固梁与塔柱的加劲肋在位置上是否冲突，以及将锚固梁连接（焊或栓）在塔柱竖壁上有无问题。图 7.24（d）所示为日本大阪海鸥桥等采用的支承板型的锚固结构。斜索的锚头用一个块件固定在支承板上，支承板则安装于塔壁或加劲壁上，其索力直接由支承板传给塔壁或加劲壁，但应注意支承板的固定部分有较大的应力集中。图 7.24（e）所示为瑞典 Stromwund 桥等采用的铰接型锚固结构。斜索采用外露锚头，锚头及铰与塔柱连接。采用这种形式如索力很大时，锚头与铰的直径随之加大，因此，必须考虑架设时怎样处理锚头与铰的空间位置。

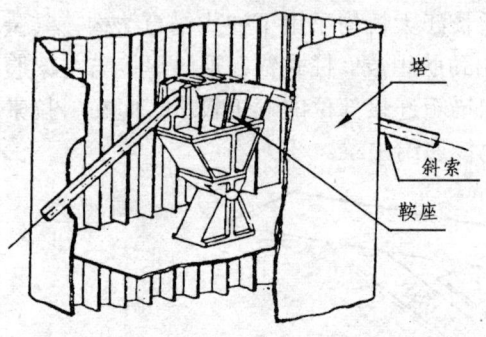

(a) Suigo 桥大截面斜索的鞍座支承

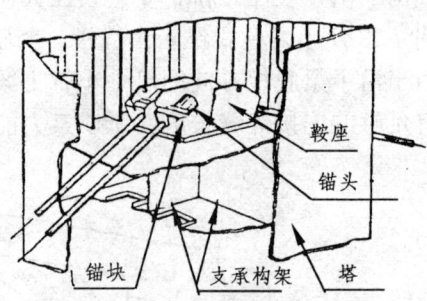

(b) 横滨海湾桥小截面斜索的鞍座锚固

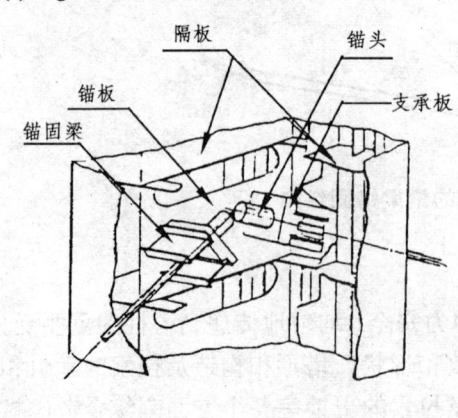

(c) 名港西大桥的锚固梁形式

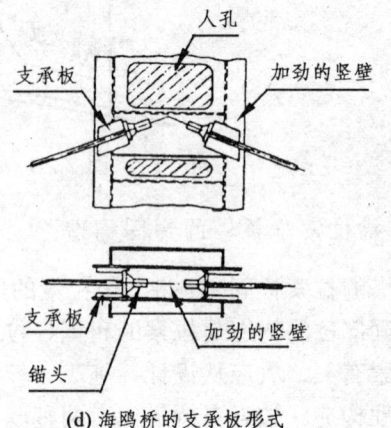

(d) 海鸥桥的支承板形式

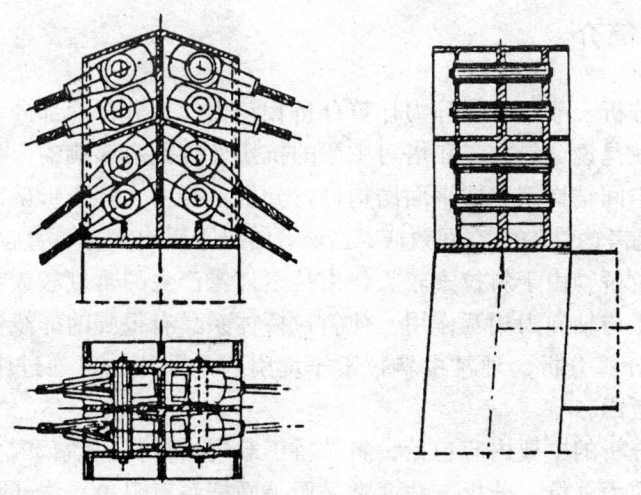

(e) Strömsund 桥的铰接锚固

图 7.24　拉索与索塔锚固构造的实例

7.4　斜拉桥的设计构思与计算要求简介

7.4.1　斜拉桥的设计构思

斜拉桥是由主梁、索、塔、墩构成的组合体。其设计参数很多，且它们又互相关连，相互制约。在设计之初首先应该总体考虑，进行全桥的综合设计。针对具体桥梁的经济性、安全性、设计、施工、材料、机具、时间进度、空间布置等各方面问题进行综合分析。

首先，根据经济性和使用性确定斜拉桥的主跨度，继之就是要考虑边跨与主跨的比例问题（应注意独塔和双塔的比值是不同的），随后按交通量确定车行道、人行道数目和宽度等，也就确定了桥面总宽，接着就是决定索面数目及锚固方式等。

塔的结构形式、高度、断面面积会随着拉索的布置形式而有所不同，要考虑塔的刚度对整个桥跨结构变形的影响。

主梁的高度不仅与主跨有关，还随着桥宽、主梁截面面积、主梁截面形式的变化而变化，同时它在结构上还必须满足风动力稳定性的要求。主梁的刚度对主跨的弯矩影响很大，要配合索、塔的刚度进行多层次比选。

拉索在塔和主梁上的索距应配合塔和梁的高度、刚度、材料以及整个斜拉桥的桥型综合考虑，每根斜缆的面积应随其倾斜角度以及所处位置有所不同。另外，斜拉索的非线性弹性模量除决定它本身的刚度外，还影响全桥的刚度，计算时要注意。

关于梁、塔、墩的相互连接形式，主梁是否悬浮，支点如何设置，一方面要从静、动力分析考虑，另一方面也要考虑结构整体的安全和可靠度。

由上可知，斜拉桥桥型总体设计中，影响因素很多，变量参数复杂，交叉组合的方案更是千变万化。但为了抓住主要矛盾，总体构思时首先要考虑跨度划分、主梁结构形式、梁、塔、墩的连结形式以及斜拉索的类型等四个方面的问题。

7.4.2 计算要求简介

斜拉桥的计算分析一般都包括静力计算分析和动力计算分析两部分。实际的斜拉桥具有空间静力特性，也就是说，斜拉索和塔对主梁的抗扭性能是有影响的。但通常在计算斜拉桥的内力和变形时把空间结构简化成平面结构进行分析，待内力和变形确定以后再乘以荷载横向分布系数，也就是考虑结构的空间效应。当然，如果采用电算也可直接按空间结构来分析。

对于大跨径斜拉桥，由于斜拉索较长，由拉索自重产生的垂度较大。另外，斜拉桥结构的位移也较大，弯矩与轴向力相互作用，使斜拉桥体系具有很强的非线性性质。因而要采用有限变形理论进行计算分析。通常由斜拉索垂度引起的非线性可通过修正弹性模量（Ernst 公式）的办法加以考虑。

钢斜拉桥静力分析的主要内容包括：斜拉桥恒载内力计算、活载内力计算以及温度变化在斜拉桥中产生的内力分析。分析方法通常采用平面杆系有限单元法（刚度矩阵法）。

斜拉桥的恒载内力计算，要比一般的桥梁复杂得多。这是因为桥梁结构形式、结构自重、桥面铺装、各斜拉索内初始拉力的大小、施工方法、施工荷载及施工程序等因素都对斜拉桥的恒载内力产生着重要的影响。计算斜拉桥的恒载内力时，首先要确定合理的成桥状态，即合理的线型和内力状态，其中最主要的是斜拉索的初张力，然后按照施工过程划分施工阶段，再通过计算确定施工阶段的理想状态，经过多次反复计算后才可以达到成桥阶段的理想状态。

确定斜拉索初张力的方法比较多。目前，比较流行的主要有刚性支承连续梁法、零位移法、倒拆和正装法、无应力状态控制法、内力平衡法和影响矩阵法等。

活载内力常用影响线法确定，求得最不利组合活载在桥梁中所产生的内力。

斜拉桥动力分析主要包括抗震和抗风两方面。斜拉桥的动力特性分析主要是研究其自振特性。由于空间斜拉索的存在，斜拉桥的侧向弯曲和扭转相耦合，几乎不存在单纯的扭转振型，而只有以侧向弯曲为主并兼有扭转的振型，或者以扭转为主兼有侧向弯曲的振型，因此对斜拉桥的动力分析必须采用三维空间模型。

对斜拉桥不仅要重视总体分析也要重视局部分析。因为斜拉桥比较容易出问题的局部位置比较多，例如，桥塔和斜拉索的锚固区域、斜拉索和主梁的锚固区域、桥塔的隅节点、塔梁固结的区域、混凝土主梁和钢箱梁结合的区域等。对这些局部区域均应进行局部分析。对于钢箱梁除了总体分析得到其第一体系的内力外，还需要分析其第二体系和第三体系的局部应力。

7.5 斜拉桥钢主梁悬臂拼装法施工简介

钢桁梁和钢箱梁是钢斜拉桥及钢－混凝土结合梁斜拉桥的主要受力构件。钢桁梁和钢箱梁一般先在工厂加工制作，再运至现场吊装就位，钢梁在出厂前需按设计精度进行预拼装。钢梁预制节段长度从方便架设考虑，以布置 1～2 根斜拉索和 2～4 根横梁为宜，节段过长会引起架设时所用临时拉索的麻烦。

斜拉桥钢主梁的悬臂安装与预应力混凝土斜拉桥主梁悬臂安装施工方法基本相同，具有施工快捷、方便的特点。常用的起重设备有悬臂吊机、缆索吊机、大型浮吊、千斤顶及各种自制吊机，并可结合挂篮进行悬臂拼装工作。

7.5.1 斜拉桥钢主梁节段连接技术

斜拉桥钢主梁块段之间连接的接头往往会成为结构的薄弱点，其质量可靠与否直接关系到钢主梁斜拉桥施工的成败，是斜拉桥钢主梁悬臂拼装施工的关键技术。一般分为全断面焊接连接和全断面高强螺栓连接两种。

1. 全断面焊接连接工艺

全断面焊接连接工艺是目前斜拉桥钢主梁节段连接常用的一种工艺，具有施工操作方便，施工完成后主梁整体性好等特点。钢主梁现场焊接连接时须严格执行经焊接工艺评定确定的焊接规程。施工过程中要注意天气条件对焊接的影响，应采用工装设施防风避雨；焊接工艺方法为陶瓷衬垫单面焊双面成型工艺，采用 CO_2 气体保护焊打底，埋弧自动焊盖面。梁段间的纵肋嵌补段的焊接采用半自动 CO_2 气体保护焊和手工电弧焊。

2. 高强螺栓连接工艺

高强螺栓连接工艺具有施工快捷、方便等特点，亦是目前斜拉桥钢主梁最为常用的一种成熟工艺，采用此工艺施工的钢主梁受力性能稳定、耐疲劳、能承受动力荷载。适用于承受应力交变和应力急剧变化的连接点，受力均匀，无应力集中现象。高强螺栓的安装一般分为：初拧及初拧检查，终拧及终拧检查。

（1）螺栓安装：高强螺栓安装前，除全面检查其外观质量并复验扭矩系数外，还要对连接处的接触面进行清理，用钢丝刷清除油污垢、浮锈等，如有毛刺，则用电动砂轮打磨，使接触面保持洁净和干燥。

安装之前，按规定还需先装冲钉。主梁之间连接时，冲钉数量是该节点孔眼数的50%，其余钢梁之间连接时，冲钉数量是该节点孔眼数的30%。安装冲钉是先在连接四角处各打入一个冲钉，进行固定，然后间隔安装成梅花形冲钉群。安装冲钉的过程中要随时调整钢梁间隙，并调整钢梁的标高和轴线，确认结构位置无误，接着在剩余的孔眼中安装高强螺栓，并随时初拧（注意在穿高强螺栓时，不允许强行敲打），最后用高强螺栓逐个换下冲钉并及时初拧。

（2）初拧和初拧检查：初拧螺栓的顺序，是从螺栓群中央向四周逐渐扩展施拧，因此，用高强螺栓替换冲钉时，也是从中间开始换起。根据螺栓的部位和操作环境条件，电动扳手和手动扳手都可使用，初拧扭矩为终拧扭矩值的60%～70%。

初拧检查，主要是检查螺栓安装的外观质量以及有无漏拧情况。外观检查是指查看有没有将螺母和垫圈装反，查看螺栓的朝向是否一致。这一检查主要是在初拧前进行，但为确保螺栓的安装质量，在终拧前还应安排再次进行外观检查，以免因装错螺栓和垫圈方向而影响螺栓的拧紧。

（3）终拧和终拧检查：终拧是使高强螺栓的轴向预应力达到并保持设计值的最重要施工步骤。终拧施工一般在初拧结束2 h后进行。终拧的施行顺序为先中间，再向四周扩展。终拧过的螺栓都应做好标记，以免漏拧或重复施拧。在施拧过程中，为防止螺栓跟转，在另一侧螺栓头部用开口扳手卡住。终拧时，一律拧螺母，对个别位置上的螺栓无法拧螺母时，可采用拧螺栓头的方法施拧。终拧用的扳手，应在试验室标定，并应出具书面标定书作为依据，再经现场标定后才能使用。连接主梁之间的螺栓在终拧之前不准安装钢横梁，这样，终拧后的主梁连接接头才能形成很好的刚性接头。使用电动扳手终拧螺栓时必须是连续地施拧，中途不得停顿，否则容易造成超拧。

终拧检查是在每个节点内高强螺栓全部终拧完成之后，由专检人员进行检查。终拧检查所用的扳手，是带有示功表盘的专用检查扳手。对于超拧的螺栓应及时换下来，重新安装螺栓并做相应的终拧检查。

7.5.2 合龙段施工

合龙段施工是钢梁安装施工的关键。其顺利与否，轻则影响结构内力的分配以及桥面的平顺，重则影响结构的安全。钢梁的合龙常用的是自然合龙和强制合龙。

强制合龙一般用于边跨合龙，它是在合龙段位置上事先留出稍大于合龙段钢梁实际长度的距离，先行吊装合龙段，然后用千斤顶将尾段钢梁向已安装好的合龙段顶进，最终实现合龙。

采用这一工艺，可以避免产生因季节、昼夜温度变化使钢梁涨缩带来的确定合龙段钢梁尺寸的困难，并且可根据现场施工进度等条件适时选择合龙时间。但这一工艺技术上要求很高，必须配备专门设计，并要对受力情况作详细的计算和分析。

自然合龙又称降温合龙，即先设定一个合龙的温度，然后根据各种边界条件计算这个温度下的合龙段钢梁加工长度，施工时，当准备工作就绪后，待大气温度上升或降低到预先设定的要求时，即将钢梁安装就位。自然合龙成功的关键是合龙温度和合龙段钢梁长度的确定。合龙温度应选在气温变化较缓慢的阴天或夜晚，并要在温度再次出现急剧变化前留有足够时间以完成主梁间节点的连接和梁塔临时固结装置的解除。

本 章 小 结

（1）斜拉桥是一种由梁、索、塔、墩等组成的组合体系桥梁。对密索体系的斜拉桥，主梁及主塔以受压为主，斜拉索受拉。根据主梁材料的不同可分为混凝土斜拉桥和钢斜拉桥。

（2）与混凝土斜拉桥相比，钢斜拉桥具有跨越能力大、设计计算准确、构件加工精度高、结构细节容易处理、施工工期短、抗震性能好等优点。

（3）斜拉桥的组成形式多样，结构体系的选择范围宽广。斜拉桥跨径布置方式常见的有独塔双跨式和双塔三跨式，但也有独塔单跨式、双塔单跨式、多塔多跨式及塔跨混合式等特殊形式。从斜拉索在空间的布置形式上分，有单索面斜拉桥和双索面斜拉桥，索面形状又有放射形、扇形和竖琴形等三种，其中扇形索面最为常用。

（4）斜拉桥有四种不同的结构体系，即飘浮体系、支承体系、塔梁固结体系和刚构体系，其中飘浮体系和支承体系最为常用。

（5）大跨斜拉桥常在边跨设置辅助墩以改善主梁和塔的内力和变形。特别是在施工期间，辅助墩能够保证结构的安全。

（6）斜拉桥的桥塔大多采用混凝土桥塔。桥塔的结构形式多种多样，如在顺桥向有单柱型、A形及倒Y形等；在横桥向有单柱型、双柱型、门形、H形、梯形、A形、倒V形、倒Y形、菱形等形式。

（7）钢斜拉桥的总体布置与一般混凝土斜拉桥的总体布置并无明显的不同。即先根据桥位处的地形、地质、水文等条件，选定适合的结构体系，然后进行立面布置、平面布置、横向布置，再确定梁高、索距等。

（8）钢斜拉桥的主梁类型可分为实腹钢梁（包括钢板梁、结合梁、钢箱梁）和钢桁梁。前者构造简单，制造、架设和养护都较方便，特别是扁平钢箱梁，其风动力性能良好，近年来在公路钢斜拉桥中得到广泛应用；主梁采用钢桁梁，可以适应布置双层桥面的需要，因其抗弯刚度大，常用于大跨度公铁两用桥。

对双索面体系，主梁的横截面形式有多种。它们包括双主梁形式、单箱单室中的矩形、倒梯形梁，双箱单室中的矩形、倒梯形梁，单箱多室钢梁及扁平流线型钢箱梁等主梁形式。

对单索面体系，主梁采用抗扭刚度较大的钢箱梁。无论是单室或多室，既有矩形箱梁，也有倒梯形箱梁。从发展趋势来看，近期以倒梯形箱梁为主。

（9）斜拉索锚固结构必须能顺畅地将索力传递给整个桥塔与主梁。索梁锚固区结构复杂、受力集中、局部应力大，特别在活载作用下容易产生疲劳裂纹。锚固构造的设计要确保连接可靠、传力明确，并便于拉索的张拉、养护和更换。索塔锚固是将一个拉索的局部集中力安全、均匀地传递到塔柱的重要受力构造，也应从设计、施工、养护维修及拉索的更换等各个方面来综合考虑其合理的构造形式。

（10）斜拉桥的计算分析一般都包括静力计算分析和动力计算分析两部分。实际的斜拉桥具有空间静力特性，也就是说，斜拉索和塔对主梁的抗扭性能是有影响的。但通常在计算斜拉桥的内力和变形时把空间结构简化成平面结构进行分析。

（11）钢斜拉桥静力分析的主要内容包括：斜拉桥恒载内力计算、活载内力计算以及温度变化在斜拉桥中产生的内力分析。大跨径斜拉桥的计算要考虑由于拉索垂度、大位移、弯矩与轴向力相互作用等引起非线性效应，采用有限变形理论进行计算分析。通常由斜拉索垂度引起的非线性可通过修正弹性模量（Ernst公式）的办法加以考虑。

（12）目前确定斜拉索初张力的方法主要有刚性支承连续梁法、零位移法、倒拆和正装法、无应力状态控制法、内力平衡法和影响矩阵法等。

（13）斜拉桥的动力特性分析主要是研究其在地震或风力作用下结构的自振特性。由于斜拉桥侧向弯曲和扭转的耦合作用，经常出现侧向弯曲兼扭转的振型，因此对斜拉桥的动力分析必须采用三维空间模型。

（14）斜拉桥的局部分析也非常重要，因为斜拉桥比较容易出问题的局部位置比较多，例如桥塔和斜拉索的锚固区域、斜拉索和主梁的锚固区域、桥塔的隅节点、塔梁固结的区域、混凝土主梁和钢箱梁结合的区域等。这些位置往往应力状态复杂，应力集中严重，容易发生破坏，因此，对这些局部区域均应进行局部分析。

（15）钢梁是钢斜拉桥的主要受力构件，一般在工厂加工制作，再运至现场吊装就位。

斜拉桥钢主梁常采用悬臂法安装，施工快捷、方便。钢梁块段之间的连接是斜拉桥钢主梁悬臂拼装施工的关键技术，一般分为全断面焊接连接和全断面高强螺栓连接两种。

思 考 题

1. 了解钢斜拉桥主梁的构造形式。
2. 了解钢斜拉桥索梁锚固、索塔锚固的构造形式。
3. 了解钢斜拉桥主梁的悬臂安装方法。

第8章 大跨度悬索桥

8.1 概 述

8.1.1 悬索桥的组成及特点

悬索桥由主缆索、塔架、锚碇、吊杆、加劲梁和桥面等主要构件所组成（见图8.1），桥面荷载经加劲梁、吊杆传给主缆索，再由主缆索传至塔架和两端的锚碇。悬索桥传力途径简短、明确。其中主缆索是悬索桥的主要承重构件，它承受拉力，可用高强度钢丝制成，材料利用效率高，能够跨越很大的跨度，从而减少桥墩的修建。

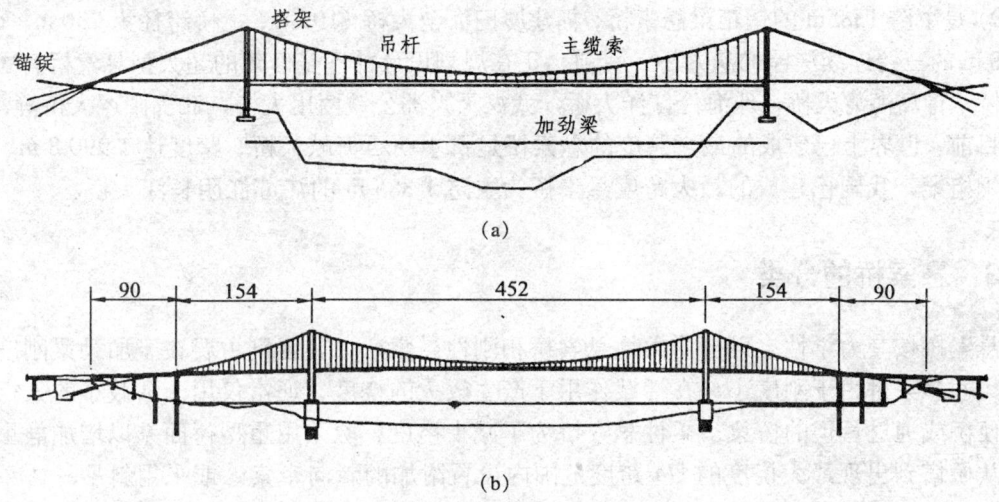

图 8.1 悬索桥的组成

悬索桥的特点是跨越能力大、构造简单、受力明确、结构轻型美观、抗震能力好、便于用悬吊法拼装，不受地形、航道和季节的影响。同时，悬索桥的建筑高度小，易于加固和改建。在跨越大河、深谷等不易修筑桥墩的地区，采用悬索桥尤为有利。但悬索桥的刚度小，在车辆和风荷载作用下容易产生较大的变形和振动，甚至造成破坏。在建桥历史上悬索桥发生破坏的事故是较多的，如美国跨俄亥俄河的 Wheeling 悬索桥于 1854 年 5 月 17 日毁于大风；美国的塔科马桥在 1940 年也毁于风荷载。从那以后，世界各国加强了对空气动力学的研究，经过专家们的多方调查、风洞试验和科学分析，认识到风对悬索桥涡流和颤振的动力作用，在结构上提出了一定的处治对策，如尽量不采用钢板梁而采用钢桁梁或钢箱梁作为加劲梁，特别是现代悬索桥大多采用扁平流线形钢箱梁作为加劲梁，可以有效地提高悬索桥的抗风阻尼性能。

8.1.2 我国悬索桥的发展概况

我国悬索桥的发展历史悠久，远在公元前 250 多年在我国四川境内就修建了竹索桥和藤索桥。据史书文献记载，早在公元前 50 年已在四川建成长百米的铁索桥。明、清两代，在云、贵、川地区修建的铁索桥极为普遍，其中著名的有明代所建的元江桥，清代所建的贵州盘江桥和四川泸定大渡河桥等。

解放前，1938 年湖南建成一座公路悬索桥，可通行 10 t 汽车，随后又有一批公路悬索桥建成通车。解放后，悬索桥得到了较大的发展，尤其在西南山区修建较多。例如川藏公路上的大渡河桥，以及跨越金沙江的多座悬索桥。1984 年在西藏建成的达孜桥是主跨 500 m 的半加劲单链悬索桥；1969 年我国修建第一座双链重庆朝阳桥，主跨为 186 m，是我国最大跨径的双链悬索桥，加劲梁采用了 1.7 m 高的开口钢箱与钢筋混凝土板共同作用的结合箱梁，并采用了先进的栓焊胶粘连接工艺。20 世纪 90 年代，我国悬索桥的建设实现了跨越式发展。已建成的悬索桥有：广东汕头海湾大桥（1995），其主跨是 452 m 的预应力混凝土加劲梁悬索桥，跨径位居同类桥型世界第一，也是国内第一座大跨度现代悬索桥；湖北西陵长江大桥（1996）是主跨为 900 m 的全焊钢箱加劲梁悬索桥；广东虎门大桥（1997）是主跨为 888 m 的钢箱梁悬索桥；江苏江阴长江大桥（1999）是主跨 1385m 的钢箱梁悬索桥；福建厦门海沧大桥（1999），主桥跨径为 230 m＋648 m＋230 m 的三跨连续漂浮式悬索桥。目前，正在规划设计并逐步修建的超大型悬索桥有香港青龙大桥、青岛海湾大桥、珠海伶仃洋大桥、武汉天兴洲公铁两用大桥、武汉阳逻大桥等。

目前，世界上已建成的最大跨度的悬索桥是日本明石海峡大桥，跨度达 1 990.8 m，加劲梁为钢桁梁。我国已建成的最大跨度悬索桥为主跨 1 385 m 的江苏江阴长江大桥。

8.1.3 悬索桥的分类

悬索桥按其力学性态可分为柔性悬索桥和刚性悬索桥，其区别主要在于加劲梁刚度的大小。柔性悬索桥由于刚度小，在活载作用下产生较大的挠度，通常仅用于活载小的人行桥、施工便桥或通过管道的桥梁。柔性悬索桥为了减少挠度，除采用重型桥面系以增加静重外，也可从桥塔到出现最大挠度的1/4 跨度范围内设置附加的斜向牵索，或采用斜吊杆体系。其行车道一般仅设桥面系或用刚度较小的加劲梁。刚性悬索桥通常采用钢桁梁或钢箱梁作为加劲梁，加劲梁的刚度大，特别对大跨度悬索桥，恒载所占比例大，在半跨有活载时产生的 S 形的变形很小，容易满足设计所要求的刚度条件。

按悬索的锚固形式分有外锚式和自锚式悬索桥。外锚式悬索桥是把锚碇放在山体或庞大的桥台中，如图 8.1 所示。在地质不良、桥台后难于设置锚碇的河段上修桥，可考虑将锚索与边跨加劲梁的两端联结，做成自锚式的刚性悬索桥，如图 8.2 所示，锚索的水平分力由加劲梁承受，竖向分力则通过连杆传给桥台。

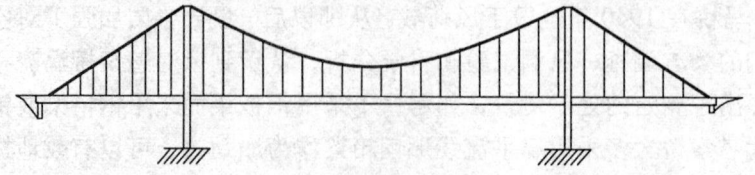

图 8.2　自锚式悬索桥

8.1.4 悬索桥的总体布置

悬索桥在作总体设计时要考虑跨度比、矢跨比、宽跨比、加劲梁的高跨比、吊杆间距以及加劲梁的支承体系等。

悬索桥的主跨度根据地形和地质条件确定，在桥台与塔架之间常设置边跨。边跨与中跨之比 L_1/L 常用 1/2～1/4，如小于 1/4，边跨可不设吊杆，边索用锚索代替。但边跨是否设吊杆，还要根据边跨跨长的大小来决定（见图 8.3）。

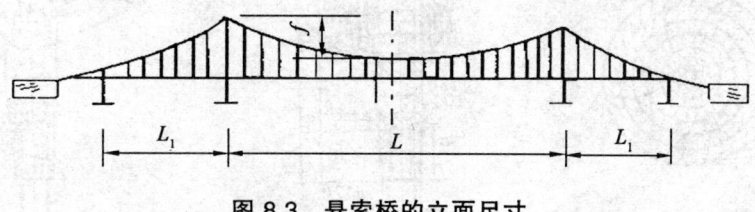

图 8.3 悬索桥的立面尺寸

中跨的矢跨比 f/L，从用钢量最省考虑，以 1/6～1/7 为宜，但为了减少塔架高度，常采用 1/9～1/12。

宽跨比是指桥梁上部结构的梁宽（或主缆中心距）与主孔跨度的比值。桥梁宽度一般由交通要求确定。对中等跨度的悬索桥，宽跨比控制在大于 1/30 左右时有足够的横向刚度；而对于特大跨度的悬索桥，其宽跨比都小于 1/30，甚至达到 1/60。

加劲梁的高跨比主要依据刚度条件确定。对于桁梁，其值约为 $L/40$～$L/140$；对于箱梁，其值约为 $L/170$～$L/300$。跨度越大，恒载所占的比例也越大，加劲梁的高跨比可取较小值，但应注意保证悬索桥的空气动力稳定性。

吊杆的间距随悬索桥的跨度大小不同而采用不同的值。对 200 m 以内的跨度，吊杆间距一般可取 5～8 m；对于特大跨度的桥，吊杆间距有时可达 20 m 左右。

边索的水平倾角根据构造和经济条件常采用 30°～45°。为使主跨与边跨的索力大致相等，宜使两者在塔顶处的倾角相等或接近。

加劲梁的支承体系主要有主跨单孔简支、主边跨三孔连续或三跨双铰等。

8.2 悬索桥的构造特点

8.2.1 主缆索、索夹及吊杆的构造

1. 主缆索

主缆索通常由若干股钢丝绳或平行钢丝索组成，如图 8.4 所示。平行钢丝主缆由高强度镀锌钢丝束组成。为便于施工安装和锚固，主缆被分成束股编制架设，并在两端锚碇处分别锚固，主缆的其余区段则挤紧成规则的圆形，然后缠以软质钢丝捆扎并进行外部涂装防腐。现代悬索桥的主缆通常采用空中编丝法（AS 法）和预制平行束股法（PPWS 法）成缆。主缆截面一般是先由若干根 $\phi 5$ mm 左右的镀锌钢丝组成钢丝束股，然后再由若干根钢丝束股构成一根主缆。每根主缆截面大小是由各座具体悬索桥主缆的拉力大小确定的，一旦钢丝直径选

定，其主缆所需的钢丝总数随之确定，而具有 n 根钢丝的主缆应有的钢丝束股数 n_1 和每股钢束的钢丝数 n_2 则需根据主缆的编制方法确定。

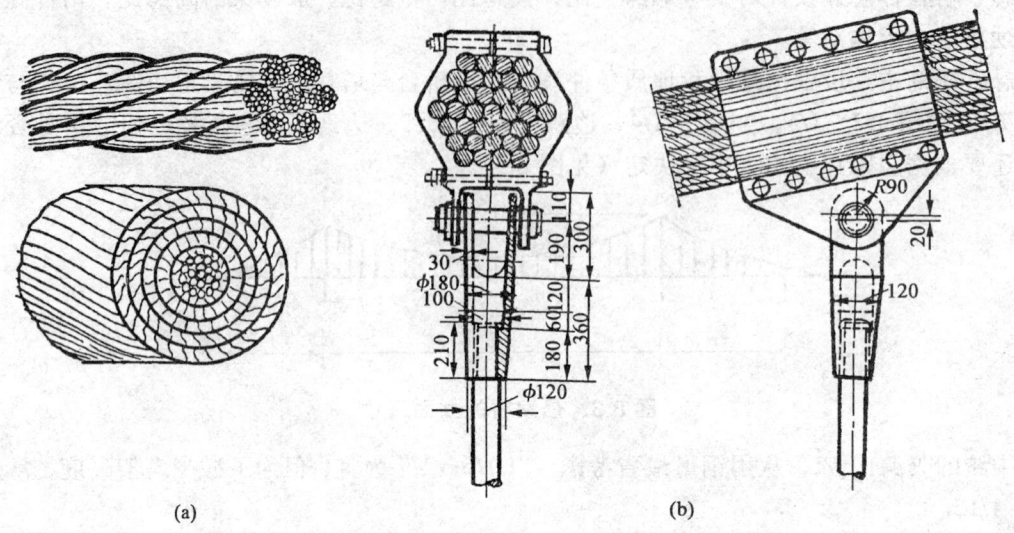

图 8.4　主缆索、索夹及吊杆

2. 索　夹

索夹安装于主缆上，既对主缆和吊杆之间起联结作用，又对主缆起紧固定型作用。起联结作用的索夹与吊索相对应，有左右拼合和上下拼合两种基本形式，如图 8.5 所示。其与吊索的连接细节又有鞍槽骑挂式和耳板销接式。索夹采用全铸钢结构制造，通常最小壁厚为 25 mm。索夹的长度及紧固高强螺栓的个数依索夹安装部位所受的下滑力大小而定。主塔两侧部位索夹受力最大，索夹最长；跨中索夹受力最小，索夹也最短。此外，在不设吊索的背索区或拉缆区段，为主缆紧固定型需要，通常布设小型紧固索夹，同时借此附设缆上检修走道。

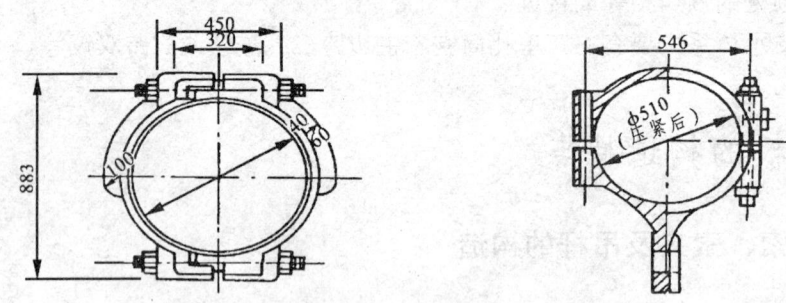

图 8.5　索夹的基本构造（单位：mm）

3. 吊　索

吊索是将加劲梁竖向力向主缆传递的局部受力构件，如图 8.6 所示。其下端通过锚头与梁体两侧的吊索点联结，上端通过索夹与主缆联结。从立面布置上有常规的竖直吊索和英式斜向吊索两种形式。大跨度悬索桥的吊索通常采用镀锌扭绞钢丝绳、封闭锁口钢丝绳或平行镀锌钢丝束制作，表面涂装油漆或包裹 HDPE 护套防腐。吊索通常按等间距和等截面布置。

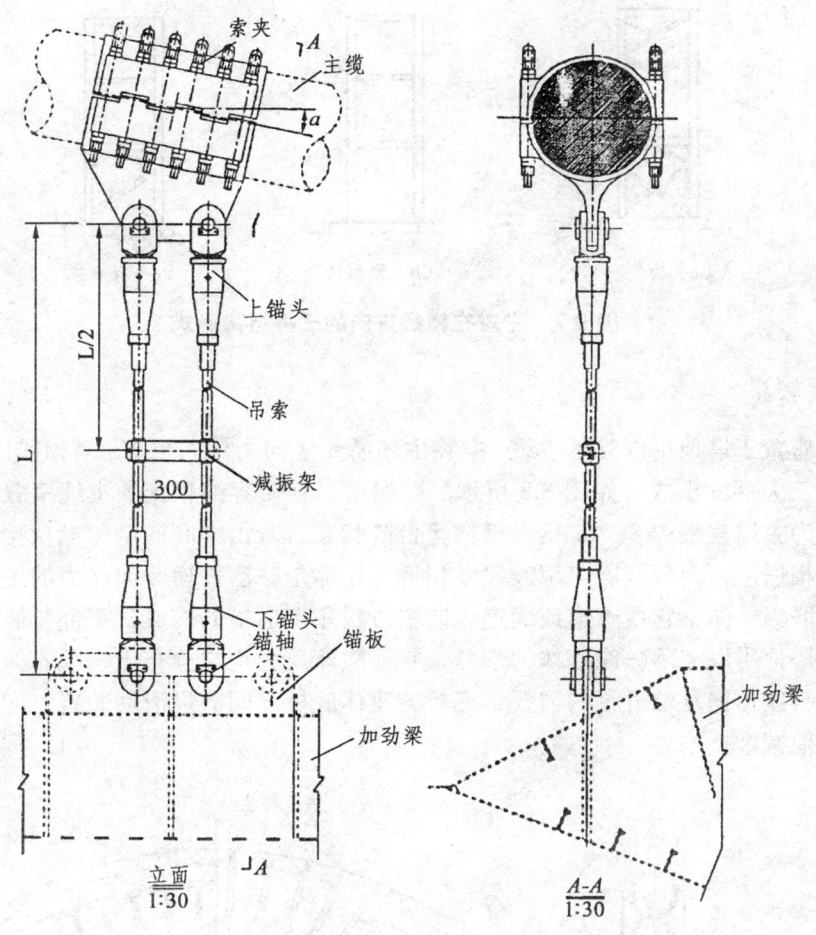

图 8.6 吊索及其与梁体和主缆的联结

8.2.2 主塔及塔顶鞍座

1. 主 塔

主塔在顺桥方向，按力学性质可分为刚性塔、柔性塔和摇柱塔三种结构形式。刚性塔多出现在早期较小跨度的悬索桥和现代多跨悬索桥中，为提高结构刚度时采用；柔性塔则常用于大跨度悬索桥，为下端固结的单柱形式；摇柱塔只用于跨度较小的悬索桥，为下端是铰接式的单柱结构。

主塔在横桥方向，采用桁架式、刚构式或两者混合的结构形式来联结两个立柱（见图 8.7），用以抵抗横桥向的风力或地震作用。

主塔早期采用石砌材料，后来以美国为代表的大跨度悬索桥基本采用钢结构，近代欧洲各国、中国的悬索桥多采用混凝土结构。实践证明，混凝土主塔对大跨度悬索桥同样具有适用性和竞争力。但近代修建的日本悬索桥却一直沿用钢结构主塔，这主要是出于日本钢材市场价格低、人工费用高以及地震频繁的实际国情考虑的。

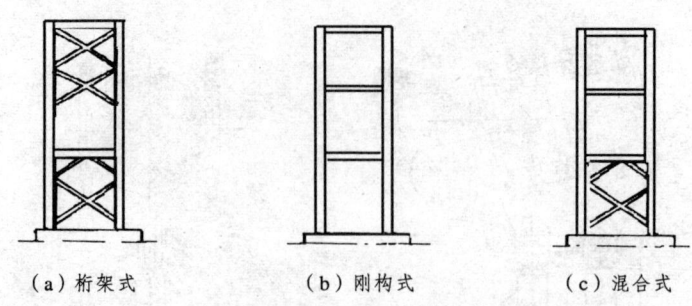

(a) 桁架式　　　(b) 刚构式　　　(c) 混合式

图 8.7　主塔在横桥方向的三种结构形式

2. 塔顶鞍座

塔顶鞍座置于塔顶用以支承主缆，并将主缆所受竖向力传向主塔。塔顶鞍座主要由鞍槽、座体和底板三大部分组成，如图 8.8 所示。鞍槽用以直接容纳和支承主缆束股，纵向呈圆弧状，半径约为主缆直径的 8～12 倍；横向呈台阶状，台阶由中间向两侧渐次抬高，与主缆束股圆形排列相适应，台阶宽度与束股尺寸相近。座体是鞍座传递竖向压力的主体，上部直接与鞍槽底部联为一体，它由一道或两道纵向主腹板和多道横肋构成，下部与底座板相连。底板是预置于塔顶用以支承鞍座座体的部分，它使鞍座反力均匀分布于塔顶。为满足悬索桥施工过程中，鞍座预偏复位滑移的需要，底板与座体底板之间需设滑动装置，如辊轴、四氟滑板或采用其他减摩技术。

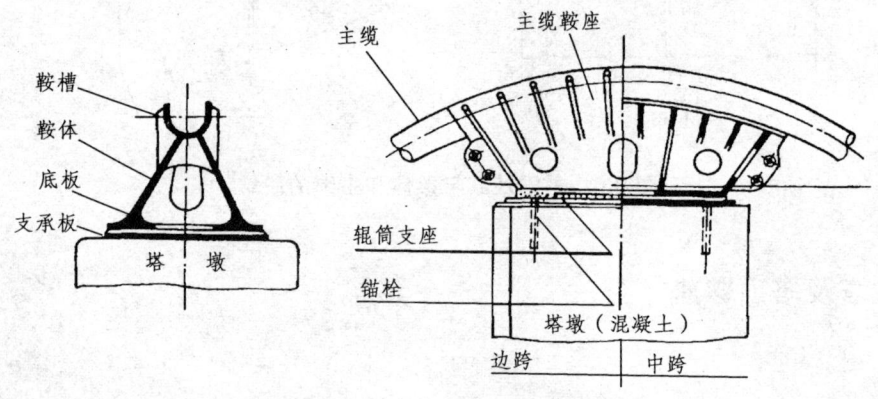

图 8.8　塔顶鞍座的组成

鞍座常采用全铸或铸焊组合方式制造。由于其结构尺寸及重量较大，通常在纵向分成两节或三节铸造及施工吊装，但须拼合后整体进行机械加工。

8.2.3　加劲梁

加劲梁结构主要有桁架式和扁平钢箱式，如图 8.9 所示。前者更适于在铁路或公路、铁路两用桥中使用，故日本近代修建悬索桥多用桁式加劲梁。但由于钢箱梁的抗风稳定性好，具有显著的经济指标，因此，钢箱加劲梁技术在世界范围被迅速推广应用。我国 20 世纪 90 年代后已建成的大跨度悬索桥也大多采用钢箱加劲梁。

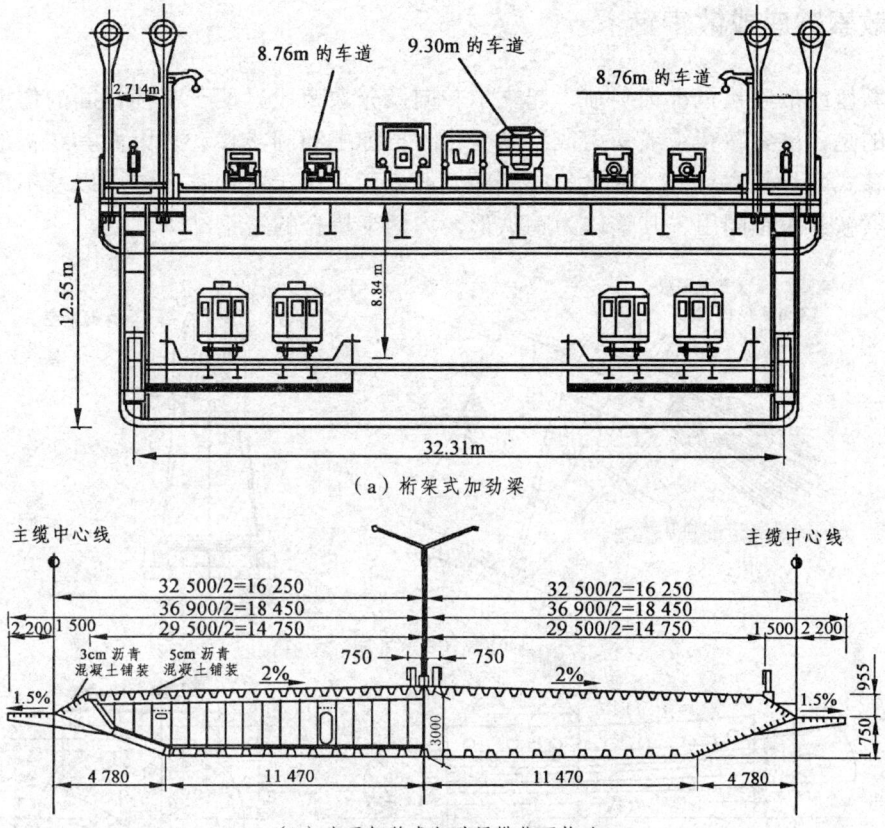

(a) 桁架式加劲梁

(b) 扁平钢箱式加劲梁横截面构造

图 8.9 加劲梁横截面

8.2.4 锚碇结构

自锚式悬索桥不需另外设置锚碇结构，而将主缆直接锚固于加劲梁体；外锚式悬索桥的地锚式锚碇又分为重力式锚碇和岩隧式锚碇两种结构形式，如图 8.10 所示。重力式锚碇为一庞大的混凝土结构，依其自重实现对主缆拉力的锚固，其中预埋锚固主缆束股用的是钢结构锚杆和钢结构锚固架，束股通过锚头与锚杆连接，再由锚杆将束股拉力传至锚固架分散至混凝土锚体；岩隧式锚碇则借助两岸天然坚固的岩体开凿隧洞再浇筑混凝土形成，利用岩体强度对混凝土锚体形成嵌固作用，达到锚固主缆拉力的目的，因而其锚碇混凝土用量较重力式锚碇大为节省，经济性能更为显著。

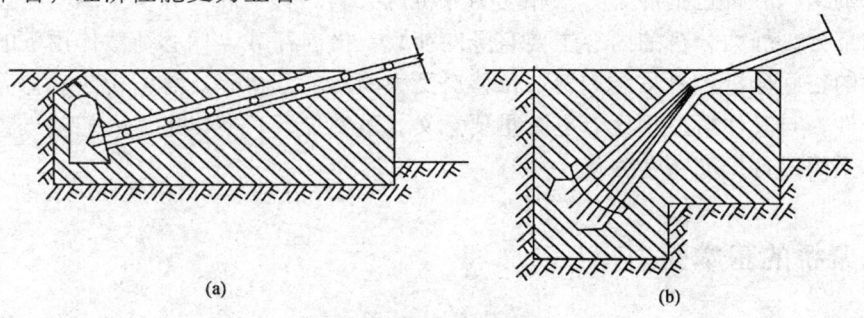

图 8.10 地锚式锚碇

8.2.5 散索鞍座或散索箍

散索鞍座或散索箍置于锚碇前，起支承转向及分散束股，便于主缆锚固的作用。与塔顶鞍座不同的是，散索鞍在主缆受力或温度变化时要随主缆同步移动，因而其结构形式上有摇柱式和滑移式两种基本类型，如图 8.11 所示。散索箍常用于主缆直径较小以及不需转向支承时代替散索鞍分束锚固用，其整体为喇叭形，为两半拼合的铸钢结构。

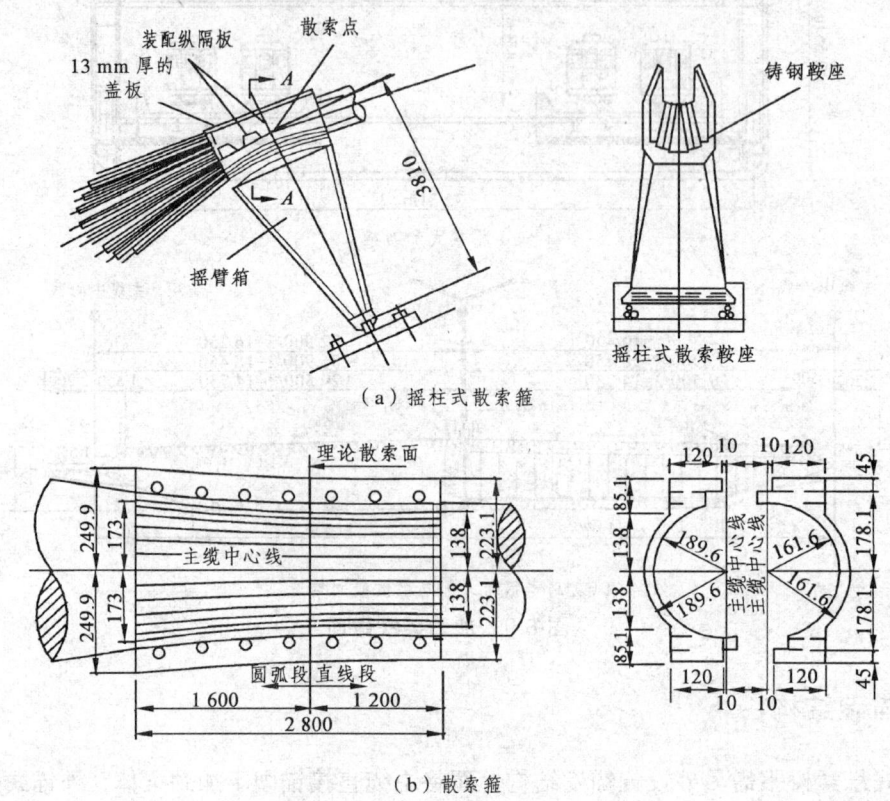

(a) 摇柱式散索箍

(b) 散索箍

图 8.11 散索箍、鞍座（单位：mm）

8.3 悬索桥的设计计算要点

悬索桥的结构分析包括静力分析和动力分析两大类。其中静力分析是悬索桥设计的重要依据和基本部分。静力分析的内容主要有竖向荷载、横向荷载、偏心荷载作用下的结构分析以及悬索桥的空间分析和悬吊结构剪切位移对受力的影响分析等。悬索桥的动力分析直接关系到其安全性，与其他桥型相比，更具重要意义。事实上，长期以来，人们就一直将悬索桥视为振动体系而进行振动特性分析。

8.3.1 悬索桥的基本受力特征

悬索桥是由主缆、加劲梁、桥面、主塔、鞍座、锚碇、吊索等构件组成的柔性悬吊组合体系。成桥后结构共同承受外荷载作用，受力按刚度分配。

主缆是悬索桥的主要承重构件，主要承受拉力。它是几何可变体，不仅可以通过自身的弹性变形而且可以通过其几何形状的改变来影响体系的平衡，表现出大位移非线性的力学特征。

主塔是悬索桥抵抗竖向荷载的主要承重构件，在恒载作用下以轴向受压为主，在活载作用下以压弯为主。

加劲梁是悬索桥保证车辆行驶、提供结构刚度的二次结构，主要承受弯曲内力。由悬索桥的施工方法可知，加劲梁的弯曲内力主要来自结构二期恒载和活载。大跨度悬索桥加劲梁的挠度是从属于主缆的，随着跨度的增大，加劲梁的功能退化为将活载传至主缆，其自身的抗弯刚度对结构刚度的影响也逐渐减小。

吊索是将加劲梁自重、外荷载传递到主缆的传力构件，是联系加劲梁和主缆的纽带，承受轴向拉力。吊索内恒载轴力的大小既决定了主缆在成桥状态时的真实索形，也决定了加劲梁的恒载弯矩。

锚碇是锚固主缆的结构，它将主缆中的拉力传递给地基，通常采用重力式锚和隧道式锚。

8.3.2 悬索桥的计算方法

悬索桥依不同的外荷载而具有不同的计算方法，这里只说明在竖向荷载下的计算方法。竖向荷载作用下悬索桥的计算方法有以下几类：

(1) 弹性理论方法。不考虑结构体系变形对内力的影响，按普通的结构力学方法计算，计算结果偏大。这种方法只适用于跨度小于 200 m 且加劲梁的高度为跨径的 1/40 左右时的悬索桥。

(2) 挠度理论方法。随着悬索桥向大跨度方向发展，主缆的几何非线性问题非常突出，必须考虑结构体系变形对内力的影响，这是二次内力影响问题，不能采用普通结构力学方法计算，从而发展了挠度理论，建立了非线性微分方程。

(3) 线性挠度理论方法。这是挠度理论的简化方法，随着悬索桥跨度的增大，活载与恒载之比变小，由活载所产生的缆索水平拉力的增量所分担的荷载降低值也相对变小，可以省略挠度理论中非线性微分方程中的二次项，变为线性微分方程，这是简单的线性挠度理论。

(4) 非线性有限位移理论方法。该方法是适合于电算的有限元方法，全面考虑大位移引起的悬索桥几何非线性因素，计算结果比挠度理论精确。

1. 弹性理论方法

弹性理论方法适用于中小跨度且加劲梁的刚度相对较大的悬索桥。在这种情况下，外荷载产生的变形对内力影响较小，可按普通结构力学中解超静定结构的方法进行计算。计算时采用如下一些假定：① 主缆索完全柔性，吊杆沿跨密布；② 主缆索曲线形状为抛物线，主缆索曲线形状和纵坐标在加载后保持不变；③ 加劲梁沿跨径悬挂在主缆索上，加劲梁截面的惯性矩沿跨径不变；④ 一般加劲梁是在主缆索和吊杆安装完毕后才分段吊装就位，最后连成整体，所以加劲梁等恒载已由主缆索承担，加劲梁中仅有车辆活载、风力和温度变化等可变荷载产生的内力。

现设加劲梁上作用有一外力 P,以下分析由此引起的加劲梁和主缆索的内力。

对于加劲梁而言,采用叠加原理,一方面计算简支加劲梁在外力 P 作用下所产生的内力,另一方面计算外力 P 作用下引起的吊杆拉力对加劲梁所产生的内力,然后将两者相加得到加劲梁的内力。

如图 8.12 所示的悬索桥,设简支加劲梁在外力 P 作用下产生截面内力 M_0(弯矩)和 Q_0(剪力),这是由材料力学知识容易得到的。下面主要分析吊杆拉力对加劲梁所产生的内力。

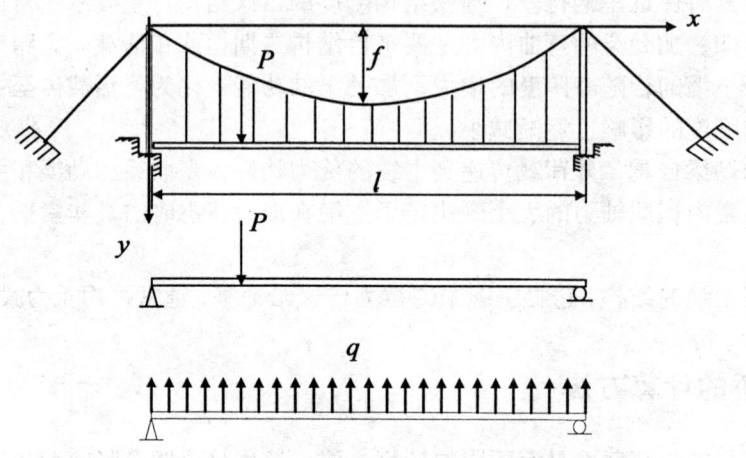

图 8.12 悬索桥内力计算图式

设吊杆拉力为均布荷载,分布集度为 q,则由吊杆拉力所产生的加劲梁的内力为:

$$M_1 = -\frac{q}{2}x(q-x), \quad Q_1 = \frac{dM_1}{dx} = -q\left(\frac{l}{2} - x\right) \tag{8.1}$$

设主缆索的抛物线方程为:

$$y = \frac{4f}{l^2}x(l-x) \tag{8.2}$$

式中 f——主缆索抛物线的矢高;
l——主缆索两端点之间的水平距离,即加劲梁的跨度。

如图 8.13 所示,主缆索微元体的平衡微分方程为:

$$d(T\sin\varphi) + qdx = 0 \tag{8.3}$$

式中 T——主缆索的内力;
φ——主缆索上任一点切线的倾角。

而 $T\sin\varphi = \frac{H}{\cos\varphi}\sin\varphi = H\tan\varphi = Hy'$,则式(8.3)成为:

$$Hy'' = -q \tag{8.4}$$

这里 H 是主缆索的水平拉力,它与主缆索的内力 T 之间的关系是 $H = T\cos\varphi$。将式(8.2)代入式(8.4)可得吊杆拉力 q 与主缆索的水平拉力 H 之间的关系:

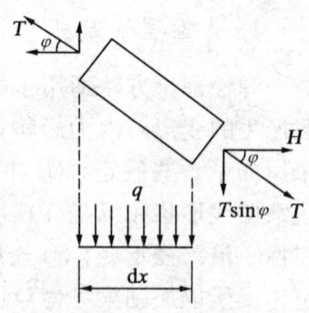

图 8.13 主缆索微元体

$$q = \frac{8f}{l^2} H \tag{8.5}$$

将式 (8.5) 代入式 (8.1)，并考虑到式 (8.2) 有：

$$M_1 = -Hy, \quad Q_1 = -H\tan\varphi \tag{8.6}$$

式中 φ——主缆索上任一点切线的倾角。

根据叠加原理，外力 P 作用下所产生的加劲梁的内力为：

$$M = M_0 - Hy, \quad Q = Q_0 - H\tan\varphi \tag{8.7}$$

由此可见，H 是多余未知力，只要确定 H 后，加劲梁的内力就由式 (8.7) 完全确定了。

采用结构力学中解超静定结构的方法，有：

$$H = -\frac{\delta_{HP}}{\delta_{HH}} \tag{8.8}$$

式中 δ_{HP}——由加劲梁上移动的外力 $P=1$ 在缆索切口处引起的水平位移，它等于切口处 $H=1$ 引起的加劲梁的挠度，也就是由向上的均布荷载 $q = \frac{8f}{l^2}$ 引起的挠度，其值为：

$$\delta_{HP} = \frac{8f}{l^2} \cdot \frac{l^3 x}{24EI}\left[1 - 2\left(\frac{x}{l}\right)^2 + \left(\frac{x}{l}\right)^3\right] \tag{8.9}$$

δ_{HH}——缆索切口处 $H=1$ 引起的该处的水平位移，其值为：

$$\delta_{HH} = \int_0^l \frac{\overline{M}^2}{EI}dx + \sum \frac{\overline{T}^2 S}{E_1 A} \tag{8.10}$$

其中 $\overline{M}$——$H=1$ 引起的加劲梁弯矩；

E、I——加劲梁的弹性模量和惯性矩；

$\overline{T}$——$H=1$ 引起的缆索或锚索的内力；

E_1、A、S——缆索和锚索的弹性模量、横截面面积和长度。

计算中可忽略桥塔和吊杆弹性变形的影响，计算结果为：

$$H = \frac{x\left[1 - 2\left(\frac{x}{l}\right)^2 + \left(\frac{x}{l}\right)^3\right]}{1.6f + \frac{3EI}{E_1 Afl}\left[1 + 8\left(\frac{f}{l}\right)^2 + \frac{2l_s}{\cos^2\varphi_1}\right]} \tag{8.11}$$

上式就是 H 的影响线方程，求出 H 的影响线后，利用式 (8.7) 就可求得加劲梁任一截面的弯矩和剪力影响线，从而求得加劲梁的弯矩和剪力。

温度变化引起的缆索水平拉力由下式计算：

$$H_t = \mp \frac{\delta_{Ht}}{\delta_{HH}} \tag{8.12}$$

式中 $\delta_{Ht} = \alpha t \sum \overline{T} S = 2\alpha t \int_0^{l/2} \frac{1}{\cos\varphi}ds + \frac{2\alpha t l_s}{\cos\varphi_0}$；

α——缆索钢材的线膨胀系数；

t——温度变化度数。

δ_{HH} 仍由式（8.8）计算，所以：

$$H_t = \mp \frac{\alpha t l \left[1 + \frac{16}{3}\left(\frac{f}{l}\right)^2 + \frac{2l_{s0}}{l\cos\varphi_0}\right]}{\frac{8}{15}\cdot\frac{f^2 l}{EI} + \frac{l}{E_1 A}\left[1 + 8\left(\frac{f}{l}\right)^2\right] + \frac{2l_s}{E_1 A\cos^2\varphi_1}} \tag{8.13}$$

由温度变化引起的缆索、加劲梁内力的变化，同样可由叠加原理得出。

当加劲梁为三跨连续梁时，计算 δ_{HP} 时除要考虑中跨作用的荷载 $q = \frac{8f}{l^2}$ 外，还要考虑边跨作用的荷载 $q_1 = \frac{8f_1}{l_1^2}$ 对加劲梁引起的挠度。同样，计算 δ_{HH} 时也要包括三跨的影响。

2. 挠度理论方法

（1）挠度理论的基本微分方程。如图 8.14 所示，在恒载状态下，取缆索的微小单元，作用在微元体上的力为缆索自重 q_c 和吊杆的拉力 s（视为均布荷载），根据微元体的平衡方程可得：

$$H_q \frac{d^2 y}{dx^2} = -(s + q_c) \tag{a}$$

式中 H_q——恒载作用下缆索的水平拉力；

s——恒载作用下吊杆的拉力（视为均布荷载）；

q_c——缆索自重。

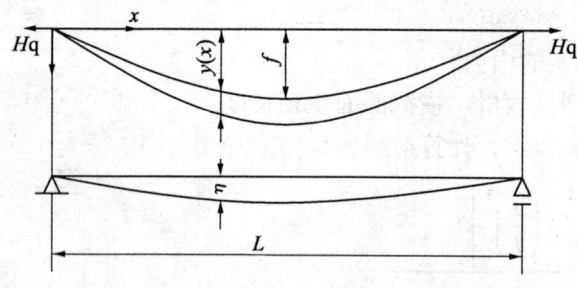
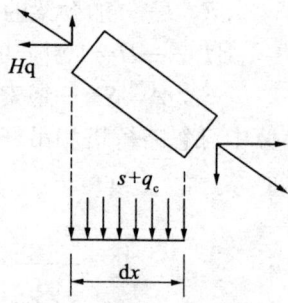

图 8.14 挠度理论的力学模型

在恒载和活载 p 共同作用下，仍取缆索的微小单元，此时，作用在微元体上的力为缆索自重 q_c 和吊杆的拉力 s'（视为均布荷载）。设活载作用下，加劲梁和缆索共同产生挠度 η，根据微元体的平衡方程可得

$$(H_q + H_p)\frac{d^2(y+\eta)}{dx^2} = -(s' + q_c) \tag{b}$$

式中 H_q——恒载作用下缆索的水平拉力；

H_p——活载作用下缆索的水平拉力；

η——活载作用下缆索产生的挠度；

s'——恒载和活载共同作用下吊杆的拉力（视为均布荷载）；

q_c——缆索自重。

对加劲梁而言，作用在它上面的荷载集度有活载 p、活载作用下吊杆的拉力 $s'-s$。不考虑恒载作用下吊杆的拉力和挠度。因此，加劲梁的挠曲微分方程为：

$$EI\frac{d^4\eta}{dx^4} = p - (s'-s) \tag{c}$$

综合以上三式，可得悬索桥挠度理论的挠曲微分方程为：

$$EI\frac{d^4\eta}{dx^4} - (H_q + H_p)\frac{d^2\eta}{dx^2} = p + H_p\frac{d^2y}{dx^2} \tag{8.14}$$

上式中由于 H_p 和 η 均为未知量，且 H_p 是 η 的函数，故为非线性微分方程。为求解该方程，还必须根据缆索的变形相容条件再建立一个关系方程：

$$H_p = \frac{AE_1}{L_s}\left(\frac{8f}{L^2}\int_0^L dx - \alpha t L_t\right) \tag{8.15}$$

式中 $L_s = \int_0^L \frac{dx}{\cos^3\varphi}$，$L_t = \int_0^L \frac{dx}{\cos^2\varphi}$；

t——温度变化，为主缆索的线膨胀系数；

其余符号意义同前。

式（8.14）与式（8.15）即为挠度理论的基本微分方程。

(2) 线性挠度理论。由于基本微分方程（8.14）与（8.15）的非线性性质，叠加原理不再适用。虽然上述方程可用傅立叶级数法求解，但非常复杂，通常为了减少计算工作量，可将方程进行线性化处理，这就是线性挠度理论。研究表明，在某一最不利荷载条件下，H_p 的变化对影响线零点的位置无大的影响。因此可先假定一 H_p 值而将 $H = H_q + H_p$ 看作常数。

由式（8.2）可知，$\frac{d^2y}{dx^2} = -\frac{8f}{L^2}$，因此式（8-14）可写成下面的线性方程：

$$EI\frac{d^4\eta}{dx^4} - H\frac{d^2\eta}{dx^2} = p - \frac{8f}{L^2}H_p \tag{8.16}$$

上式与式（8.15）一起构成线性挠度理论的基本方程。方程的解法有三角级数法、积分系数法、内力图表法、代换梁法、重力刚度法等。以下只介绍代换梁法，其他方法可参考相关文献。

代换梁法是由我国李国豪教授于1941年提出的。将式（8.16）改写为：

$$EI\frac{d^4\eta}{dx^4} = p - \frac{8f}{L^2}H_p + H\frac{d^2\eta}{dx^2} \tag{8.17}$$

设有一简支梁，受均布荷载 q 和两端轴向拉力 H，如图8.15所示，则其挠曲微分方程为：

$$EI\frac{d^2y}{dx^2} = -\frac{q}{2}(Lx - x^2) + Hy \tag{8.18}$$

对上式求导两次，得：

$$EI\frac{\mathrm{d}^4y}{\mathrm{d}x^4} = q + H\frac{\mathrm{d}^2y}{\mathrm{d}x^2} \qquad (8.19)$$

若令 $q = p - \frac{8f}{L^2}H_p$，则式（8.17）与上式相似，则这个简支梁就是原加劲梁的"代换梁"。这样，求得代换梁的挠曲变形即为加劲梁的挠曲变形，进而求得加劲梁的内力。

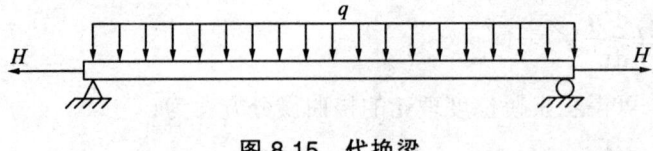

图 8.15　代换梁

3. 非线性有限位移理论方法

大跨度悬索桥最主要的计算特点是必须考虑结构的几何非线性因素。所谓几何非线性，简单地说，就是指由于结构的变形较大，应变 – 位移成非线性关系。建立平衡方程时，必须考虑变形造成的荷载作用位置的变化，即以结构变形后的状态来建立结构的平衡方程。目前，大跨度桥梁结构几何非线性分析的有限位移理论已趋成熟，该理论可以全面考虑悬索的垂度效应、大位移、梁 – 柱效应等引起的悬索桥几何非线性因素，计算结果比挠度理论更加精确。

非线性有限元方法是求解结构几何非线性问题的有效手段。该方法是将结构离散为许多个有限单元，通过单元分析建立杆端力与杆端位移之间的关系，得到单元刚度矩阵，然后，利用节点的平衡条件，将单元刚度矩阵组集成结构刚度矩阵，求解整体刚度方程得到节点位移，从而求得单元的内力。

（1）单元分析。在几何非线性分析中，多采用增量列式法建立杆端力增量与位移增量的关系：

$$[\overline{K}]\mathrm{d}\{\delta\} = \mathrm{d}\{F\} \qquad (8.20)$$

式中　$[\overline{K}]$——单元的切线刚度矩阵；

$\mathrm{d}\{\delta\} = \{\mathrm{d}u_1, \mathrm{d}v_1, \mathrm{d}\theta_1, \mathrm{d}u_2, \mathrm{d}v_2, \mathrm{d}\theta_2\}^\mathrm{T}$——单元节点位移增量列阵；

$\mathrm{d}\{F\} = \{\mathrm{d}N_1, \mathrm{d}Q_1, \mathrm{d}M_1, \mathrm{d}N_2, \mathrm{d}Q_2, \mathrm{d}M_2\}^\mathrm{T}$——单元杆端力增量列阵。

以下直接从梁的压弯挠曲微分方程出发求得单元刚度矩阵。

如图 8.16 所示，设在结构坐标系中，有梁单元 1 – 2，在未变形时与 x 轴夹角为 α_0，单元无应力长度为 L_0，变形后单元两节点连线长度为 L，轴力 N 作用在节点连线方向上，并且与节点两端弯矩 M_1、M_2 和剪力 Q_1、Q_2 一起使单元在变形后保持平衡，ϕ 为节点连线与变形前单元轴线的夹角，θ_1、θ_2 为单元两端变形后的切线方向与变形前单元轴线方向的夹角。

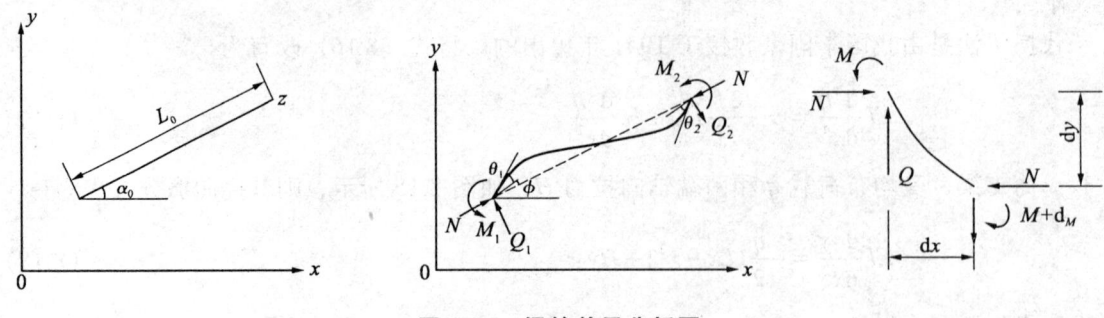

图 8.16　梁的单元分析图

当轴力为压力时，取单元的微段，利用平衡方程可得：

$$dM = -Qdx + Ndy \tag{8.21}$$

当轴力为拉力时，则上式为：

$$dM = -Qdx - Ndy \tag{8.22}$$

对式（8.21）两边微分，得：

$$\frac{d^2M}{dx^2} = -N\frac{d^2y}{dx^2} \tag{8.23}$$

考虑到 $M = -EI\frac{d^2y}{dx^2}$，则式（8.23）成为：

$$\frac{d^4y}{dx^4} - \frac{N}{EI}\cdot\frac{d^2y}{dx^2} = 0 \tag{8.24}$$

上式为常系数微分方程，其解为：

$$y = A\text{sh}\left(\frac{2\omega}{L}x\right) + B\text{ch}\left(\frac{2\omega}{L}x\right) + Cx + D \tag{8.25}$$

式中，$\omega = \frac{L}{2}\sqrt{\frac{N}{EI}}$，常系数 A、B、C、D 由边界条件确定。边界条件为：

$x=0$ 时，$y=0$；$x=L$ 时，$y=0$；
$x=0$ 时，$M=M_1$；$x=L$ 时，$M=-M_2$；
$x=0$ 时，$y'=\theta_1+\phi$；$x=L$ 时，$y'=\theta_2+\phi$。

将方程的解代入上述边界条件，可得如下方程组：

$$\left. \begin{array}{l} B+D=0 \\ A\text{sh}2\omega + B\text{ch}2\omega + CL + D = 0 \\ EIB\dfrac{4\omega^2}{L^2} = -M_1 \\ EIA\dfrac{4\omega^2}{L^2}\text{sh}2\omega + EIB\dfrac{4\omega^2}{L^2}\text{ch}2\omega = M_2 \\ A\dfrac{2\omega}{L} + C = \theta_1 + \phi \\ A\dfrac{2\omega}{L}\text{ch}2\omega + B\dfrac{2\omega}{L}\text{sh}2\omega + C = \theta_2 + \phi \end{array} \right\} \tag{8.26}$$

由上述方程组的前四式解出系数 A、B、C、D 后，再代入后两式，可得：

$$M_1 = sk(\theta_1+\phi) + sck(\theta_2+\phi) \tag{8.27}$$

$$M_2 = sck(\theta_1+\phi) + sk(\theta_2+\phi) \tag{8.28}$$

式中，$s = \dfrac{\omega(2\omega\text{ch}2\omega - \text{sh}2\omega)}{1-\text{ch}2\omega+\omega\text{sh}2\omega}$；$c = \dfrac{\text{sh}2\omega - 2\omega}{2\omega\text{ch}2\omega - \text{sh}2\omega}$；$k = \dfrac{EI}{L}$；$\omega = \dfrac{L}{2}\sqrt{\dfrac{N}{EI}}$

当 N 为拉力时，式（8.27）、（8.28）中的 s、c、k 分别为：

$$s = \frac{\omega(1-2\omega\cdot\cot 2\omega)}{\tan\omega - \omega} \; ; \quad c = \frac{\sin 2\omega - 2\omega}{2\omega\cos 2\omega - \sin 2\omega} \; ; \quad \omega = \frac{L}{2}\sqrt{\frac{-N}{EI}}$$

再由单元的平衡方程和轴向变形，最后得到单元的杆端力与变形之间的关系：

$$\left.\begin{aligned}
M_1 &= sk(\theta_1 + \phi) + sck(\theta_2 + \phi) \\
M_2 &= sck(\theta_1 + \phi) + sk(\theta_2 + \phi) \\
QL &= -M1 - M2 = -s(1+c)k(\theta_1 + \theta_2 + 2\phi) \\
N &= \frac{EA}{L_0}(L - L_0)
\end{aligned}\right\} \tag{8.29}$$

将上式改写成结构坐标系下杆端力的表达式：

$$\left.\begin{aligned}
N_1 &= N\cos\alpha - Q\sin\alpha \\
Q_1 &= N\sin\alpha + Q\cos\alpha \\
M_1 &= sk(\theta_1 + \phi) + sck(\theta_2 + \phi) \\
N_2 &= -N\cos\alpha + Q\sin\alpha \\
Q_2 &= -N\sin\alpha - Q\cos\alpha \\
M_2 &= sck(\theta_1 + \phi) + sk(\theta_2 + \phi)
\end{aligned}\right\} \tag{8.30}$$

其中，α 为变形后单元两节点连线与 x 轴的夹角。

在单元变形状态下，若外载有一微小变化量，则对应的位移也有微小的变化量，从而引起杆端力发生微小变化量。设杆端力与位移增量分别为：

$$d\{F\} = \{dN_1, dQ_1, dM_1, dN_2, dQ_2, dM_2\}^T$$
$$d\{\delta\} = \{du_1, dv_1, d\theta_1, du_2, dv_2, d\theta_2\}^T$$

根据几何与微分关系有：

$$\left.\begin{aligned}
Ld\phi &= (dv_1 - dv_2)\cos\alpha - (du_1 - du_2)\sin\alpha \\
dL &= (dv_1 - dv_2)\sin\alpha + (du_1 - du_2)\cos\alpha
\end{aligned}\right\} \tag{8.31}$$

内力变化为：

$$\left.\begin{aligned}
dN &= \frac{EA}{L_0}dL \\
dQL &= -s(1+c)k(d\theta_1 + d\theta_2 + 2d\phi) - QdL
\end{aligned}\right\} \tag{8.32}$$

杆端力的变化为：

$$\left.\begin{aligned}
dN_1 &= dN\cos\alpha - dQ\sin\alpha \\
dQ_1 &= dN\sin\alpha + dQ\cos\alpha \\
dM_1 &= sk(d\theta_1 + d\phi) + sck(d\theta_2 + d\phi) \\
dN_2 &= -dN\cos\alpha + dQ\sin\alpha \\
dQ_2 &= -dN\sin\alpha - dQ\cos\alpha \\
dM_2 &= sck(d\theta_1 + d\phi) + sk(d\theta_2 + d\phi)
\end{aligned}\right\} \tag{8.33}$$

将式（8.31）、式（8.32）代入上式，并整理成如下的矩阵表达式：

$$\begin{Bmatrix} dN_1 \\ dQ_1 \\ dM_1 \\ dN_2 \\ dQ_2 \\ dM_2 \end{Bmatrix} = \begin{bmatrix} k_1 & k_3 & k_5 & -k_1 & -k_3 & k_5 \\ k_3 & k_2 & k_4 & -k_3 & -k_2 & k_4 \\ k_5 & k_4 & k_6 & -k_5 & -k_4 & k_7 \\ -k_1 & -k_3 & -k_5 & k_1 & k_3 & -k_5 \\ -k_3 & -k_2 & -k_4 & k_3 & k_2 & -k_4 \\ k_5 & k_4 & k_7 & -k_5 & -k_4 & k_6 \end{bmatrix} \begin{Bmatrix} du_1 \\ dv_1 \\ dM_1 \\ du_2 \\ dv_2 \\ dM_2 \end{Bmatrix} \quad (8.34)$$

式中，

$$k_1 = \frac{EA}{L_0}\left(\cos^2\alpha + \frac{\Delta L}{L}\sin^2\alpha\right) + s(1+c)\frac{k}{L^2}[2\sin^2\alpha + (\theta_1 + \theta_2 + 2\phi)\sin 2\alpha]$$

$$k_2 = \frac{EA}{L_0}\left(\sin^2\alpha + \frac{\Delta L}{L}\cos^2\alpha\right) + s(1+c)\frac{k}{L^2}[2\cos^2\alpha - (\theta_1 + \theta_2 + 2\phi)\sin 2\alpha]$$

$$k_3 = \frac{EA}{L_0}\left(1 - \frac{\Delta L}{L}\right)\sin\alpha\cos\alpha - s(1+c)\frac{k}{L^2}[2\sin 2\alpha + (\theta_1 + \theta_2 + 2\phi)\cos 2\alpha]$$

$$k_4 = s(1+c)\frac{k}{L}\cos\alpha$$

$$k_5 = -s(1+c)\frac{x}{L}\sin\alpha$$

$$k_6 = sk, \quad k_7 = sck, \quad \Delta L = L - L_0$$

（2）整体刚度矩阵的集成及方程组的求解。将各单元的切线刚度矩阵按节点力平衡条件组集成结构增量刚度方程：

$$[K]d\{\Delta\} = d\{R\} \quad (8.35)$$

式中 $[K]$——结构的切线刚度矩阵；

$d\{\Delta\}$——结构的节点位移增量列阵；

$d\{R\}$——结构的荷载增量列阵。

方程的求解一般采用迭代法，常用的有牛顿－拉斐逊方法，此法在每次迭代时要求形成切线刚度矩阵，故也称为切线刚度法。迭代过程是一系列计算过程，每次迭代后，算出各节点的不平衡力，据此求解结构平衡方程，得到位移增量，然后将此增量叠加到上次迭代中累计起来的节点位移中去，从而得到新的节点位移近似值。如此反复进行，直到平衡条件近似满足为止。

本 章 小 结

（1）悬索桥由主缆索、塔架、锚碇、吊杆、加劲梁和桥面等主要构件所组成。其荷载的传递路线是由桥面传给加劲梁，又经吊杆传给主缆索，再由主缆索传至塔架和两端的锚碇。

（2）悬索桥的特点是跨越能力大、受力明确、结构轻型美观、抗震能力好、便于用悬吊法拼装。但悬索桥的刚度小，在车辆和风荷载作用下容易产生较大的变形和振动，甚至造成破坏。

（3）悬索桥按其力学性态可分为柔性悬索桥和刚性悬索桥，其区别主要在于加劲梁刚度的大小。柔性悬索桥由于刚度小，仅用于活载小的人行桥、施工便桥或通过管道的桥梁；刚性悬索桥通常采用钢桁梁或钢箱梁作为加劲梁，加劲梁的刚度大。

（4）悬索桥的主要尺寸有跨度、矢高、宽度、加劲梁的高度及吊杆间距等，在作总体设计时要考虑各尺寸之间的比例分配。

（5）悬索桥各部分受力明确。主缆索是悬索桥的主要承重构件，主要承受拉力，它不仅可以通过自身的弹性变形而且可以通过其几何形状的改变来影响体系的平衡，表现出大位移非线性的力学特征；主塔是悬索桥抵抗竖向荷载的主要承重构件，在恒载作用下以轴向受压为主，在活载作用下以压弯为主；加劲梁主要承受弯曲内力；吊索是将加劲梁自重、外荷载传递到主缆的传力构件，承受轴向拉力；锚碇是锚固主缆的结构，它将主缆中的拉力传递给地基，通常采用重力式锚和隧道式锚。

（6）悬索桥依不同的外荷载而具有不同的计算方法。竖向荷载作用下悬索桥的计算方法有弹性理论方法、挠度理论方法、线性挠度理论方法、非线性有限位移理论方法。

思 考 题

1. 悬索桥由哪几部分组成？桥面荷载的传递路线是什么？悬索桥的主要承重构件是什么？
2. 悬索桥的特点是什么？设计中主要考虑的问题是什么？
3. 悬索桥的基本受力特征是什么？
4. 悬索桥的计算方法有哪些？

第9章 钢桥的制造与架设

钢桥是由许多基本构件（如轴心受拉构件、轴心受压构件、偏心受拉或受压构件、受弯构件以及节点板、填板等）组成的。这些基本构件都是在工厂制造完成后再运送到工地安装成桥的。工厂制造前应首先绘制施工详图，根据工厂现有机具设备制定技术工艺，确保产品质量。本章简要介绍栓焊钢桁梁的制造与架设方法。

9.1 栓焊钢梁的制造

栓焊钢梁的制造要经过以下工艺过程：① 料件加工（包括作样、号料及号孔、切割、钢料矫正、制孔、料件边缘加工）；② 杆件组焊（包括杆件组装、焊接、焊缝探伤、杆件矫正）；③ 钻制工地栓孔；④ 结构试拼装；⑤ 除锈、涂装及包装发运等。

9.1.1 料件加工

料件加工是将钢板下料切割成所需要的形状。

1. 作　样

制作样板或样条的工作，叫做作样。样板是一块薄铁皮制成的板，它的外形与尺寸和实物一样，有时上面还需钻制小眼，以示栓孔位置；样条是一条带形的薄铁皮，上面标着零件的切割线及栓孔位置。钢桥结构的次要部分，如人行道及检查设备，常用样板来号料及号孔；钢桥结构的主要部分（如主桁及其节点板、桥面系、联结系等），工地栓孔要求精确，常采用机器样板钻制栓孔。

作样应准确无误，严格按施工图和工艺文件的规定制作。对于形状复杂的零部件，在图中不易确定尺寸的，通过放样校对后确定（数控下料者除外），样板、样条上栓孔位置的偏差应符合《铁路钢桥制造规则》所规定的容许值。钢料的切割长度按工艺规定要留出边缘加工预留量和焊接收缩量。同时，样板、样条上应注明有关内容，如产品名称、杆件编号、钢号、规格、数量、栓孔直径、起线等。

2. 号料及号孔

利用样板或样条，在钢料上将零件的切割线划出，叫做号料。号料时严格按配料单执行，主要杆件下料时保证主要应力方向与钢板轧制方向一致。

号孔是利用样板或样条，用样冲在钢料上打上冲点，以示钉孔位置。目前钢桥结构的主要部分的工地栓孔均用机器样板钻孔，故无需进行号孔。

3. 切割

号料完成后即开始在钢料上沿切割线进行切割，钢料的切割方法有焰切、剪切和锯切三种。

焰切是用乙炔与氧混合燃烧的火焰把钢料切断。焰切设备成本低，使用简便，可切的钢料厚度大，并可切成任何形状。采用半自动、自动及数控焰切机较手工焰切能提高切割质量，切后零件边缘准确整齐，减轻体力劳动。

机械剪切是用剪板机台上的一对剪刀片进行剪切的，如图 9.1 所示，常用于切割厚度不大的钢板。一般尺寸的角钢可用联合冲剪机进行切割，如图 9.2 所示。锯切是用圆锯机进行切割。切割后应对切割面根据需要进行修磨。

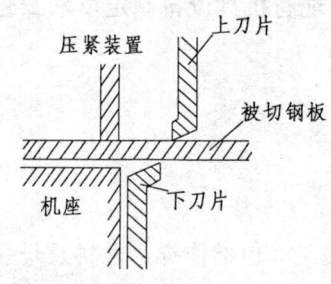
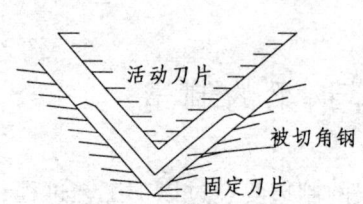

图 9.1　剪板机剪切示意图　　　　图 9.2　角钢剪切示意图

4. 钢料矫正

钢材由于在轧制、切割等过程中可能产生变形，故《铁路钢桥制造规则》要求对料件进行矫正。凹凸不平、弯、扭和翘曲的钢板常采用辊压机矫正，如图 9.3 所示。

对型钢弯扭的调直及外形的矫正，可用型钢矫正机或压力机进行矫正；对形成马刀形变形的宽扁钢及长钢板可用顶弯机进行矫正，如图 9.4 所示。如果变形超出上述机具的矫正能力，则需采用火焰矫正，火焰矫正的温度应控制在 600°C～800°C 之间。

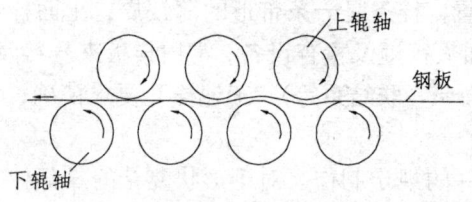
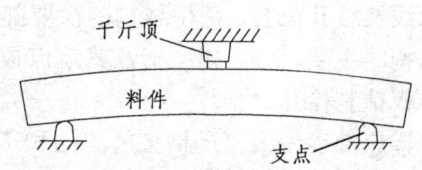

图 9.3　辊压机工作示意图　　　　图 9.4　顶弯机工作示意图

5. 制孔

采用准确、高效的数控钻床来钻制工地栓孔，也可配套使用传统的旋臂钻床制孔。在不适于采用旋臂钻床的场合下，则需用手持式风钻或电钻制孔。

目前，钢桥结构主要部分的工地栓孔均用机器样板钻孔。机器样板是由母体和钻孔套组成的，如图 9.5 所示。母体用不小于 12 mm 厚的钢板加工而成，其上有孔，钻孔套按设计位置嵌固在母体孔内。钻孔时，将这样的机器样板覆盖在料件上，板束对齐后，用卡具卡紧，钻头透过机器样板上的钻孔套钻孔，从而保证制孔的高度准确性。机器样板与号料、号孔用的样板不同，是钻孔用的样板。

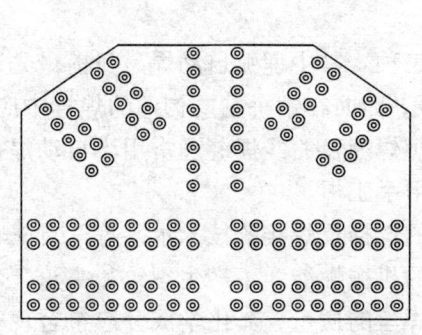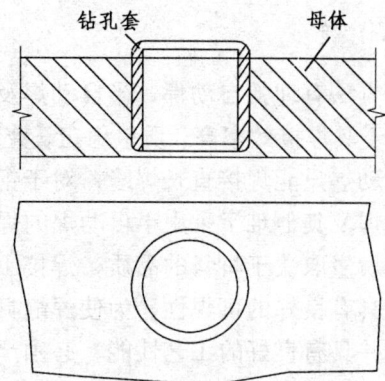

图 9.5 覆盖式机器样板及钻孔套

6. 边缘加工

钢料因剪切或焰切（精密切割者除外）而使边缘钢材组织受损，切口不平，因此，必须采用刨（铣）边机进行刨（铣）加工，加工深度最小为 2～4 mm。加工后的钢料边缘应平直、光洁。

9.1.2 杆件组焊

杆件组焊是将切割成型的料件进行组装并焊接成钢桥的基本构件。

1. 杆件组装

栓焊钢桥的基本构件都是由几块板件共同组成的，如轴心（或偏心）受力的 H 形杆件和箱形杆件以及受弯构件的桥面系纵横梁等。这些基本构件的组装是在工厂的机器胎型上进行的，为了便于定位焊，组装胎型通常为转动式，如图 9.6 所示。

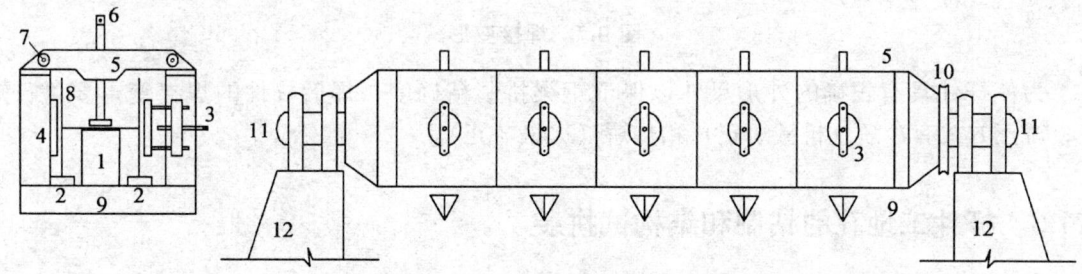

图 9.6 转动式 H 形杆件组装胎型示意图

1—水平板座；2—竖板座；3—三杆螺栓顶；4—挡板；5—横梁；6—螺栓顶杆；
7—横梁插销；8—H 形杆件；9—底梁；10—转动轮；11—转轴；12—台座

构件正确就位并已顶紧之后，即可进行定位焊以固定其相对位置。定位焊焊缝长度每段为 50～70 mm，各段之间的距离不得大于 600 mm。

为了保证焊接质量，在杆件进行拼装前需在焊缝区进行除锈、除油及除尘等工作。另外，在焊接前组装杆件时,应在杆件两端焊上一块引弧板以便焊接时在引弧板端部起弧和熄弧。

2. 焊　接

焊接方法有埋弧自动焊、半自动焊及手工焊三种。其中埋弧自动焊是目前最先进的焊接方法,由于其焊接效率高,质量稳定,劳动强度低,因而在钢桥主要构件的焊接中应用最广。但埋弧自动焊只能焊接直长焊缝,对于钢桥中的短焊缝及曲线焊缝通常用半自动焊接,对仅用于定位焊及其他难于采用半自动焊的焊缝则采用手工焊。

焊接质量取决于材料的品质、焊接工艺参数的选择及焊接的技术水平等。首先,被焊接的母材要具有良好的可焊性,为使焊缝具有一定的机械性能,不产生裂纹、夹渣、气孔等焊接缺陷,并具有良好的工艺性能,必须严格要求焊丝的质量,其化学成分应符合现行国家标准;其次,焊接电流、电压、输入线能量、焊道数等均应符合行业标准,施焊时必须严格遵守技术规则的规定,同时为减小焊接变形,应正确选择施焊顺序;最后,焊后还要进行焊缝质量检验,对所有的焊缝均应进行外观检查。内部检查以超声波探伤为主,而对于对接焊缝,当超声波探伤后仍有疑问时,用 X 光或 γ 射线透视进行复查。

3. 杆件矫正

杆件在焊接过程中,由于焊缝及其附近钢料的收缩会产生不同程度的各种焊接变形。这些变形有盖板蘑菇状变形、盖板和腹板不垂直、盖板不平、腹板弯曲、杆件扭曲及马刀形弯曲,等等,如图 9.7 所示。

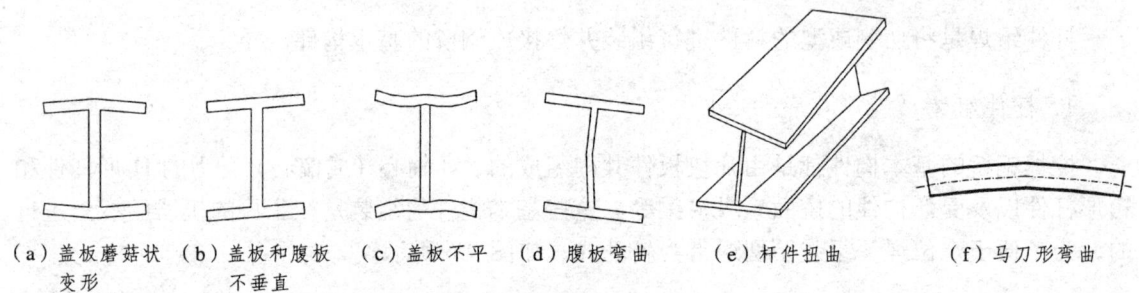

（a）盖板蘑菇状变形　（b）盖板和腹板不垂直　（c）盖板不平　（d）腹板弯曲　（e）杆件扭曲　（f）马刀形弯曲

图 9.7　焊接变形

为使杆件具有正确的外形尺寸以保证钢梁拼装精确度,焊后杆件的焊接变形要进行矫正,矫正方式有冷矫（机械矫正）和热矫（火焰矫正）。

9.1.3　杆件工地孔的钻制和结构试拼装

栓焊钢梁的某些构件,由于运输和架设能力的限制,须在工地进行拼装。为了保证工地拼装时栓孔不发生错位及同类杆件具有互换性,对杆件工地栓孔的钻制要求非常准确。由于有些杆件上的孔群不在同一平面内,有的还相距较远,这样,就不能用覆盖式机器样板来钻制这些工地栓孔,而需采用钻孔胎型（又名固定式机器样板）进行钻制。为保证钻孔精度,钻孔胎型各部尺寸须具有一定的精确度。此外,为防止胎型的变形,钻孔胎型还须足够刚劲。

运送工地的各构件，须在出厂前进行试拼装，以验证工艺装备是否精确可靠。试拼装按主桁、桥面系、桥门架及平纵联四个平面进行。试拼装时，钢梁主要尺寸如桁高、跨度、上拱度、主桁间距等的精度应满足《铁路钢桥制造规则》的要求。对于所有工地孔，其孔眼应有95%自由通过较设计孔径小0.5 mm的试孔器；全部孔眼应自由通过较设计孔径小0.75 mm的试孔器。新设计的及改变工艺装备后制造的钢梁，均应进行试拼装，对成批连续生产的钢梁，一般每10~20孔试拼装一次。

9.1.4 钢桥的除锈、油漆和装运

钢桥各构件在涂漆之前，其表面的氧化皮、铁锈、湿气及油脂等均应采用酸洗、人工喷丸及机械抛丸（直径有0.2~1 mm之间）或打砂等方法彻底清除。除锈后的钢梁部件，应涂以红丹酚醛防锈底漆两道，使钢材表面与空气隔绝以防再锈蚀。在栓焊梁杆件的工地安装螺栓孔部位、节点板和拼接板，则应涂以能保证抗滑移系数的防锈涂料。现今工厂中常用的是无机富锌漆，也可采用喷铝合金工艺，喷铝厚度为150 μm，效果较好。其既有一定的防锈能力，又使抗滑移系数可以达到设计要求。钢梁在工地安装完毕后，还需再涂面层油漆两道。

9.2 钢梁架设

钢梁的架设方法主要有悬臂拼装法、拖拉法和浮运法。

9.2.1 悬臂拼装法

悬臂拼装法是在桥位上将杆件逐根地依次拼装在平衡梁上或拼装在已拼好的部分钢梁（称为锚固梁）上，形成向桥孔中部逐渐增长的悬臂，直至拼至下一桥墩（台）上，这种拼装方法称为全悬臂拼装法，如图9.8所示。若在桥孔中设置一个或一个以上临时支墩进行悬臂拼装，则称为半悬臂拼装法，如图9.9所示。如果由桥跨两边墩（台）向中间拼装至桥孔中合龙，叫中间合龙法，如图9.10所示。

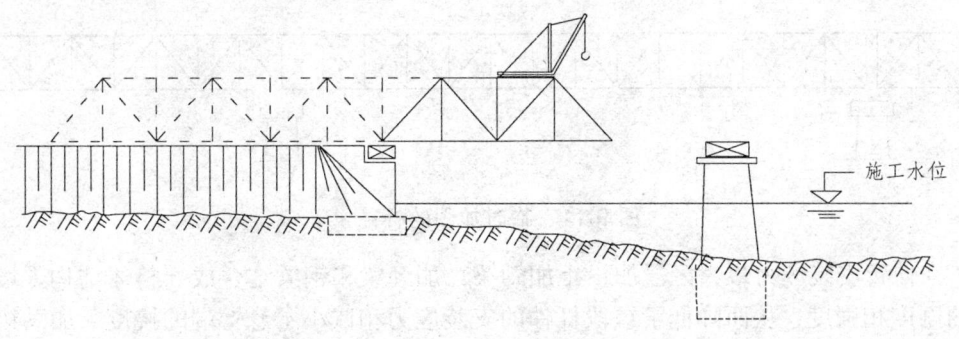

图9.8 全悬臂拼装法示意图

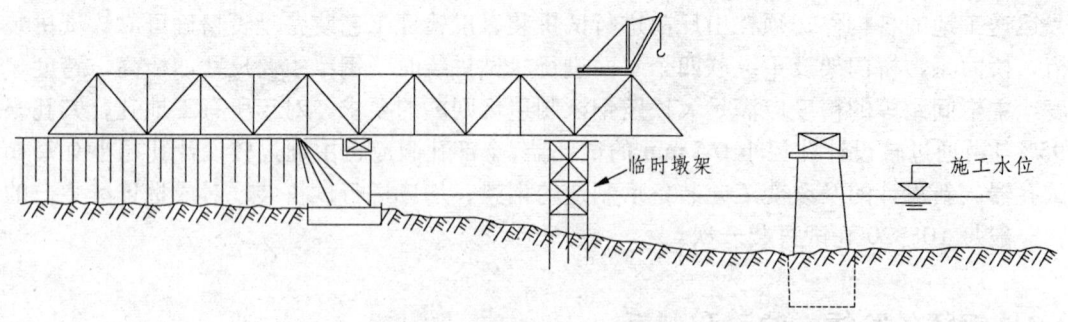

图 9.9　半悬臂拼装法示意图

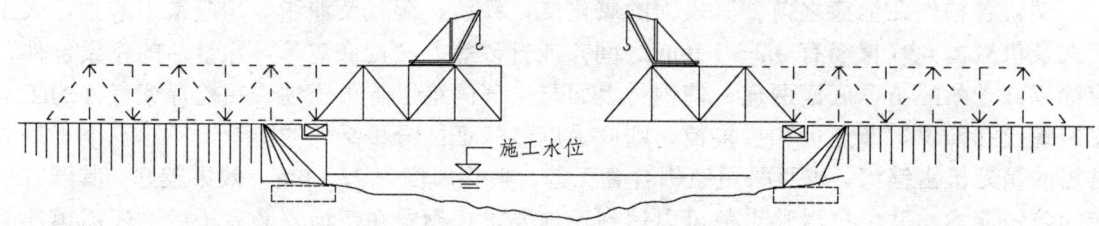

图 9.10　中间合龙法示意图

通常在下列情况下适宜采用悬臂拼装法架设钢梁：

（1）桥墩较高，跨度较大的桥以及在通航河流或水深流急，有流冰或有较多木排的河流上架设的桥梁；桥下不宜浮运或不能修建满布式膺架时，可考虑采用悬臂拼装法架设钢梁。

（2）钢梁的结构形式有利于悬臂架设时，如连续桁梁、悬臂桁梁，架设时与运营时结构的受力相似，则可考虑采用悬臂拼装法架设。

钢梁在悬臂架设过程中，随着悬臂长度的增加，自由端的挠度和悬臂支承处附近杆件的应力将逐渐加大，可能超出其容许范围，从而造成钢梁线形与设计不符或造成局部区段杆件产生屈服或失稳，影响整个结构的安全性。因此，如何降低钢梁安装应力和减小伸臂端挠度，安全稳妥地架设钢梁，是悬臂架设中的关键问题。为此，需要从增强梁的刚度、减少梁的伸臂长度，严格控制悬臂端上的施工荷载以及安装方法等方面来考虑。可采取的措施有：

（1）对安装应力最大的杆件采取临时加固措施。对压杆，可增加中间侧向支承以减小压杆的自由长度；或在杆件内嵌入方木并用螺栓和钢箍把它与杆件夹紧；也可换用较大截面的杆件，该杆件在钢梁架设完毕后，一般不再拆换。图 9.11 所示中粗黑线表示需加固的杆件。

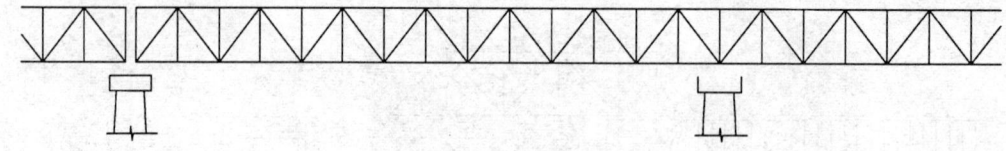

图 9.11　临时加固的杆件

（2）在伸臂安装应力最大区段加设上加劲梁。加劲梁和钢梁结合成一整体结构，增大了该区段的刚度和强度，从而降低了该段杆件的安装应力和减小了悬臂端的挠度。加劲梁可借用暂不拼装的钢梁杆件，当该孔钢梁拼装完毕后即可把加劲梁拆除。这种方法较费工费时，故不常采用。图 9.12 所示为加劲梁示意图。

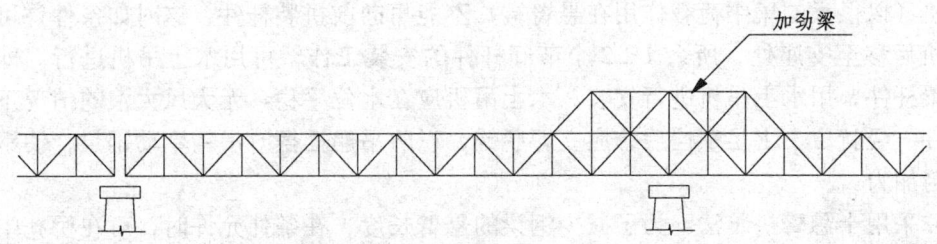

图 9.12 加劲梁设置示意图

(3) 在安装应力最大区段辅设预施拉力的吊索。这种悬臂架设法又叫吊索塔架法。吊索塔架是钢梁安装的辅助结构，它由支于钢梁上的塔架、高强度钢丝束（即吊索）、上下锚箱、上下拉板以及锚箱小车等组成，如图 9.13 所示。吊索塔架的作用，就是当钢梁拼装到一定长度时，在下锚箱张拉吊索，或起顶塔架，将钢梁悬出部分向上提拉，借助吊索的斜拉力，从而减小杆件应力和梁端挠度，使之安全地拼装到下一桥墩上。

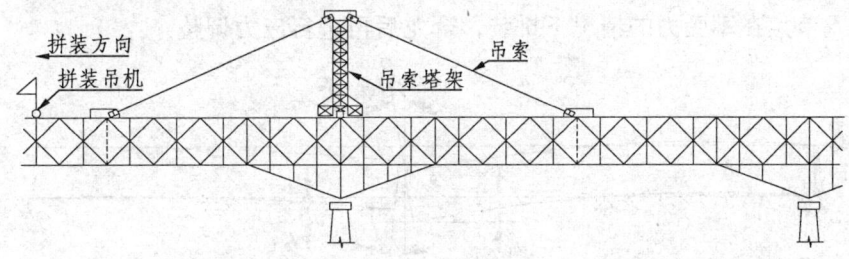

图 9.13 吊索塔架

(4) 墩旁设托架，如图 9.14 所示。为避免钢梁超过安装应力或过多的加固杆件，悬臂拼装钢梁时，可在前方墩台的一侧，安装一定长度的临时钢架（即墩旁托架）。当钢梁悬臂拼装至托架顶部时，则可将梁端支承在托架上以减小悬臂长度，改善悬臂时的受力状态和减小梁端挠度。托架通常是用拆装式杆件拼成，其长度根据施工要求来决定。当该孔钢梁拼装完毕后即可把托架拆除。

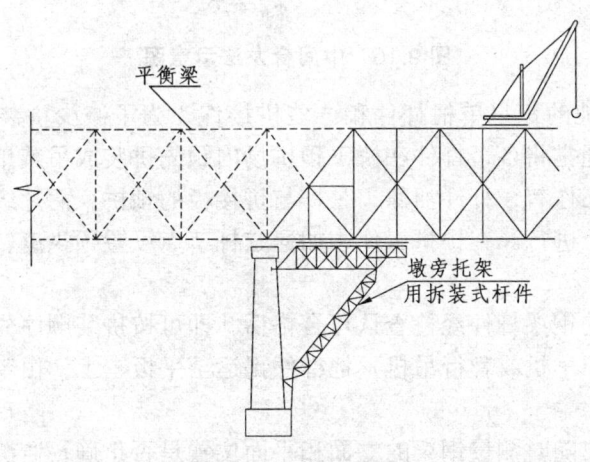

图 9.14 墩旁托架

(5) 使用水上吊船。当悬臂拼装至一定长度，若钢梁某些杆件的安装应力接近容许值时，拼梁吊机（以很大的集中荷载作用在悬臂端）不能再向前拼装杆件，这时如条件许可，可将拼梁吊机后移至支座处，所余1~2个节间杆件的安装工作，可用水上吊机进行。即由水上运送钢梁杆件，用水上吊机进行安装。水上吊机应在水位平稳、无大风大浪的情况下使用。吊装杆件一经就位，上足螺栓后，应立即脱钩，以防吊船摇摆时吊钩牵动钢梁，使钢梁承受额外的附加力。

(6) 采用半悬臂拼装法。为了减少钢梁的悬臂长度，在条件允许时，可在桥孔中设置一个或几个临时墩，使钢梁受力状态大大改善。临时墩的个数根据拼装中钢梁的稳定和受力状态来决定。临时墩的基础要可靠，以防止墩架沉陷引起钢梁增加附加应力。

(7) 采用中间合龙法。即由桥跨两旁的墩（台）向跨中同时拼装钢梁，在跨中进行合龙，如图9.15所示。中间合龙法的关键问题是：在架设过程中如何保证由墩（台）相向拼来的钢梁至桥孔中间时，两侧钢梁的端截面保持垂直（即$\phi_1 = \phi_2 = 0$），两侧钢梁合龙的杆件对准，无相对偏差（例如$f_1 - f_2 = 0$），只有这样钢梁才有可能通过纵向移动的调整顺利地达到合龙。现场采用调整锚固梁前后支座的相对高度来达到上述目的，并使合龙截面处的弯矩和剪力均为零，使合龙节点在不受力的情况下拼装，合龙后再进行应力调整。

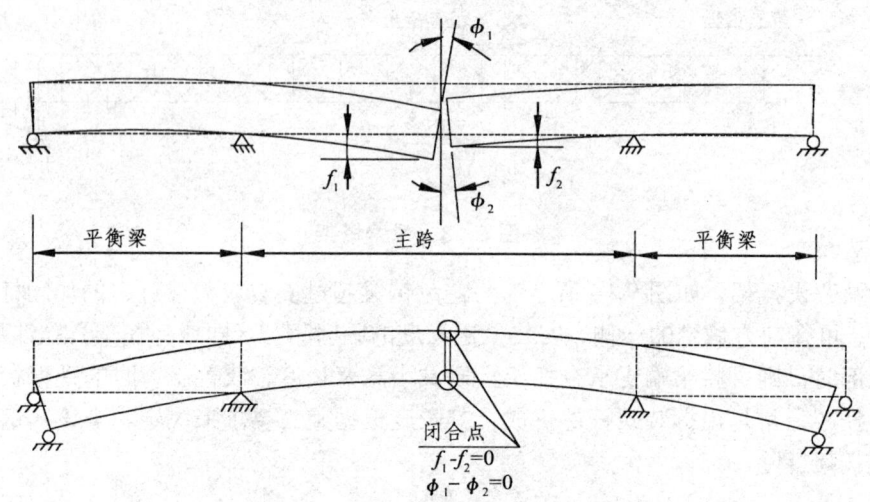

图9.15 中间合龙法示意图

由桥梁厂发往工地的都是单根杆件和一些拼接件，为了减少拼装钢梁时桥上的高空作业，减少吊装次数，通常将各个杆件在桥下预拼场内预先拼装成吊装单元，以期加快施工进度。预拼场内的主要工作有：杆件油漆，弦杆与拼接板的预拼，两片纵梁组合的预拼等。预拼工作均在拼装台座上进行。在预拼工作中如遇弦杆节点设置预拱度转角，应仔细核查认可后才可进行栓接。

由预拼场预拼好的钢梁杆件经检查认可合格后，即可按拼装顺序先后运至提升站，由提升站吊机（通常是龙门吊机或爬行吊机）把杆件提运至平板车上，由牵引车运至拼梁吊机下拼装就位。

在拼装工作中，应随时测量钢梁的立面和平面位置是否正确；监测应力最大区段的应力变化情况，和施工控制计算结果进行比较，实行有效的施工监控。施工控制计算是一件大量而又细致的工作。全部计算工作主要分为两大部分：第一部分为安装施工中所必须的临时结构的计算，如膺架、临时支承、墩旁托架、吊索塔架、中间合龙、拼接脚手架、提升站膺架等计算；第二部分是钢梁结构本身在施工过程中，不同受力状态下的检算，如钢梁在不同伸臂长度下杆件应力和伸臂端挠度的计算，钢梁在拼装过程中总体稳定的计算等。另外，还有些其他计算，如两联钢梁（连续梁）或两孔钢梁（简支梁）之间临时联结及拆除的计算、应力调整的计算、加固杆件的计算等。施工计算的荷载主要包括：钢梁自重、施工中的各种临时荷载及风荷载等。具体施工计算中，究竟应考虑哪些荷载，当视具体情况确定。

目前，钢梁的拼装连接普遍采用高强度螺栓。在高强度螺栓施工中，如何控制螺栓的预拉力是一个十分关键的问题，目前我国常用扭角法和扭矩系数法进行预拉力控制。在桥梁杆件拼装中，用冲钉来固定栓孔的位置，用高强螺栓作拼装螺栓以初步夹紧板层。安装冲钉及高强螺栓后，被连接钢板表面之间应达到密贴，用 0.3 mm 的塞尺不得深入 20 mm。螺栓头及螺母侧均置以垫圈，以扩大支承面积及不使钢板面因拧动螺母时而被擦伤。在拧紧螺栓时，应严格遵守施工工艺要求，准确的使螺栓达到预拉力。既不要"超拧"，使螺栓预拉力超强而导致螺栓断裂；又不能"欠拧"，使螺栓达不到预拉力，降低连接强度，同时还导致节点处交汇的杆件容易松动，产生相对位移，影响钢梁的预拱度，使线路不平顺，影响运营质量。为了防止雨水及空气中潮湿气浸入被连接处的板缝内而引起钢板的锈蚀，在螺栓全部拧紧合格后，应用油灰腻子抹缝封住并进行油漆。

钢梁拼装过程中，需要经常调整支点处的高程差来控制钢梁梁端的挠度，使能满足运料道的安全下坡度和使梁端到达前方墩台上的要求；在架梁时要随时变换支座，使固定支座换到反力最大的支点处；全桥的应力调整、横移调整、纵移调整以及永久支座正式就位等均要经常顶落钢梁和变换临时支承。这些工作程序繁杂，工程量比较大而工作面又窄小，因此合理的布置墩顶上的临时支承，有秩序的安排好顶落梁及纵移、横移工作，将使钢梁拼装进度加快，确保安全和减轻许多体力劳动。

9.2.2 拖拉法架设钢梁

拖拉架设法是将钢梁在桥头路基或临时膺架上进行拼组，并在钢梁下（纵梁下或主桁节点下）安设"上滑道"，而在路基或膺架、墩台顶面安置"下滑道"，在上、下滑道之间根据施工设计的需要放置一定数量的滚轴，然后通过滑车组、绞车等牵引设备，沿桥轴纵向拖拉钢梁至预定的桥孔，最后拆除附属设备，落梁就位。

拖拉法架梁的优点是：钢梁的现场拼装工作大部分是在岸边路基或工作平台上进行，工作条件好，容易保证质量；同时减少了高空作业的时间，比较安全；其次，钢梁的拼装工作可以和墩台基础的施工并列进行，因而可以全面使用劳动力以缩短工期。拖拉法用于多孔连续梁的施工时，在一定的条件下较为经济。拖拉法用于战时抢修或行车线路上的换梁则可以保证较快速度的通车。

拖拉法亦有它的缺点，为使用拖位法就需要有一定的拖拉牵引的设备，需要设置一定数量的滑道以及布置临时墩架等。更主要的是，拖拉法受到建桥工地附近地形的限制。

对于大跨度双线钢梁，如果使用拖拉法则桥面系超强过多，加固量大，就显得不经济而且耗费时间。

常用的几种拖拉架梁的方法有：

(1) 半悬臂的纵向拖拉。根据被拖拉桥跨结构杆件的受力情况和结构本身稳定的要求（纵向抗倾覆稳定系数必须大于 1.3），在拖拉过程中有时需要在永久性的墩、台之间设置临时性的中间墩架，以承托被拖拉的桥跨结构，这就是半悬臂的纵向拖拉。图 9.16（a）表示用拆装式杆件拼组成中间临时墩架的纵向拖拉。

在水流较深，且水位稳定，又有浮运设备而搭设中间鹰架不便时，可考虑采用中间浮运支承的纵向拖拉，如图 9.16（b）所示。必须指出的是，船上支点标高不易控制，所以要十分注意。

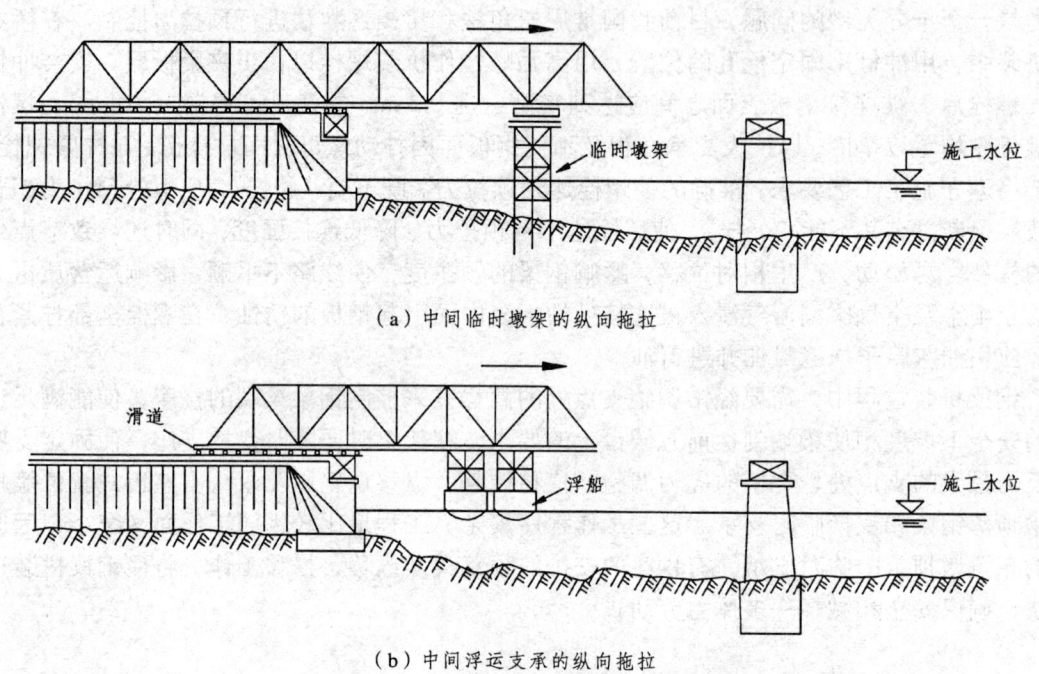

（a）中间临时墩架的纵向拖拉

（b）中间浮运支承的纵向拖拉

图 9.16　半悬臂的纵向拖拉示意图

(2) 全悬臂的纵向拖拉。当水流湍急，不能采用浮运或浮拖，河床覆盖层较浅，不宜用桩基或在岩盘上建筑临时墩架时，就要考虑使用在两个永久性墩（台）之间不设置任何临时中间支承的全悬臂纵向拖拉。

图 9.17 所示为用拆装式杆件组成导梁的全悬臂拖拉。导梁（有时也采用尾梁）的长度须使整个连接起来的系统在纵向拖拉时能保证稳定。导梁和尾梁也可以用纵梁或其他钢梁的旧有杆件或常备拆装式杆件拼成。图 9.18 表示多孔钢梁用临时杆件连接的纵向拖拉。

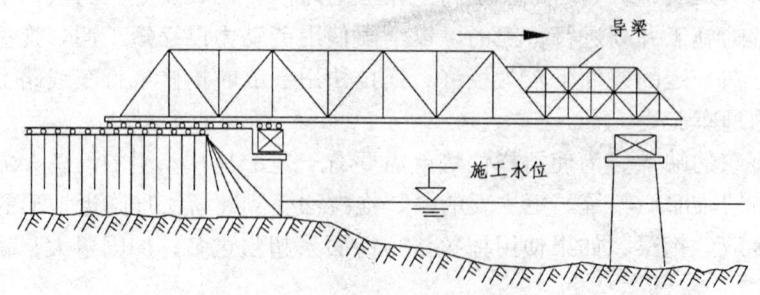

图 9.17　全悬臂拖拉示意图

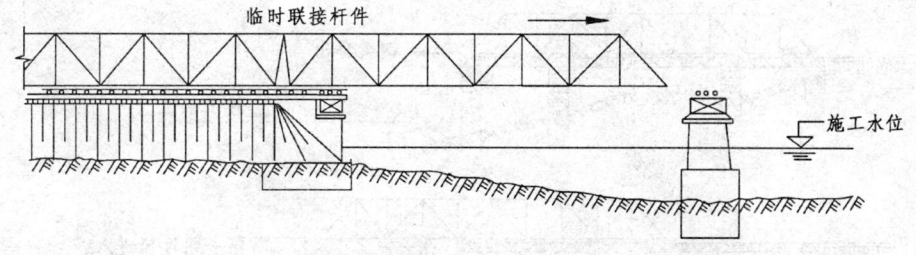

图 9.18 多孔钢梁用临时杆件连接的纵向拖拉

在拖拉过程中，为了保证钢梁的纵向稳定性，有时需在平衡梁上采取压重措施。另外，必须精心设计和布置钢梁拖拉所用的滑道，上滑道一般设置在铁路纵梁或主桁下弦杆节点板底部，可采用连续满布式的，也可采用间断式的（即分段设置的上滑道），这要根据下滑道的布置及计算来确定。拖拉钢梁所用的辊轴，可采用 Q235 或 35 号碳素结构钢旋制而成。辊轴直径和数目应根据承重、辊轴表面光洁度与滑道摩擦系数、操作方便等因素确定。辊轴的直径一般采用的是 80~140 mm。辊轴长度应大于滑道宽度的 200~300 mm。路基下滑道上的辊轴应沿全长均匀配置，间距常采用 1~2 m。墩台处下滑道上辊轴数量按受力计算确定，均匀安排。辊轴间净距应不小于直径之半，以便互相卡住时利于拨正。在平坡滚辊滑道上拖拉钢梁时所需的牵引力约为梁重的 3%~5%。考虑摩擦及其他因素的影响实际采用的牵引设备能力一般可为梁重的 5%~8%。拖拉钢梁时要选用相同型号的绞车、钢丝绳和滑车组。拖拉钢梁时应在梁的两侧对称地布置牵引设备，一般均匀设置制动设备。牵引设备的布置当全桥不长时，是将牵引绞车安置在第一孔梁的后部，将定滑车置于对岸桥台之后，并适当架高些，而动滑车则系于钢梁的前端。如果全桥较长，拖拉距离较大，则可将定滑车置于一个中间桥墩的顶部，用长千斤和对岸的地龙连接。当钢梁拖至该中间墩时，再将定滑车向后移，继续拖拉，直至落梁就位。

9.2.3 浮运法架设钢梁

浮运架设法是在桥位下游侧的岸上，将钢梁组拼成整孔后，利用临时搭建的码头把钢梁移到浮船上，再浮运至预定架设的桥孔上落梁就位。

浮运法架梁对自然条件有一定的要求，比如，要求桥孔中有适当水深（大于 2 m）；钢梁底面距施工水位净空不宜过高（不大于 12~15 m）；浮运过程中风力不大（例如风力不大于 5 级）；架梁时水位应较稳定；岸边有拼装钢梁的场地和修建码头的条件。浮运法比较适宜在通航的河流和用此法架设孔数较多的情况。

浮运法架梁的主要优点在于：钢梁组拼可在岸上进行，这不但减少了在桥孔中的高空作业，而且还可与墩台施工平行作业，从而加快全桥的施工进度；架设多孔钢梁时，主要浮运设备如码头、浮船等可重复使用，节省投资。

由于受施工季节、水文变化、河床断面、两岸地形以及机具设备等的限制，对浮运方法的选择要十分慎重，应进行认真的调查研究，选择一种方法或几种方法配合使用，目前常用的方法有以下各种：

（1）纵移钢梁。在与河岸垂直方向，修建一座临时码头，组拼好的钢梁沿码头纵向移出一定位置后，第一组浮船进入，托起钢梁前半部，继续纵向移出一定位置，第二组浮船进入，托起钢梁后半部，然后浮运至预定桥孔，落梁就位。这种方法是浮运的主要方法，如图 9.19 所示。

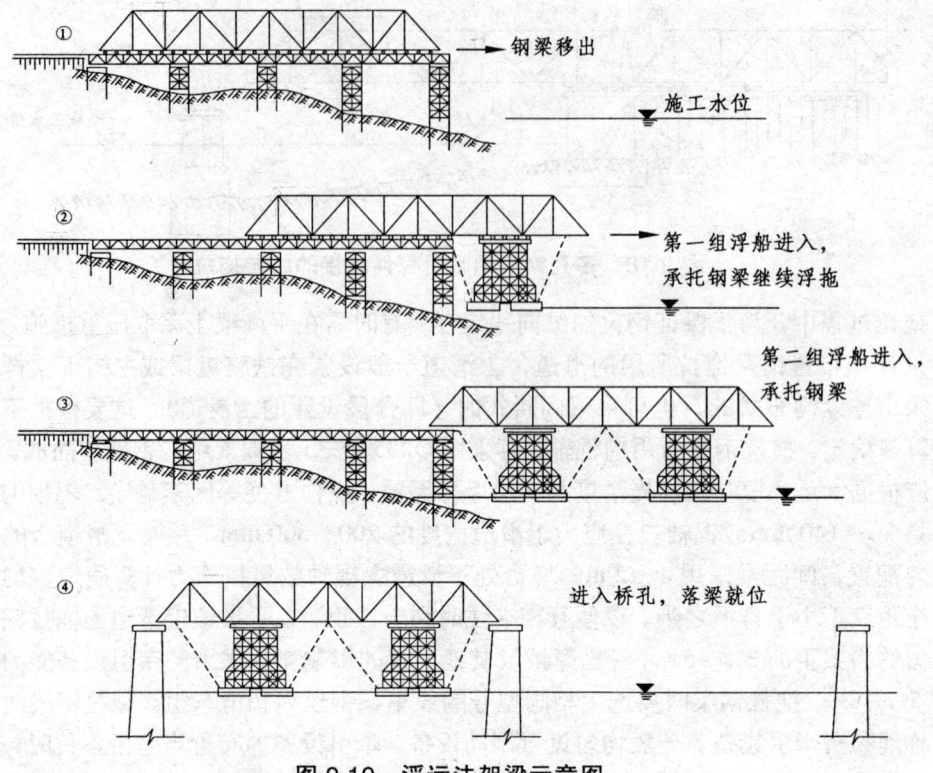

图 9.19 浮运法架梁示意图

（2）横移钢梁。根据钢梁的长度，修建两座伸入河中的临时码头。组拼好的钢梁，沿码头横向滚移至码头前端，再将浮船驶入钢梁下面预定的位置，从浮船内抽水，使浮船托起钢梁，然后将钢梁浮运至预定桥孔，落梁就位。这种方法较方便、简单，但码头工作量大，如图 9.20 所示。

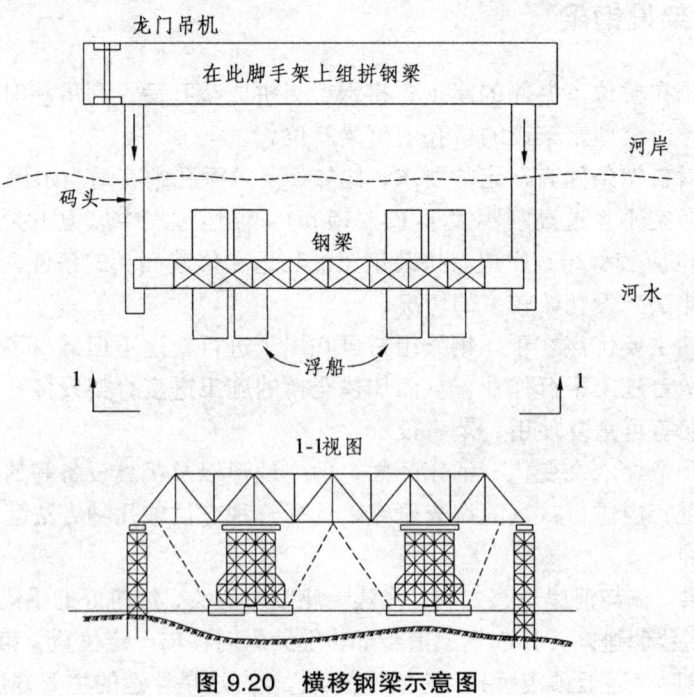

图 9.20 横移钢梁示意图

(3) 浮拖法。此法与纵移法基本上相同，不同的是此法钢梁是由正桥（通常是上承式梁，如上承桁梁、钢筋混凝土梁、钢板梁等）线路上直接移出钢梁，拖至浮船上，浮运就位。浮拖法较适宜在拆换旧梁或架设单孔大跨度钢梁时使用。

(4) 半浮运半横移。在架设单孔大跨度钢梁时，钢梁在岸上组拼成孔，先纵移一定位置后，第一组浮船进入，托起钢梁前半部，钢梁后半部由于岸边水浅，第二组浮船不能进入，此时钢梁后半部可在横向膺架上横移，至预定桥孔落梁就位。

上述几种方法常是互相补充，相辅相成的，决定架梁方案应综合考虑。

在浮运过程中，由于整个浮运系统重心较高，再加上一些自然条件如风力、水流、波浪等不利影响，在浮运的全过程中，如何保证浮运系统的稳定，使之安全地浮运就位，就成为浮运法架梁的关键问题。为了保证浮运系统的稳定，浮运应从下游逆水进入桥孔较为安全稳妥，因此在选择岸上组拼钢梁场地时应注意到这一个原则。在纵移时，钢梁从岸上移出，第一组浮船托起后，钢梁在一端浮拖的情况下继续向外滚移，随着钢梁拖出长度的增加，作用于第一组浮船的荷载逐渐加大，浮船也将逐渐下沉，此时钢梁将呈倾斜状态，这时浮运系统的稳定很差。为了使钢梁在浮托过程中保持水平状态，就必须随着钢梁的拖出，逐渐排出浮船压舱水，使浮船吃水深度保持不变。施工时应根据钢梁的重量和浮拖的速度来决定排水量并配备适当能力的抽水机。在有条件的河流，也可利用河流的涨落潮来托起或脱离钢梁，涨潮时浮运系统进入桥孔，并调好落梁位置；落潮时，钢梁脱离浮船就位，方便简单。浮船的移动可用锚索，用人工或电动绞车绞紧或放松锚索来使浮船前进或横移。有时也用拖轮以帮靠、顶推或牵引浮船的方式进行。需用的绞车能力或拖轮马力都可根据施工风力和水流阻力由计算决定。浮运前应做好浮运系统的试验工作，如浮船隔舱的水密性试验，必须保证不漏水；探测浮运经过的河道，充分掌握河床情况，以防浮运时搁浅；其他如锚碇、地龙、绞车、支座、将军柱等在条件许可时，均需进行强度试验，并核实压舱水数量及抽水设备的能力。浮运钢梁时如需封锁航道，应与航运、气象、水文等部门预先取得联系，协同有关部门进行航道监督和浮运的防护工作。

附 录

附表 1　铁路桥梁用钢主要技术条件

附表 1.1　桥梁用钢的力学性能

钢　种	交货状态	质量等级	板厚 (mm)	σ_s (MPa)	σ_b (MPa)	δ_5 (%)	V 形冲击功（纵向）		180°冷弯试验板厚（mm）	
							温度 (°C)	J (J)	时效 (J)	≤16	>16
Q235q	热轧	D	≤16	235	390	26	−20	27	27	$d=1.5a$	$d=2.5a$
			17~35	225	380						
Q345q	热轧	D	≤16	345	510	21	−20	34	34		
			17~35	325	490	20					
	热轧	E	≤16	345	510	21	−40				
			17~35	325	490	20					
			36~40	315	470	20					
Q370q	正火	D	≤16	370	530	21	−20	41	41	$d=2a$	$d=3a$
			17~35	355	510	20					
			36~40	330	490	20					
	正火	E	≤16	370	530	21	−40				
			17~35	355	510	20					
			36~50	330	490	20					
			52~60	330	490	20					
Q420q	正火	D	≤16	420	570	20	−20	47	47		
			17~35	410	550	19					
			36~40	400	540	19					
	正火	E	≤16	420	570	20	−40				
			17~35	410	550	19					
			36~50	400	540	19					
			52~60	390	530	19					

注：Q370qE 钢板实物的冲击韧性交货条件：−40°C 时冲击功，板厚小于等于 24 mm 不低于 100 J，板厚大于 24 mm 不低于 120 J；Q420qE 钢板实物的冲击韧性交货条件：−40°C 时冲击功不低于 120 J。

附表1.2（a） 桥梁用钢的化学成分　　　　　单位：%

钢　号	质量等级	C	Si	Mn	P	S	Als
					≤		
Q235q	D	≤0.18	≤0.30	0.50~0.80	0.025	0.025	≥0.015
Q345q	D	≤0.18	≤0.60	1.10~1.60	0.025	0.025	≥0.015
Q345q	E	≤0.17	≤0.50	1.20~1.60	0.020	0.015	≥0.015
Q370q	D	≤0.17	≤0.50	1.20~1.60	0.025	0.025	≥0.015
Q370q	E	≤0.17	≤0.50	1.20~1.60	0.020	0.015	≥0.015
Q420q	D	≤0.17	≤0.60	1.30~1.70	0.025	0.025	≥0.015
Q420q	E	≤0.17	≤0.60	1.30~1.70	0.020	0.015	≥0.015

附表1.2（b） 添加微量元素的最大量　　　　　单位：%

V	Nb	Ti	N
≤0.08	0.010~0.035	≤0.02	≤0.018

注：Q420qD、Q420qE 钢 V 与 Ti 的添加微量元素总量不得大于0.08%。

附表2 钢桥构件或连接疲劳容许应力幅类别

类别	构件或连接形式	加工质量及其他要求	疲劳容许应力幅类别	检算部位
1	母材	原轧制表面,侧边刨边,不得在母材上引弧	I	非连接部位的母材
2	留有空孔的杆件	机械钻孔孔壁光滑	VI	弦杆泄水孔处
3	铆接构件	机械钻孔	VIII	铆钉孔处净截面
4.1	高强度螺栓	(1)单面或双面拼接,经检算第一排螺栓无滑移; (2)直接拼接断面超过60%总断面面积的双面拼接对称接头; (3)不传递验算方向应力的有高强度螺栓紧固的基材	V	栓接毛截面处
4.2	高强度螺栓	(1)单面或双面拼接,经检算第一排螺栓受力大于抗滑力; (2)非全断面拼接的构件,直接拼接断面小于60%总断面	III	栓接净截面处

续附表 2

类别	构件或连接形式	加工质量及其他要求	疲劳容许应力幅类别	检算部位
5.1	等厚等宽钢板横向对接熔透焊缝 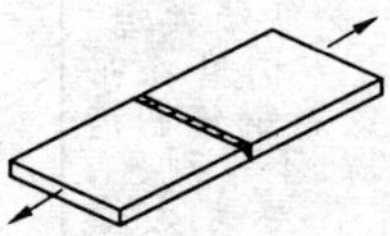	（1）采用埋弧自动焊： ① 定位焊接不得有裂缝、焊渣、焊瘤等缺陷； ② 焊缝背面必须清除影响焊接的焊瘤、熔渣和焊根等缺陷； ③ 多层焊的每一层必须将焊渣、缺陷清除干净再焊下一层； ④ 必须在距杆件端部 80 mm 以外的引弧板上起、熄弧。 （2）焊缝加强高顺受力方向磨平，焊趾处不留横向痕迹； （3）焊缝需经无损探伤检验，焊缝质量符合《铁路钢桥制造规范》中Ⅰ级焊缝的要求； （4）横向对接焊缝应一次连续施焊完毕，不得有断弧，如发生断弧，应将断弧处已焊成的焊缝刨成 1∶5 斜坡后再继续搭接 50 mm 后施焊； （5）同一位置焊接返修次数不得超过两次	Ⅱ	桁梁构件及板梁中横向对接焊缝处
5.2	等厚不等宽钢板横向对接熔透焊缝 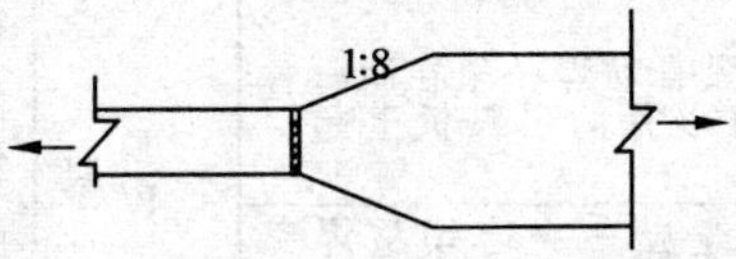 1:8			
5.3	等宽不等厚钢板横向对接熔透焊缝 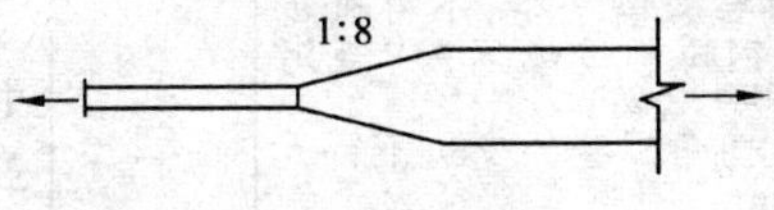 1:8			
6	纵向焊缝	（1）采用埋弧焊、气体保护焊； （2）焊缝必须平整连续； （3）受拉及受疲劳控制的杆件，焊缝全长超声波探伤。焊缝质量应符合《铁路钢桥制造规范》中Ⅱ类焊缝的要求； （4）受压及不受疲劳控制的杆件，探伤范围从杆端至工地栓孔外 1 m。焊缝质量应符合《铁路钢桥制造规范》中Ⅱ类焊缝的要求； （5）同一位置焊接返修不超过两次	Ⅳ	（1）工字形、箱形、T 形构件、板梁翼缘及纵向加劲肋等处的纵向角焊缝或棱角焊缝； （2）板梁中腹板及盖板的纵向焊缝

199

续附表 2

类别	构件或连接形式	加工质量及其他要求	疲劳容许应力幅类别	检算部位
6.1	纵向连续对接焊缝	（1）焊缝应一次连续施焊完毕，如果特殊情况而中途停焊时，焊前、焊后需处理，用原定预热温度及施焊工艺继续施焊。焊缝表面要顺受力方向磨修平整，不得有超出《铁路钢桥制造规范》中规定的凹凸不平现象；（2）焊缝两侧不得有大于0.3 mm的咬边或直径大于等于1 mm的气孔。小于1 mm的气孔，每米不多于3个，间距不小于20 mm；（3）埋弧自动焊必须在距杆件端80 mm以外的引弧板上起、熄弧	Ⅳ	（1）工字形、箱形、T形构件、板梁翼缘及纵向加劲肋等处的纵向角焊缝或棱角焊缝；（2）板梁中腹板及盖板的纵向焊缝
6.2	工字形连续角焊缝	（1）焊缝应一次连续施焊完毕，如果特殊情况而中途停焊时，焊前、焊后需处理，用原定预热温度及施焊工艺继续施焊。焊缝表面要磨修平整，不得有超出《铁路钢桥制造规范》中规定的凹凸不平现象；（2）纵向角焊缝的咬边不得大于0.3 mm。不得有直径大于等于1 mm的气孔。直径小于1 mm的气孔，每米不多于3个，间距不小于20 mm；（3）埋弧自动焊必须在距杆件端80 mm以外的引弧板上起、熄弧		
6.3	箱形棱角焊缝	（1）焊缝应一次连续施焊完毕，如果特殊情况而中途停焊时，焊前、焊后需处理。用原定预热温度及施焊工艺继续施焊。焊缝表面要磨修平整，不得有超出《铁路钢桥制造规范》中规定的凹凸不平现象；（2）一根杆件有不同的熔深时，如系焊缝表面高相同，则熔深深的焊道起弧应该在距杆端80 mm以外的引板上，在施焊上一层焊缝前必须将前一道焊缝停弧处的缺陷清除干净，清除长度不小于60 mm。坡口深度变化处过渡区的斜坡不大于1∶10。最后一道焊缝必须在距杆件端80 mm以外的引弧板上起、熄弧；（3）一根杆件有不同的熔深时，如系坡口底面高相同，则加高焊缝的起弧必须在距杆端80 mm以外的引板上，终端必须磨修，将缺陷清除干净，清除熄弧的长度不小于60 mm，并使高出的焊缝成1∶10的坡口匀顺过渡到较低的焊缝。第一道焊缝必须在距杆件端80 mm以外的引弧板上起、熄弧	Ⅳ	（1）工字形、箱形、T形构件、板梁翼缘及纵向加劲肋等处的纵向角焊缝或棱角焊缝；（2）板梁中腹板及盖板的纵向焊缝

续附表2

类别	构件或连接形式	加工质量及其他要求	疲劳容许应力幅类别	检算部位
7.1	盖板对接焊缝与角焊缝交叉	（1）采用埋弧自动焊； （2）垂直于受力方向的焊缝按类别5横向对接焊缝要求； （3）顺受力方向的角焊缝按类别6纵向焊缝接头要求	Ⅳ	工字形、箱形、T形构件及纵向加劲肋的纵向角焊缝与盖板或腹板对接焊接头交叉处
7.2	腹板对接焊缝与角焊缝交叉			
8	横向角接焊缝	（1）采用成型好的手工焊、CO_2气体保护焊或半自动焊施焊； （2）焊趾处不允许有咬肉，如不满足以上条件可用砂轮顺受力方向打磨； （3）对起、熄弧处进行磨修，严格保证质量	Ⅶ	（1）箱形杆件隔板及封端板处的横向连接角焊缝； （2）板梁腹板与竖向加劲肋的横向连接角焊缝
9	板梁竖向加劲肋与腹板连接焊缝端部	（1）焊缝端部至腹板表面应匀顺过渡； （2）对起、熄弧处进行磨修，严格保证质量； （3）在腹板侧，受拉区不得有咬肉； （4）必要时，竖向加劲肋端部100mm内焊趾处锤击	Ⅶ	板梁竖向加劲肋与腹板连接焊缝端部（这里指检算顺桥轴方向的主拉应力或拉力）
10	板梁盖板端焊缝	（1）端部焊缝不得有咬肉； （2）盖板端焊缝打磨匀顺过渡。坡度不大于1∶5； （3）盖板端部焊趾锤击长度为100mm	Ⅸ	板梁盖板焊缝端部或焊趾处

续附表 2

类别	构件或连接形式	加工质量及其他要求	疲劳容许应力幅类别	检算部位
11.1	平联节点板	（1）坡口焊透，焊缝两端顺受力方向打磨，使圆弧匀顺过渡； （2）水平节点板与主板焊接时，节点板先焊，后根据需要切圆弧，然后双面倒棱、磨修。在切弧、倒棱、磨修时，应将焊缝的缺陷清除干净；	X	板梁腹板、翼缘板或杆件竖板与水平节点板手工焊连接焊缝的端部
11.2	平联节点板	（3）在焊缝两端长 100 mm 的范围内及焊缝端部锤击； （4）$r_1 \geq 100$ mm； $r_2 \geq d/10$，但不小于 100 mm	XI	
12	整体节点	（1）单面坡口棱角焊缝质量要求按 6.3 进行； （2）圆弧处应顺受力方向打磨，并自圆弧末端向外打磨长度为 E，$E \geq 100$ mm，$r \geq d/5$，但不小于 100 mm	IX	整体节点、圆弧起点、棱角焊缝
13	栓钉	焊趾不得有咬肉、裂纹，成型应良好，$h/d \geq 4$，h 为钉高；d 为钉直径	XII	结合梁受拉翼缘的传剪栓钉焊缝前端母材及栓钉焊接断面（剪应力）

附表3 铁路标准活载（中-活载）的换算均布活载（kN/m，每线）

加载长度 L (m)	影响线最大纵坐标位置				
	端部	1/8 处	1/4 处	3/8 处	1/2 处
	K_0	$K_{0.125}$	$K_{0.25}$	$K_{0.375}$	$K_{0.5}$
6	187.5	178.6	166.7	161.1	166.7
7	179.6	161.8	153.1	150.9	153.1
8	172.2	157.1	151.3	148.5	151.3
9	165.5	151.5	147.5	144.5	146.7
10	159.8	146.2	143.6	140.0	141.3
12	150.4	137.5	136.0	133.9	131.2
14	143.3	130.8	129.4	127.6	125.0
16	137.7	125.5	123.8	121.9	119.4
18	133.2	122.8	120.3	117.3	114.2
20	129.4	120.3	117.4	114.2	110.2
24	123.7	115.7	112.2	108.3	104.0
25	122.5	114.7	111.0	107.0	102.5
30	117.8	110.3	106.6	102.4	99.2
32	116.2	108.9	105.3	100.8	98.4
35	114.3	106.9	103.3	99.1	97.3
40	111.6	104.8	100.8	97.4	96.1
45	109.2	102.9	98.8	96.2	95.1
48	107.9	101.8	97.6	95.5	94.5
50	107.1	101.1	96.8	95.0	94.1
60	103.6	97.8	94.2	92.8	91.9
64	102.4	96.8	93.4	92.0	91.1
70	100.8	95.4	92.2	90.9	89.9
80	98.6	93.3	90.6	89.3	88.2
90	96.9	91.6	89.2	88.0	86.8
100	95.4	90.2	88.1	86.9	85.5
110	94.1	89.0	87.2	85.9	84.6
120	93.1	88.1	86.4	85.1	83.8
140	91.4	86.7	85.1	83.8	82.8
160	90.0	85.7	84.2	82.9	82.2
180	89.0	84.9	83.4	82.3	81.7
200	88.1	84.2	82.8	81.8	81.4

注：（1）表列数值适用于三角形影响线，中间数值可以内插；
（2）桥面上道碴及填料厚度大于1 m时仍可采用表列数值，但不得大于每线165 kN/m；
（3）表列数值已包括特种活载。

附表4 中心受压杆件轴向容许应力折减系数 φ_1

焊接H形杆件（检算翼板平面内总体稳定性）			焊接H形（检算腹板平面内总体稳定性）、焊接箱形及铆接杆件				
杆件长细比 λ	φ_1			杆件长细比 λ	φ_1		
	Q235qD	Q345qD Q345qE Q370qD Q370qE	Q420qD Q420qE		Q235qD	Q345qD Q345qE Q370qD Q370qE	Q420qD Q420qE
0~30	0.900	0.900	0.866	0~30	0.900	0.900	0.885
40	0.864	0.823	0.777	40	0.878	0.867	0.831
50	0.808	0.747	0.694	50	0.845	0.804	0.754
60	0.747	0.677	0.616	60	0.792	0.733	0.665
70	0.685	0.609	0.541	70	0.727	0.655	0.582
80	0.628	0.544	0.471	80	0.660	0.583	0.504
90	0.573	0.483	0.405	90	0.598	0.517	0.434
100	0.520	0.424	0.349	100	0.539	0.454	0.371
110	0.469	0.371	0.302	110	0.487	0.396	0.319
120	0.420	0.327	0.258	120	0.439	0.346	0.275
130	0.375	0.287	0.225	130	0.391	0.298	0.235
140	0.338	0.249	0.194	140	0.346	0.254	0.200
150	0.303	0.212	0.164	150	0.304	0.214	0.166

附表5 铁路桥梁钢结构杆件容许长细比

杆 件			长细比
主桁杆件	弦杆受压或受反复应力的杆件		100
	不受活载的腹杆		150
	仅受拉力的腹杆	长度≤16 m	180
		长度>16 m	150
联接系杆件	纵向联结系支点处横向联结系		单线 110 双线 130
	制动联结系		130
	中间横向联结系		150

附表6　杆件的计算长度

杆件			弯曲平面	计算长度
主桁	弦杆		面内及面外	l_0
	端斜杆、端立杆、连续梁中间支点处立柱或斜杆作为桥门架时		面内	*$0.9l$
			面外	L
	桁架的腹杆	无相交和无交叉	面内	*$0.8l$
			面外	l
		与杆件相交或相交叉（不包括与拉杆相交叉）	面内	L_1
			面外	l
		与拉杆相交叉	面内	L_1
			面外	$0.7l$
纵向及横向联结系	无交叉		面内及面外	L_2
	与拉杆相交叉		面内	l_1
			面外	$0.7l_2$
	与杆件相交或相交叉（不包括与拉杆相交叉）		面内	l_1
			面外	l_2

注：（1）*与该腹杆交汇的主桁受拉弦杆，其长细比应不大于100，否则其计算长度应另行计算。
（2）当杆件两端均与受压杆件相连接时，其计算长度不小于该杆件两连接螺栓群中心的距离。
（3）l——主桁各杆件的几何长度（即杆端节点中心距离），如杆件全长被横向结构分割时，则为其较长的一段长度。
（4）l_1——从相交点至杆端节点较长的一段长度。
（5）l_2——纵向（横向）联结系系统线与节点板连在主桁杆件的固着线交点的距离。

参 考 文 献

1. 中华人民共和国铁道部标准. 铁路桥涵设计基本规范（TB10002.1—2005）. 北京：中国铁道出版社，2005
2. 中华人民共和国铁道部标准. 铁路桥梁钢结构设计规范（TB10002.2—2005）. 北京：中国铁道出版社，2005
3. 中华人民共和国交通部标准. 公路桥涵钢结构及木结构设计规范（JTJ025—86）. 北京：人民交通出版社，1988
4. 李富文，伏魁先，刘学信编. 钢桥. 北京：中国铁道出版社，1992
5. 周远棣，徐君兰编. 钢桥. 北京：人民交通出版社，1991
6. [日] 小西一郎编. 钢桥(中译本). 北京：人民铁道出版社，1980
7. 王承礼，徐名枢编. 铁路桥梁. 北京：中国铁道出版社，1993
8. 钱冬生编. 铁路钢桥. 北京：中国铁道出版社，1992
9. 黄棠，王效通主编. 结构设计原理（下）. 北京：中国铁道出版社，1993
10. 严国敏编著. 现代斜拉桥. 成都：西南交通大学出版社，1996
11. 雷俊卿，郑明珠，徐恭义编著. 悬索桥设计. 北京：人民交通出版社，2002
12. 潘际炎，大跨度钢桥. 钢结构 2000，15（2）：48～50
13. 中铁大桥局集团编. 长东黄河二桥设计与施工技术. 武汉：武汉大学出版社，2002
14. 中国铁路工程总公司、芜湖长江大桥有限责任公司编. 芜湖长江大桥钢梁制造技术. 北京：科学出版社，2001
15. 苏庆田，吴炜，吴冲. 一种新型扁平钢箱梁实腹式横隔板构造. 结构工程师. 2005，21(3)：6～9